20대를 위한
취업에 성공하는 법

20대를 위한 취업에 성공하는 법

초 판 1쇄   2020년 05월 13일

지은이 김수민
펴낸이 류종렬

펴낸곳 미다스북스
총괄실장 명상완
책임편집 이다경
책임진행 박새연 김가영 신은서
본문교정 최은혜 강윤희 정은희 정필례

등록 2001년 3월 21일 제2001-000040호
주소 서울시 마포구 양화로 133 서교타워 711호
전화 02) 322-7802~3
팩스 02) 6007-1845
블로그 http://blog.naver.com/midasbooks
전자주소 midasbooks@hanmail.net
페이스북 https://www.facebook.com/midasbooks425

© 김수민, 미다스북스 2020, *Printed in Korea*.

ISBN 978-89-6637-794-7 03190

값 15,000원

김수민 지음

20대
를 위한
취업에
성공하는 법

미다스북스

평범한 지방대생의 대기업 입사기

나의 20대 시절은 고민과 좌절의 연속이었다. 누구보다 평범한 10대를 보낸 나는 남들과 똑같이 공부하며 대학교에 입학을 하게 되었다. 그러나 평범한 대학 생활 동안 회의감이 들었다. 남과 경쟁하고, 취업을 목표로 공부하는 대학 생활이 행복하지 않았다. 취업이 20대의 목적이 되고 싶지 않았고, 남들과 똑같은 인생을 살고 싶지 않았다. 그렇게 나는 일탈하는 20대를 보냈다. 하지만 정해진 길을 그대로 따라가지 않았던 그 일탈 덕분에 우연한 기회들을 많이 얻을 수 있었다. 평범한 10대를 보냈지만, 평범하지 않은 20대의 이야기에서 여러분들도 자신만의 길을 걷기 바란다. 세상 사람들은 누구나 특별한 스토리를 가진 인생을 살고 있다. 자신들은 평범하다고 생각하지만 독특하고 멋지고 누구보다 사랑받을 수 있는 존재이다.

시중에는 취업 준비에 도움이 되는 실용서가 많다. 하지만 정작 취업을 준비하면서 힘들었던 자신의 인생 경험들을 공유하는 글이 많은 건 아니다. 그 책들은 남들보다 자기소개서를 잘 쓰는 법을 알려주고, 면접에서 어떻게 하면 남과 다른 특별함으로 어필하는지를 소개하고 있다. 사실 취업에 성공하는 법은 그 노하우만 콕 집어서 학습하고 준비하면 빠르다. 그렇지만 나는 그 노하우를 접하기에 앞서 스스로에 대해 고민하고, 생각해볼 시간을 주고 싶었다.

대부분 20대는 더 많은 돈을 벌기 위해 대기업에 들어가고, 퇴근 시간이 보장된 워라밸을 위해 공기업에 들어가고, 안정적인 직장을 오래 다니기 위해 공무원을 준비한다. 직장인이 된 우리는 하루에 9시간 일을 해야 하고, 가족보다도 더 오랫동안 동료들과 시간을 보내야 한다. 내가 좋아하는 분야의 일을 하지 않는다면 업무 시간은 고문이 될 것이다. 나를 먼저 고민해보는 시간 없이 취업을 하게 된다면, 어렵게 준비하고 취업한 곳에서 금방 퇴사를 결정할 수도 있게 된다. 그런 위험을 예방하는 방법을 여러분들에게 알려주고 싶었다.

나는 평범한 인문계 고등학교를 졸업한 학생이었다. 남들과 비슷하게 열심히 공부하며 수능시험을 보았지만 언어영역 7등급을 받았다. 학교 다니면서 1년에 책을 1권도 읽지 않고 단지 시험을 위해서만 공부했다.

스스로를 돌아볼 시간 없이 좋은 대학교 입학이라는 꿈만 꾸며 12년을 흘려보냈다. 정말 운이 좋게 지방 국립대학교에 입학을 하게 되었다.

평범한 대학 1학년을 보내면서 색다른 경험들을 해보고 싶었다. 그래서 전국 각지에 있는 100명이 넘는 대학생들과 여름방학 때 1달간 국토대장정을 떠났다. 교회에서, 체육관에서 잠을 자기도 하며 한여름 밤 얼굴을 모기에 여러 방 물리기도 했다. 많은 20대와 함께 하루에 30km 이상 걸으며 더 넓은 세상 이야기를 들었다. 모두 같은 20대였지만, 그들이 살았던 세상은 제각각 다른 스토리를 가지고 있었다. 총 778km에 달하는 전국일주 동안 극한의 육체적 고통 속에서 인내심을 기를 수 있었다.

그 후 1년 뒤 군대에 입대했다. 1년 10개월이라는 시간 동안 한 번 가는 군대인 만큼 더 고생하고 힘든 경험들을 하고 싶어서 해병대를 지원했다. 해병대에 가서 죽을 고비도 넘기면서 나만의 꿈을 갖게 되었다. 그 꿈을 위해 내가 안정적인 직장을 갖길 원하셨던 부모님을 설득하여 안정적이지 않은 길을 걷게 되었다. 대학교에서 전자공학과에 입학을 했지만 나만의 꿈을 위해 식품영양학과로 전과를 했다. 그리고 퍼스널 트레이너의 꿈을 갖고 휴학 기간 동안 보디빌딩을 배우게 되었다. 퍼스널 트레이너의 경험 후 식품영양학과에서 건강의 가치를 찾기 위해 자격증 공부도 시작했다. 하나씩 취득한 자격증은 어느덧 8개로 늘어났다. 그 후 아버지와 대화를 하던 중 식품회사의 품질관리라는 직무를 알게 되었다. 더 넓은 분야에서 건강의 가치를 전할 수 있는 직업이 있다는 것을 알게 되었고 대기업 C사에 지원했다. 그렇게 6개월간의 취업 준비 기간이 끝나고 마침내 최종 합격의 영광을 누릴 수 있었다.

내가 20대 시절부터 남들이 내 꿈을 비난하고, 무시할 때마다 들었던 노래가 있다. 힘들 때마다 들었던 소중한 노래 한 구절을 들려주고 싶다.

......

마음먹은 대로 생각한 대로

말하는 대로 될 수 있단 걸

알지 못했지 그땐 몰랐지

이젠 올 수도 없고 갈 수도 없는 힘들었던 나의 시절 나의 20대

멈추지 말고 쓰러지지 말고 앞만 보고 달려 너의 길을 가

주변에서 하는 수많은 이야기

그러나 정말 들어야 하는 건 내 마음 속 작은 이야기

지금 바로 내 마음속에서 말하는 대로

......

– 유재석 & 이적, '말하는 대로'

여러분의 꿈이 무엇이든 모두 이룰 수 있다. 취업의 꿈을 가지며 이 책을 집어든 여러분들 모두 해낼 수 있다. 자신이 마음먹고 생각한 그 꿈을 위해 멈추지 말고, 쓰러져도 일어서서 나아가길 바란다. 내 길을 가는 시간 동안 정말 사랑하는 가족조차도 나를 응원해주지 않을 수도 있다. 그런 절망스런 시간들도 지나가면 추억이 될 수 있다. 사랑하는 이의 걱정은 결국에는 내가 잘되길 바라는 사랑의 마음 때문일 것이다. 남들의 시선과 남들의 이야기에 귀 기울이기보다 여러분만의 마음속 이야기를 듣길 바란다.

세상이 원하는 길을 가지 않았던 나는 외롭기도 했다. 그럴 때일수록 나를 더욱 사랑하고 믿어가는 과정을 통해 성공에 가까워지게 되었다. 취업을 위해서 여러분의 모든 경험은 큰 자산이 될 수 있다. 이 책을 통해 평범한 나를 남과 차별화하는 방법을 알려주고, 여러분 내면의 꿈을 생각할 시간을 선물하려고 한다. 물론 내가 대한민국 1위 종합식품기업에 입사하기 위해 준비했던 모든 노하우도 전해줄 것이다. 20대가 꼭 알아야 하는 취업 성공 법칙 7단계와 취업 성공을 위한 8가지 전략을 꼭 참고하여 원하는 회사에 합격하길 기원한다. 그리고 독자 분들이 요청하면 언제든 도움을 드리도록 하겠다.

마지막으로 업무 후, 지친 상태로 안부 연락을 하면 항상 사랑한다는 말과 함께 용기를 주는 어머니, 아버지, 누나에게 감사한 마음을 전한다. 그리고 회사 입사 동기로 만나 행복한 결혼 생활을 하고 있는 가장 예쁘고 사랑스런 아내 다연에게 마음 깊이 고맙다고 말하고 싶다.

2020년 따스한 5월

김수민 올림

| CONTENTS |

CHAPTER 4

대기업 3관왕의 8가지 취업 전략

CHAPTER 5

오랫동안 함께 일하고 싶은 사람이 되라

CHAPTER 1

취업하기 전
당신의
꿈을 먼저
체크하라

1

아직도 스펙이 전부라 생각하는가?

누구보다 더 많이 노력하라.
노력한 사람이 반드시 성공한다고 볼 수 없다.
그러나 성공한 사람은 모두 예외 없이 노력했다는 것을 기억해라.
– 애니메이션 〈더 파이팅〉

취업을 위해 우리는 반드시 면접을 보게 된다. 면접관들과 대면해서 그들이 우리에게 얻고자 하는 것은 무엇일까? 어떤 모습을 통해 그들을 사로잡을 수 있을까? 취업 준비를 하는 20대의 모든 청춘들의 고민일 것이다. 스펙이 있으면 취업에 도움이 되는 것은 사실이다. 좋은 대학교, 높은 학점, 그리고 원어민 수준의 어학 성적 등은 취업에 있어서 좋으면 좋을수록 도움이 되는 요인으로 볼 수 있다. 그러나 한 가지 말해주고 싶은 것이 있다. 이런 스펙들이 면접을 진행하는 데 있어서 면접관들의 마음을 사로잡아 감동을 줄 수 있을까? 절대 아니다.

우리는 이 사실을 기억해야 한다. 취업을 위해서 스펙은 필수가 아니고 선택적인 요소이며, 가장 중요한 것은 마음가짐이다. 단, 조건이 하나 있다. 간절한 마음가짐 하나로 반드시 취업에 성공할 수 있는 것은 아니다. 그 마음으로 얼마나 열심히 이 목표를 위해 준비했는지를 절실히 그들에게 표현을 해야만 합격한다는 이야기이다.

우리는 취업뿐만 아니라 다른 목적으로도 면접을 준비한다. 나는 19살에 대학교를 들어가기 위해 본 수시 면접이 처음이었다. 당시에는 전자공학과 입학을 희망하고 있었기 때문에 한국기술교육대학교라는 곳에 면접을 볼 기회가 생겼다. 면접이란 지원자가 이곳에 합격하기 위해 얼마나 간절한 마음가짐으로 열심히 준비했는지를 확인하는 것이다. 면접관들도 지원자들이 얼마나 긴장되고 떨릴지 분명히 안다. 면접관 본인들도 수많은 면접의 관문을 경험한 후에 그 자리에 있을 것이기 때문이다. 앞서 이야기한 한국기술교육대학교 면접에서 나는 불합격을 했고, 그 대학교에 입학하지 못했다.

가장 먼저 1분 자기소개를 하는 시간이 있었다. 면접을 준비하는 동안 나는 무척이나 열심히 준비했다. 면접을 처음 준비하는 것이라 어떻게 효율적으로 준비할지 감이 안 잡혔다. 조금은 정리되지 않은 방법으로 닥치는 대로 이전의 면접 기출문제들을 수집하며 준비했다. 이 대학교에서는 수리영역, 영어영역에 대해 필답시험도 있었기 때문에 면접과 함께 준비를 해야 했다. 기본적으로 자기소개서를 준비했다. 준비하는 동안 나를 소개하는 문구들을 한번 고민해보았다. 나는 19살의 평범한 인문계 고등학생이었다. 봉사활동 무(無), 대외 활동 무, 특별한 수상 무, 뛰어난 어학 성적 무, 특별한 도전의 경험 무…. 나에 대해 표현할 경험과 단어가 하나도 없었다. 그래서 뻔한 문장들로 나의 1분 자기소개 문장을 채워갔다.

나는 나를 잘 몰랐다. 무엇을 좋아하고, 무엇을 배우고 싶어 하며, 그걸 배우면서 어떤 미래를 꿈꾸었는지 그 당시에는 전혀 생각해본 적이 없었다. 그렇기 때문에 내가 만든 자기소개 문장도 내 머릿속에 각인시키기 어려웠다. 단지, 그 문장을 통째로 외운 것이다. 드디어 면접 날이 다가왔고, 1분 자기소개를 하게 되었다. 나는 1분 자기소개에서 무척이나 당황하며, 내 이름조차 제대로 말하지 못했다. 문장을 통째로 외웠기 때문에 첫 번째 문장, 두 번째 문장, 세 번째 문장의 모든 순서가 이어져야 했던 것이다.

"안녕하세요, 저는 한국기술교육대학교 전자공학부에 지원하게 된 예비 09학번 김수민입니다. 저는 충북 청주의 상당고에 재학 중에 있으며, 가장 좋아하는 과목은 물리입니다. 물리는 제게……."

문장들이 머릿속에서 꼬이게 되니까 정신없고, 끝맺음조차 엉망인 자기소개를 하게 되었다. 처음 시작부터 나는 말렸다. 그 이후, 계속된 질문과 수리, 영어영역에 대한 필답 면접들도 망쳤다. 사실 처음 준비했던 면접인 만큼 시행착오가 있을 수밖에 없을 것이다. 하지만, 그때 이 대학교에 꼭 들어가야만 한다는 간절함은 솔직히 없었다. 단지 취업이 잘되고, 남들이 인정해주는 학교의 이름의 가치만을 보았던 것이다. 사람으로 보면 매력적이고 잘생긴 사람들만 좋아했던 것이다. 그렇게 목적 없는 지원으로 나의 첫 면접은 불합격으로 기록되었다.

이후 나는 '간절함과 진심'의 가치로 목표하는 것을 이룰 수 있다는 믿음을 갖게 된 계기가 있었다. 2009년 사랑하는 어머니께서 편찮으셨다. 어머니께서는 자궁암이 될 수 있다는 통보를 받았고, 서울대학교병원에서 정밀검진까지 받게 되었다. 우리 가족은 사랑하는 어머니의 건강 회복을 위해 간절히 기도했다. 하나님께서 세상에 단 하나뿐인 우리 엄마를 위해 꼭 치료해주시기를 간절히 기도했다. 그렇게 간절히 기도한 것도 처음이었다. 나는 매일 새벽 기도를 가면서 사랑하는 엄마를 위해 큰 병이 아니기를 기도했다. 엄마가 편찮으시니 우리 가족 모두 많이 힘들었다. 조금이라도 힘이 되고자 서로 똘똘 뭉치게 되었다. 그렇게 간절히 기도하며, 어머니의 건강검진 결과를 듣게 되었다. 정말 세상에 감사하게도 자궁암이 아닌 용종이라고 했다. 우리 가족은 모두 그 자리에서 울었다. 지금도 그때를 기억하면 울컥한다. 어머니께서는 이후에 정기적으로 병원을 다니며 무사히 용종 제거 수술을 하셨고, 건강을 회복하게 되었다. 그때부터 어머니께서는 자극적이지 않은 음식으로 소화를 시키셔야 했고, 매일 하루 1시간씩 걷기 운동으로 건강을 지키셔야만 했다. 어머니의 아픔 덕분에 우리 가족은 더욱 가까워졌으며 서로에게 힘이 되어주었다.

어머니께서 편찮으셨던 그때 이후, 나는 해병대에 자원 입대를 했다. 이왕 해야 하는 국방의 의무라면 시간 대비 가장 힘든 곳을 가서 인내심을 기르고 싶었다. 분명히 해병대는 철저한 직급 체계와 엄격한 군기와 훈련으로 명성이 자자한 곳이었다. 하지만, 나는 그런 점 때문에 더욱 매력을 느꼈다. 그렇게 해병대에 입대를 하였고, 일병의 계급이었던 2010년 11월 23일 북한의 연평도 포격 사건을 경험하게 되었다. 한 순간에 폐허가 된 연평도는 처참하게 무너졌고, 우리는 분노의 반격을 하게 되었다. 내 주변에는 전쟁 중에 전사한 전우들도 있었다. 조카 기수(6개월 후임) 문광욱 일병과 아버지 기수(1년 선임) 서정우 하사였다. 우리는 모두 해병대 안에서 가족이었다. 가족 중 2명이 하늘나라로 간 것이다. 나는 가슴이 아팠다. 사랑하는 나의 가족이 하늘나라로 갔고, 그 이후 새로운 다짐을 하게 되었다.

'한 번 사는 인생에서 내가 사랑하는 모든 사람들이 오래도록 건강히 살도록 도와줄 거야. 앞으로 세계 최고의 건강 전도사가 될 거야.'

그렇게 어머니께서 편찮으셨던 일과 해병대에서 전우들의 죽음을 겪으면서 나는 진심이 담긴 간절한 꿈을 가지게 되었다. 이후, 나는 전자공학과에서 식품영양학과로 전과를 하고 1년간 휴학을 했다. 휴학하는 1년 동안 서울에서 건강한 몸을 만드는 운동법을 배우기 위해 보디빌딩을 전문적으로 배웠다. 내 스스로 감동하는 노력을 경험하고 싶었다. 100일 동안 하루도 빠짐없이 하루에 5시간 이상 운동하고, 하루 5끼 이상을 챙겨 먹으며 운동한 결과 바디프로필과 보디빌딩 시합 출전을 하게 되었다. 그리고 7개월 동안 실제로 퍼스널 트레이너 일을 하면서 내가 꿈꾸는 건강 전도사의 길에 다가설 수 있었다.

나는 꿈에 대해 누구보다 간절했고 진심을 다했다. 말만 하는 것이 아니라, 실제로 부딪히고 깨져보고, 실패하고 다시 이겨내는 경험을 한 것이다. 그래서 서울에서의 1년을 보낸 후 학교에 다시 복학하며 식품영양학과에서 새로운 공부를 시작했다. 하지만 열정만으로 시작했던 공부는 곧 현실의 한계에 부딪혔다. 1년간 운동에만 빠지며 공부를 등한시한 탓에 오랜만에 공부하는 것이 적응이 안 되고, 스스로 포기하고 싶은 마음이 가득했다. 하지만 어렵게 나의 전과를 허락해준 부모님을 생각해서라도 절대 포기하면 안 되었고, 내 스스로의 꿈을 위해서도 중간에 포기할 순 없었다. 3학년 1학기 성적은 3점 초반으로 시작했다. 하지만 포기하지 않고 노력한 끝에 마지막 학기에는 3점 후반까지 올릴 수 있었다.

그리고 '건강 전도사'라는 목표를 위해 관련 자격증을 취득하려고 노력했다. 한 계단씩 올라가다 보니 8가지 자격증을 취득하게 되었다. '스포츠 영양사, 식품기사, 영양사, 위생사, 한식조리기능사, 생활체육지도자 보디빌딩 3급, NSCA-CPT(국제퍼스널 트레이너 자격증), NSCA 스포츠영양 코치'이다. 식품영양학과에서 처음 공부를 시작했을 때에는 이 자격증이 하나도 갖추어져 있지 않았다. 꿈을 위한 도전으로 1개의 자격증에 2번 만에 합격을 했고, 그 용기에 힘입어 계속된 도전으로 8개라는 자격증을 얻게 되었다.

이처럼 목표하는 것을 성취하는 사람들은 꿈이라는 하나의 연결선에서 중심을 잡고, 실패와 좌절 속에서도 포기하지 않는다. 지금 대한민국에서 취업은 부모님 세대 때와 다르게 무척 힘들어졌다. 더 좋은 스펙을 지닌 사람들이지만 단 한 가지가 부족하여 취업에 성공하지 못한다. 꿈과 간절함이 취업을 하는 데 있어서 가장 큰 도움을 줄 것이라는 믿음이다. 우리는 스펙에 나의 가치를 전부 걸어서는 안 된다. 꿈에 대해 우리의 중심을 잡고 정진해야 한다.

2

일단 진짜 하고 싶은 일을 해보라

공부, 노가다, 원양어선. 그렇게 시작하면 돼. 필요한 건 다 할 거야.

내 가치를 네가 정하지 마. 내 인생 이제 시작이고,

난 원하는 거 다 이루면서 살 거야.

– 드라마 〈이태원 클라쓰〉 중에서

지금 당장 정말로 사고 싶은 명품이 있는가? 명품 시계? 명품 가방? 당신은 명품이란 무엇이라고 생각하는가? 명품 인생이란 무엇이라고 생각하는가? 명품(名品)이란 사전적 의미로 '뛰어나거나 이름난 물건 또는 그런 작품'을 뜻한다. 우리는 뛰어난 작품으로 명품 인생을 계획하고, 살아야 한다. 명품 인생을 살기 위해서는 취업이 정답일까? 물론 진실한 꿈으로 원하는 회사에 입사하는 것이 명품 인생의 시작이 될 수 있다. 먼저, 우리는 무엇을 계획하고 시작해야 할까? 나는 진짜 하고 싶은 일을 해야 한다고 말하고 싶다.

대한민국에서는 명문대에 입학하기 위해 고군분투하는 수험생들이 많다. 목표로 하는 대학교에 불합격하고, 원하는 수능 점수를 얻지 못한 학생들 중에 스스로 목숨까지 끊는 안타까운 이야기도 종종 전해 듣는다. 그런 이야기를 들을 때마다 명문대라는 맹목적 목표를 가지는 것이 아니라, 진짜로 본인이 하고 싶은 일을 찾는 과정이 중요하다는 생각을 하게 된다. 우리나라의 입시 교육은 꿈을 묻지 않는 교육이라고 말하고 싶다. 지금까지 12년간의 초중고 교육을 받는 동안 어떤 선생님도 '너의 꿈은 무엇이니? 무슨 일을 할 때 행복하고 즐겁니?'라고 물어보는 분을 본 적이 없었다. 물론 언어, 영어, 수학을 누구보다 잘 가르치는 선생님은 많았다. 그리고 그 과목에 흥미를 붙이도록 누구보다 재미있게 가르치는 선생님도 많다. 하지만, 학생들에게 꿈과 원하는 일이 무엇인지 질문하는 선생님은 없었다는 것이 굉장히 안타깝다. 지금 과거를 돌아보면 멋진 인생을 살기 위해 고민했던 순간들이 많이 없었다. 하지만 책을 통해서 원하는 꿈을 갖게 되었다. 그리고 원하는 것을 반대하는 이들에게 꼭 해내고 말겠다는 굳은 의지를 일기를 통해서 표현해나갔다.

스스로 꿈을 묻지 않았던 중학생 시절, 처음으로 진짜 하고 싶은 일을 경험했던 적이 있다. 어떤 일인지 말하면 피식하고 웃어버릴 것이다. 나는 어릴 때부터 나의 아버지 같은 멋진 남자가 되고 싶었다. 아버지는 고등학생 시절 태권도 3단의 유단자이며, 도장에 다니며 사범도 하셨다.

그리고 대학생 시절에는 보디빌딩 동호회에서 사회인 보디빌더로 활약하던 멋진 사진들알 잔뜩 가지고 게셨다. 나는 초등학생 때부터 아버지의 옛날 사진들을 자주 보곤 했는데, 그때부터 멋진 남자가 되고 싶다는 로망이 있었다. 아버지는 내게 어린 시절부터 롤 모델 같은 분이셨다. 세상 누구보다 멋진 남자. 그래서인지 지금의 나는 아버지를 따라 태권도를 배웠고 중학생 시절 태권도 선수가 되고 싶다는 꿈을 꾸었다. 그리고 나의 20대에는 트레이너의 꿈으로 보디빌딩을 배우고 한계를 넘어서는 운동을 했다. 세상에서 가장 멋진 아버지의 모습을 동경하며 그렇게 되고 싶은 꿈이 있었기 때문에 계속해서 전진했던 것이다.

중학교 2학년이 되던 해, 이소룡이 출연하는 멋진 액션 영화에서의 그의 모습은 나의 로망이었다. 나도 멋진 몸과 무술 실력을 뽐내고 싶었다. 중학생 시절의 나는 조용하고, 평범하게 공부하는 학생이었다. 좋은 운동신경을 가지고 있어도, 밖으로 표현을 하지 않았다. 그리고 누구보다 강한 잠재력을 가지고 있었지만, 표현을 잘 못하는 아이였다. 당시 어느 학교에나 일진들이 있었다. 2학년 때 나는 학교를 마치고 시립도서관에 공부를 하러 가곤 했다. 밤 10시까지 공부하다가 집에 가는 어느 날이었다. 갑자기 일진 학생들이 나를 불렀다. 내게 돈이 있냐고 물었고, 실제로 가지고 있었지만 없다고 거짓말을 했다. 그리고 그 학생들은 내가 돈을 가지고 있다는 사실을 알게 되었고, 나를 어두운 곳으로 데려갔다. 태어나서 처음으로 엄청나게 구타를 당했다. 얼굴은 퉁퉁 붓고, 온몸에 힘이 하나도 없었다. 나 스스로 너무 겁을 많이 먹었다. 아무 반격도 할 수 없었다. 그냥 그대로 얻어맞았다. 그런 사건이 있고, 집에 도착했다. 그런 모습을 보는 부모님의 마음은 얼마나 화나고 가슴이 미어졌을까? 나는 너무 무서운 나머지 부모님께 경찰에 신고도 하지 말고, 그냥 아무조치도 하지 않도록 부탁드렸다. 그 이후, 나는 노이로제가 생겼다. 길을 걸어가다가도 일진 학생들이 지나가면 바닥만 쳐다보며 걸었다. 눈도 못 마주치겠고, 모든 사람들이 무섭게 느껴졌다. 나는 육체적으로 정신적으로 너무 약해졌다.

이런 사건이 있고, 나는 나를 스스로 지킬 힘을 키우고 싶었다. 스포츠 용품 판매점에서 4kg 아령을 사서 집에서 팔 운동을 했고, 팔굽혀펴기로 가슴 운동을 했다. 그때 그 시절 〈말죽거리 잔혹사〉라는 영화가 개봉되었다. 평범한 고등학생이었던 주인공은 사랑하는 사람과 가장 소중한 친구를 위해 불량학생에게 복수를 하려 했다. 매일매일 팔굽혀펴기와 운동으로 힘을 키워나갔고, 드디어 엔딩에서는 결국 복수에 성공하게 되었다. 나 또한 영화 속의 주인공처럼 되고 싶다는 열망이 가득했다. 근력 운동이라는 취미를 갖게 되었고, 힘을 키워나가게 되었다. 그러면서 학교생활에서도 조금씩 자존감이 높아지고 자신감이 생겼다. 길을 걸어가면서도 바닥만 보지 않고, 앞을 내다보며 어깨를 펴고 걸을 수 있었다.

언젠가는 그때 나를 구타했던 아이들을 만나서 죽도록 패고 말겠다는 마음도 먹었다. 하지만, 용서하는 자가 진정한 승자라는 문장을 어디서 본 적이 있었다. 나는 마음속으로 그들을 용서하기로 했다.

그때의 아픈 기억으로 인해 지금까지 그 순간이 떠오른다. 그 아픔을 극복할 수 있었던 것은 운동을 통해서였다. 험난한 세상에서 스스로를 지켜야 한다. 그래서 더욱 강한 내가 되기 위해 20살부터 일부러 힘든 경험들을 자초했다. 국토대장정으로 778km을 종주하였고, 해병대에 입대하여 사서 고생을 했다. 그리고 내 한계에 매번 부딪치며 극복하는 보디빌딩이라는 운동에 미치기도 했다. 이제 사랑하는 사람들을 위해 그들의 건강과 행복을 지켜주는 꿈을 갖게 되었다. 건강한 운동 방법과 식습관을 만들어주고, 내가 그 건강한 식품을 만들고 관리하는 일을 하고 싶게 된 것이다. 세상의 모든 사람들은 말 못 할 아픔들을 하나씩 가지고 있을 것이다. 나와 가장 가까운 친구들도 나에게 말하지 못하는 아픔과 트라우마가 있을 수 있다. 하지만, 이제 그 아픔을 마음속에만 담아두기보다는 아픔을 이겨내기 위한 도전을 시작했으면 좋겠다.

20대의 가장 큰 고민인 취업을 앞두고, 우리는 그 고민보다 앞서 나의 과거를 돌아보고 인정하는 시간이 필요하다. 나는 해병대에 자원 입대하고 내외적인 강함을 키우기 위해 보디빌딩 운동을 매일 하게 되었다. 그 당시 퍼스널 트레이너라는 꿈을 갖게 되면서 더욱 운동에 대해 관심이 많았다. 그러던 중 우연히 연평부대에서 몇 년 전 육체미 선발대회를 했다는 사실을 전해 들었다. 그때 내 열정은 불타올랐다. 나는 부대장님께 직접 편지를 써서 그 대회를 다시 만들어달라고 간절히 부탁드렸다. 그렇게 부대장님의 승인으로 실제로 연평부대 육체미 선발대회를 개최하게 되었다. 나는 시합을 위해 미친 듯이 운동했다. 열정과 꿈 하나만으로 도전했던 것이다. 지금은 아쉽게 그 사진을 가지고 있지 않지만, 그때의 추억이 아직 생생하다. 나는 4등을 하게 되었다. 3등 안에 들어야 상장과 함께 포상휴가를 갈 수 있는 것인데 너무 아쉬웠다. 하지만, 스스로 최선을 다했기에 좌절하지 않고 뿌듯했다. 이렇게 나는 한 단계 성장하게 되었다.

군대를 전역하고 전자공학과로 복학한 1년간 나는 정말 많은 방황을 했다. 원하는 꿈은 있지만, 학과 수업을 들으며 다른 생각만 하곤 했다. 나에게는 영욱이라는, 고등학교 때부터 대학교까지 같은 학과에 입학하고 친하게 지내는 친한 친구가 있다. 그 친구도 자신의 꿈을 가지고 있지만, 선뜻 도전하지 못하는 현실에 지쳐 있었다. 함께 수업을 마치면 공부를 하는 것이 아니라 공원에서 맥주 한잔 마시며 서로의 꿈을 응원하곤 했다. 그 친구는 예전부터 집의 인테리어에 관심이 많았다. 신규 분양되는 아파트 모델하우스에 방문해서 인테리어를 보는 것을 행복해하는 친구였다. 나는 그 친구가 진짜 하고 싶은 일을 안다. 그래서 충북대학교 주거환경학과로 전과를 추천했다. 그 친구는 흔쾌히 전과에 도전했고, 졸업해서 H회사에서 MD 관련 일을 하고 있다. 그리고 나도 내가 진짜 하고 싶은 일을 위해서 식품영양학과로 전과를 했고, 지금은 식품 대기업 C사에서 일을 하고 있다.

전자공학과는 대한민국뿐만 아니라 전 세계적으로 전망 있는 학과이다. 기술직군이라는 장점으로 상대적으로 대기업에 취업하기 좋은 학과다. 부모님은 내가 전자공학과에서 졸업을 마치고, 안정된 직장에 들어가기를 원했다. 하지만 나는 진짜 내가 하고 싶은 일을 위해서 부모님의 반대를 설득하고 전과를 하게 되었다. 그리고 지금은 모든 것이 잘되어 행복하게 살고 있다. 그때의 선택이 좋은 선택이었다.

여러분은 진짜 하고 싶은 일이 무엇인가? 머릿속에 갑자기 떠오르는 바로 그 일이 여러분이 진짜 원하는 직업이 될 수 있다. 그 일이 사회적으로 존중받지 못하거나, 많은 돈을 벌 수 있는 일이 아닐 수도 있다. 그리고 그 일이 비인기 직업일 수도 있다. 하지만, 당신의 선택은 언제나 옳다. 믿음과 확신으로 도전해서 경험하길 진심으로 추천한다. 사랑하는 부모님이 반대한다고? 그러면 더욱 완벽하다. 부모님이 반대하는 일들은 불확실해보이지만, 그것에 도전함으로써 배우는 인생의 교훈은 세상 무엇보다 만족스러울 것이다. 스스로를 믿고 해보길 바란다. 하지만, 이것만은 알아줬으면 한다. 모든 선택의 책임은 자신이 져야 한다는 것이다. 여러분의 건투를 빈다.

매 순간 초심(初心)을 잃지 마라

성공을 위한 3가지 열쇠가 있다.
첫째도 둘째도 셋째도 끈기이다.
힘과 능력이란 매일매일의 연습을 통해서만 창출되고 유지되는 것이다.
끊임없이 노력하라.
– 영화배우 이소룡

취업을 하는 데 있어서 졸업 유예를 한 취업 준비생은 이점이 있을까?
이 물음에 궁금해하는 취업 준비생들이 많을 것이다. 정답을 말하자면
회사는 졸업생의 위치보다 졸업 유예자를 더 선호하고, 실제 취업에 도
움이 된다고 한다. 대학원에 진학하거나 취업이 되지 않았다면 대학교를
졸업한 순간부터 공백기가 발생하는 것이다. 관련 내용은 면접관들의 단
골 질문이다. 자신의 가슴에 손을 얹고 졸업 후 취업 준비까지 정말 성실
히 경험과 경력을 쌓았다고 자부할 수 있는가? 대부분의 사람들은 답하
기 어려울 것이다.

하지만 졸업하고 취업을 못하는 20대가 좋아할 사례가 있다. 나도 졸업 유예를 했지만, 졸업을 하고 취업 준비를 했다. 그렇다면 졸업 이후 취업 준비까지 어떤 스토리를 담아야 면접관에게 울림이 있는 메시지를 전달할 수 있을까? 가능한 졸업 전에 취업 준비를 하고 당당히 취업에 성공하는 것이 가장 깔끔하다. 하지만 개인적인 목표와 계획이 있어 졸업해서 취업을 준비하는 이도 있을 것이다. 내 경험에 의한 2가지의 정답이 있다. 첫 번째는 졸업 이후에도 계속적으로 직무에 관한 자격증을 공부하여 취득하는 것이다. 두 번째는 졸업 이후 직무에 관한 인턴 같은 실무 경험을 하는 것이다. 이 두 가지의 활동이 없다면 졸업생들은 취업 준비를 하여 공백 기간을 설명하기에 어려움이 있다고 생각한다.

나는 2016년 1학기 졸업 유예를 했다. 사실 졸업을 유예하려고 처음부터 계획했던 것은 아니다. 그때 나의 목표는 퍼스널 트레이너였고, 바로 졸업하고 그 일을 해도 괜찮았다. 하지만 한 가지 내가 정말 취득하고 싶었던 자격증의 지원 자격이 있었는데, 그 자격을 얻기 위해서는 추가로 식품영양학과의 한 과목을 수강해야 했다. 나는 '보건교육사 3급'이라는 자격증을 취득하고 싶었다. '건강' 관련 자격증을 모조리 섭렵해서 나의 가치를 높이고 싶었다. 그런 공부를 하는 데 있어서 스스로 큰 보람을 느꼈다. 그렇게 보건교육사 3급을 취득하기 위해 인정되는 필수과목 중 '영양교육 및 상담'이라는 과목이 있었다. 그렇게 1과목을 수강하기 위해 졸업 유예를 했다. 일반적으로 졸업 유예를 하는 학생들의 목적과는 조금 다르다. 그렇게 1학기를 마치고 어느 날 한국보건의료인국가시험원(이하 국시원)에서 문자 하나를 보내주었다.

"김수민 님의 보건교육사 3급 응시 자격 심사 결과 '필수 1과목이 부족' 하여 응시 자격 불인정이 예상되오니 보완이 가능하신 경우 관련 서류 및 내용을 팩스 또는 이메일로 송부해주시기 바랍니다."

당황스러웠다. 분명 인정 과목을 확인했고 우리 학과에 그 과목이 있었기 때문에 응시 자격이 충족되었을 것이라 생각했다. 그래서 이메일로 문의를 해보니 그 이유를 확인할 수 있었다.

"김수민 님의 신청서류를 검토한 바, '영양교육 및 상담' 과목은 충북대학교 식품영양학과에서 인정되는 과목이 아니며, 인정과목명은 '영양교육 및 상담실습'입니다."

그때 당시 조금 당황스럽고, 화가 나기도 했다. 공통 과목명이지만 실습이 아니라는 이유로 응시 자격에 불합격을 한 것이다. 내가 이 시험을 볼 자격을 얻기 위해 졸업 유예를 한 건데 목적에 의미가 없어지니 허무했다. 그 순간 나는 마음을 가라앉히고 잠깐 조용히 고민하며 명상을 했다. 사실 이 과목명에 대해서는 학과에서 공지를 잘못 올리는 착오로 인해서 응시 자격 불인정을 받은 것이었다. 하지만, 바꿀 수 없는 현재 상황에서 이 모든 것은 하늘의 뜻이라 생각하고 긍정적으로 생각하기로 했다. 6개월의 시간 동안 도전하며 성취한 많은 것들도 있으니 말이다.

그리고 차라리 잘되었다는 생각도 들었다. 만약 보건교육사 3급의 시험을 보게 된다면 그 해 12월에 보아야 한다. 하지만 2016년 하반기에 취업 준비를 위해 힘써야 하는 시간에 그 자격시험을 병행하며 공부했다면 선택과 집중에 문제가 생겼을 것이다. 하늘의 뜻으로 나는 더욱 취업 준비에 집중할 수 있었다. 감사할 일이다.

졸업 유예를 했던 기간은 2016년 3월부터 7월까지였다. 그 동안 꿈의 연결선상에서 직무 관련 자격증을 공부했다. 대한영양사협회의 스포츠영양사를 3개월 정도 교육을 들으며 시험 준비를 했고, 식품기사 자격증을 공부해서 2번의 도전 끝에 그해 8월 5일에 합격자 문자를 받았다. 스스로 정말 열심히 노력해서 얻은 결과였기에 잊지 못할 뿌듯한 순간이었다. 자격증을 준비했던 내 이야기가 도움이 되었으면 한다.

2016년 8월 5일 오전 9시 내게 감동의 문자 한 통이 왔었다.

'김수민님 기사 2회 실기시험 최종합격을 축하드립니다. 한국산업인력공단'

2016년 2월부터 필기시험을 준비해서 기사 1회 실기시험에서 불합격을 한 후 큰 좌절이 있었다. 하지만 나는 재도전을 통해 당당히 합격이라는 행복한 결과를 얻게 되었다. 불합격 당시 실기시험에서 합격기준 60점에서 3점이 부족한 57점이었다. 그 시기 나는 큰 좌절을 겪고, 자신감이 많이 떨어져 있었다. 하지만 언제나 그렇듯 사랑하는 가족과 내게 소중한 친구들이 큰 힘을 주며 응원해준 덕분에 다시 도전할 수 있었다.

식품기사 2016년 1회차 시험에서 총 응시자 1,563명 중에서 최종 합격자는 181명이었고 합격률이 11.58%였다. 내 점수는 필답형 45점 만점 중 16점, 작업형 55점 만점 중 41점을 받아 총 57점이었다. 3점 차이로 불합격했지만 그 근처에 갔다는 사실만으로 큰 감사함이 있었다.

다시 도전하면 잘할 수 있을 것이라는 믿음으로 도전을 했다. 그런데 그때 당시 식품기사뿐만 아니라 그토록 공부하고 싶었던 '대한영양사협회 스포츠 영양사' 수업도 함께 병행하고 있었다. 평일에는 한식조리기능사 학원을 다니면서 자격시험 준비도 같이 했기에 큰 부담이 되었던 건 사실이었다. 하지만 나는 다시 일어섰고 이루어냈다.

합격한 2회차 시험에서는 총 응시인원 1,743명 중에 562명이 합격을 했고, 32.24%의 합격률을 보였다. 시험 결과가 나오기까지 불안하고 걱정되기도 했다. 하지만 생각보다 좋은 점수를 받아서 너무 기뻤다. 합격 점수는 필답형 24점, 작업형 54점으로 총점 78점이 나왔다. 60점 커트라인을 한참 넘은 뿌듯한 결과였다. 아침 오전9시에 합격자 발표가 나온다는 것을 알고 있었지만, 가족들에게는 무심한 척 기다리지 않는 척하고 있었다. 합격 문자를 받고 신이 나서 부모님께 달려가 합격했다고 말씀드렸다. 그 당시 한 번의 불합격에 포기하지 않고 다시 도전할 수 있도록 큰 힘이 되어준 사랑하는 가족에게 감사의 말을 전한다.

그리고 졸업 유예 기간 동안 NSCA-CPT라는 국제퍼스널트레이닝자격증 시험을 응시하고 합격했다. 이 시험도 한 번의 불합격 후에 재도전 끝에 합격했기에 내게 더 의미가 컸다. 2014년 3월쯤 시험을 한 번 보게 되었는데 그때 트레이너 일을 하고 있었고 나름 전반적인 지식이 충분하다고 자만했다. 더욱이 2014년도는 내가 전자공학과에서 식품영양학과로 전과한 첫 학기와 겹치며 시험 준비에 집중하지 못했다. 공부할 시간은 마음만 먹으면 충분히 만들 수 있었지만 나는 노력을 하지 않았고 당연히 불합격을 하게 되었다. 그 당시 140문제 중 합격기준이 93개였지만, 92개를 맞아 한 문제 차이로 떨어진 것이다. 생각보다 높게 나온 점수에 스스로 위로했지만, 응시료가 비쌌던 만큼 실망스러웠던 순간이었다. 그 당시는 트레이너 일을 하면서 월급을 받고 응시료를 지불했기 때문에 돈의 소중함을 몰랐던 때였다.

그 후 2년이 지난 2016년이 되어서야 재도전을 하게 되었다. 그 당시 부모님께 용돈을 받고 아르바이트 하면서 벌게 된 돈으로 응시료를 지불했다. 그래서 더욱 간절히 합격을 꿈꾸며 시험을 준비하게 되었다. 400 페이지가 넘는 필수 교재를 4번 이상 반복하며 공부하고, 노트에 모든 내용을 정리하면서 체득했다. 시험에서는 140문제에서 96문제를 맞혀 합격을 했다. 간절히 준비한 만큼 조금 높은 점수를 기대했지만, 아슬아슬하게 합격을 해서 스스로 부족한 점이 많다고 생각했다. 이 경험을 바탕으로 다시 겸손히 공부해야 함을 느꼈다.

이후, 졸업 유예를 마쳤고 졸업을 했다. 상반기 한식조리학원에 다니며 50가지의 음식을 요리하고 익혔다. 한식조리기능사를 공부하게 된 이유는 자극적이고 맵고 짠 음식을 먹으면 탈이 나는 어머니께 건강한 음식을 요리해드리고 싶어서였다. 정말 만만치 않은 여정이었다. 2번의 불합격, 그리고 3번의 도전 끝에 합격했다. 실기 시험의 합격점수는 60점이었지만 65점으로 합격을 했다. 한식조리기능사를 준비하고 시험을 볼 때 재밌는 에피소드가 많다. 나는 제과회사 O사, H사 리조트, 식품회사 C사라는 대기업 3곳에 나의 스토리 덕분에 모두 합격할 수 있었다.

대학교 졸업하고 바로 취업 준비를 한 6개월 동안 느낀 점은 취업 준비는 현실이며 맞서며 부딪혀야 하는 관문이라는 것이었다. 힘들다고 중간에 포기해서는 안 된다. 우리는 졸업과 함께 부모님의 보호를 벗어나 스스로 책임져야 하는 어른이 된다. 고등학교를 졸업하면 대학교에서 새로운 시작을 하게 된다. 그리고 대학교를 졸업하면 직장에서 다시 인생을 시작하게 된다. 취업 후에는 회사에서 다시 처음부터 시작하게 된다. 매 순간에 초심(初心)을 잃지 않기 위해 다짐을 하자. 직장인이 된 나도 5년, 10년 후 새로운 인생을 시작할 수 있다. 언제나 초심을 기억하며 끝이 아닌 시작하는 마음으로 멋진 인생을 살도록 하자.

4

취업보다 꿈을 먼저 생각하라

누가 뭐래도 제 의지대로 가야 할 때가 있잖아요.
저 할 수 있어요. 혀 깨물고 던져볼래요!
– 영화 〈글러브〉 중에서

"사람이 미래다."라는 어느 기업의 슬로건이 있다. 대한민국의 미래가
훌륭한 인재인 만큼 꿈을 찾는 인재가 많아져야 한다. 대한민국 20대는
취업난에 빠져 있다. 우리는 하루 24시간 똑같은 시간을 보내면서 살고
있다. 그렇게 보내는 하루에서 매일 식사를 해야 하고, 공부를 하거나 학
교 도서관에 갈 때 교통비를 지출해야 하며, 내가 편히 잠잘 수 있는 집
이 필요하다. 모두 돈을 벌어야 사람답게 살 수 있는 것이다. 그렇게 사
람답게 살기 위해 모두 취업을 해야 한다고 한다. 취업을 해야 내가 원하
는 물건도 살 수 있고, 사랑하는 가족들에게 용돈도 드리고 행복한 인생

을 살 수 있다고 말한다. 그래서 사람들이 인정하는 회사에 입사하고 싶어 하고, 돈을 많이 주는 대한민국 상위 1% 대기업에 들어가고 싶어 한다. 수능시험에서도 상위 4%만이 1등급을 받을 수 있다. 수능에서 1등급 받기도 하늘의 별따기와 같은데, 공부 성적만 평가하는 것이 아니라 모든 면에 대해 전반적으로 평가하는 취업에서 대한민국 1%에 들어가기란 우주에서 별 따기 같은 이야기다.

그러나 불가능해 보이는 대기업 취업에 한 발 다가설 수 있는 추월차선이 있다. 그건 바로 취업을 준비하기에 앞서 나의 꿈을 돌아보는 것이다. 우선순위에 맞게 모든 일을 해야 효과적인 결과가 나온다. 업무에서의 가장 중요한 법칙인데, 이는 취업 준비에서도 동일하게 작용한다. 우리는 꿈을 먼저 찾아보아야 한다. 모든 자기 계발서에서 "꿈을 찾아야 성공한다."라고 말한다. 꿈을 찾기 위한 방법을 구체적으로 제시하지 않고, 두루뭉술하게 꿈을 꾸어야 성공한다는 말만 한다. 나는 직접 나의 사례를 들어 꿈을 꾸는 방법과 왜 꿈이 중요한지 설명하려고 한다.

나는 식품대기업 C사에 다니는 4년차 직장인이다. 누구나 가고 싶어 하는 대기업이지만 퇴사하는 사람도 수없이 많다. 대기업에 다니는 많은 사람들은 고스펙자가 많다. 혹은 자기만의 색깔과 강점이 있는 사람들이 많다. 내가 본 대기업의 회사원들은 대부분 엄청난 스펙으로 합격한 사람들이라고 생각한다. 이 중에는 이직을 준비해서 더 좋은 회사로 옮기기도 한다. 혹은 본인의 다른 꿈을 위해 퇴사를 결심한 사람도 있다.

그러면 왜 대기업에 어렵게 입사하여 퇴사를 하게 될까? 그 이유는 정말 다양하지만, 더 좋은 복지와 연봉, 사회적인 위치를 높이고자 퇴사하는 경우가 많다. 꿈을 찾기 위해 퇴사하는 인원은 많은 편이 아니다. 그런데 내가 왜 군이 좋은 회사에 가기 위해 스펙만 쌓으면 될 일을 꿈을 먼저 찾으라고 말하는 것일까?

여러분은 행복이란 무엇이라고 생각하는가? 일을 하는 데 있어서 행복을 찾을 수 있을지 궁금해할 것이다. 실제로 꿈이 있고, 내가 정말 원하는 일을 하게 된다면 매일매일 야근하더라도 행복할 수 있다. 물론 아무리 좋아하는 일이더라도 일이 된다면 하기 싫은 일이 될 것이라고 반론할 수 있다. 하지만 나는 되묻고 싶다. '정말로 원하는 꿈을 찾아서 그만두어 보았는가?'

실제로 서울대학교를 졸업하고 S전자 인사팀에서 근무하던 6년차 직장인이 있다. 대기업에서 채용, 교육 업무를 해왔고, 입사 후 2년간 그룹 대졸 신입사원 채용을 담당했다. 그러던 중 그는 책 쓰기에 대한 꿈을 갖고 『퇴근 후 1시간 직장인 독서법』이라는 책을 출간하면서 회사를 그만

두었다. 그 주인공인 정인교 작가는 지금 〈한국위닝독서연구소〉를 운영하면서 시간이 없는 많은 직장인들을 위해 효과적인 독서를 돕기 위하여 열정을 불태우고 있다.

두 번째 사례로 김이슬 작가는 S금고라는 금융업체에 다니며 많은 사람들이 열심히 일하면서도 돈 때문에 힘들어하는 모습을 보고 '부'에 대해 고민하고 관찰하면서 '부자가 되는 법'을 연구했다. 그녀는 바쁜 직장 생활 중에도 주식 공부를 놓지 않고 꾸준히 투자에 도전한 결과, 직장인에게 가장 알맞은 ETF 투자법을 터득하게 되었다. 이러한 지적 재산으로 퇴사를 결정한 후 『주식투자 이렇게 쉬웠어?』라는 책을 출간하게 되었고, 현재 네이버 카페 〈한국주식투자코칭협회〉를 운영하며 청년들과 직장인에게 비법을 전수하고 있다. 이렇게 본인의 꿈을 위해 대기업을 퇴사하는 분들도 있다.

나는 중학교 시절 MP3가 정말 갖고 싶었다. 부모님께서는 내가 반에서 10등 안에 들면 MP3를 선물해준다는 조건을 내거셨다. 나는 밤낮 할 것 없이 공부한 결과 반에서 3등 전교 23등을 하게 되어 결국 MP3를 선물 받았다. 매일 집에 있는 컴퓨터 스피커로 음악을 들었던 내게 MP3라는 전자기기를 통해 내가 좋아하는 노래를 직접 들었을 때의 기분은 최고였다. 나는 여러 MP3 중 코원의 iAUDIO U2 MP3를 선택했다. 이 MP3는 BBE라는 고주파로 이루어진 하모닉스의 기술력으로 고주파 대

역의 위상 지연 및 시간 지연을 보정하고 진폭을 보상해 사운드를 웅장하게 만드는 기능이 있었다. 그러면서 최고음질의 사운드를 구현하는 최고의 기술력을 보유했던 것이다. 나는 이런 기술력에 매력을 느꼈다. 그당시 전문 기술은 잘 몰랐지만, 코원의 MP3를 개발하는 개발자가 되고 싶다는 꿈을 갖게 되었다. 그 후 전자공학과 정보통신공학이라는 학문에 관심을 갖고 대학교도 관련 학과에 진학하기를 꿈꾸며 입학하게 되었다.

그 후 21살 대학생 시절 해병대에 입대하게 되었다. 북한의 연평도 포격 사건을 경험하며 전역 후 새로운 꿈을 갖게 되었다. 마음속 깊은 곳에서 생긴 꿈이었기에 간절했다. 그렇게 건강 전도사가 되길 원했고, 퍼스널 트레이너라는 직업을 목표로 꿈을 꾸었다. 그 꿈을 위해 누구보다 열심히 도전했고, 부딪히며 실패하고 넘어지고, 다시 일어섰다. 트레이닝을 공부하고 운동을 하면서, 건강한 식습관을 스포츠 선수들에게 전해주는 스포츠 영양사의 꿈을 갖게 되었다. 또한, 건강한 식품을 만들어 품질을 관리하는 식품회사의 품질관리 직무를 꿈꾸었고 이루었다. 이렇게 나는 한 가지 꿈이 아니라, 경험을 쌓으며 또 다른 꿈들을 꾸게 되었다. 취업이라는 목적지에 가기 위한 이러한 단계별 꿈 너머 꿈 찾는 과정을 여러분들도 실천해보면 좋겠다.

실제로 식품대기업 C사에 입사하기 위해 자기소개서를 작성하면서 꿈을 위해 노력했던 나의 과거를 돌아볼 수 있었다. 그리고 자기소개서에 녹아내릴 수 있었다. 여기서 실제 나의 자기소개서 원문을 전해주고자 한다.

– 지원직무를 잘 수행할 수 있는 이유는 무엇인가요?

① 지원 직무 수행 시 필요하다고 생각하는 역량 ② 지원 직무를 잘 수행하기 위한 그동안의 노력과 도전(본인만의 강점, 준비, 관련경험) ③ 입사 후 성장 목표 등을 포함하여 구체적으로 작성해주세요.

〈연평도 포격전에 참전 후 건강 전도사가 되는 꿈〉

2010년 11월 23일 오후 2시 30분경 북한과 연평도 포격전이 있었습니다. 북한과 근접한 연평도에서 해병대원으로서 대한민국을 수호했습니다. 저는 통신병으로서 뿌연 암흑 연기를 뚫고 부대의 통신망을 개통해서 전투 상황을 무전하며 위급 상황을 전달하는 역할을 했습니다. 평소 준비했던 전투 배치의 원칙을 지키며 여러 병과와의 협업으로 급작스런 전쟁 상황도 이겨낼 수 있었습니다.

그 후 해병대를 전역하면서 건강에 대한 관심으로 저는 대학교 전공을 전자공학과에서 식품영양학과로 전과하게 됩니다. 부모님의 반대에는 저의 감동하게 하는 노력이 있었습니다. 보디빌딩을 공부하며 100일간

매시간 철저한 식단 관리와 하루 2번의 혹독한 운동으로 시합을 준비했습니다. 더욱 심화적인 공부로 '생활체육지도자격증 보디빌딩 3급'과 국제공인 개인 트레이너 자격증도 취득하게 되었습니다. 이처럼 저는 단기적인 성과에 그치는 것이 아니라 장기적인 노력을 앞으로도 꾸준히 하며 품질관리에서 앞장서는 선구자가 되고 싶습니다.

⟨ 식품영양을 넘어 제조 분야 전문가로 도약 ⟩

품질관리란 최저 비용으로 최고의 품질을 얻을 방법을 연구하는 업무입니다. 이를 위한 기본적인 식품에 대한 지식을 위해 공부하며 취득한 '식품 기사, 위생사, 영양사' 자격증을 이제는 더욱 전문적으로 공부하며 활용하고 싶습니다. 불량률을 낮추기 위해 원인을 찾고 해결책을 찾아가는 방법을 의미하는 '6시그마'를 가장 먼저 공부하고 싶습니다. 이를 기초로 무결점 품질을 위해 불량 요인과 휴먼에러에 대한 공부를 할 것입니다. 통계적 품질관리(SQC)와 통계적 공정관리(SPC)에 대한 학습들을 통해 최종적으로 '품질경영관리사' 취득을 위해 힘쓰겠습니다. 이에 대한 경력을 바탕으로 '식품기술사'까지 도전하며 훗날 제조 분야의 최고경영자가 되기 위해 꿈꾸고 노력하겠습니다. 나무가 아닌 숲을 보는 시야로 바로 앞의 성취가 아닌 과정 속의 보람된 결과를 위해 힘쓰는 CJ인이 되고 싶습니다.

나는 취업을 위해 많은 경험을 하고, 인생의 도전을 한 것이 아니다. 그때의 꿈만을 바라보며 집중하고 노력한 것이다. 20대 여러분은 현재 취업이 목적이 된 인생을 살고 있는가? 아니면 꿈이 목적이 된 삶을 살고 있는가? 어떠한 목적으로 인생을 살 때 더욱 행복한 인생을 살 수 있을까? 나는 그 정답을 알고 있다. 여러분도 나의 글을 읽으면서 정답을 찾았을 것이다. 우리는 취업보다 꿈을 먼저 생각해야 한다. 본인이 과거에 무엇을 할 때 행복했고 즐거웠는지 생각해보자. 그럼에도 꿈을 찾을 수 없다면 내게 연락을 달라. 진심이 담긴 조언을 해주겠다. 나는 항상 당신을 응원한다.

5
취업을 위해 꿈이 필요한 5가지 이유

네가 간절히 원한다면 넌 할 수 있어.
하지만 넌 하고 또 하고 또 해야 해. 그럼 넌 마침내 할 수 있을 거야.
– 애니메이션 〈인어공주〉 중에서

앞서 '취업보다 꿈이 먼저다'라는 주제로 이야기를 해보았다. 그렇다면 우리는 조금 더 구체적으로 꿈을 가져야 하는 5가지 이유에 대해 이야기 해보도록 하자.

1. 내 인생에 활력이 생긴다

꿈을 가지면 하루하루를 보내는 시간들이 지겹지 않고 보람이 된다. 우리는 학창 시절에 소풍을 가는 날이면 새벽 일찍 눈이 떠지게 되고, 설렘으로 하루를 시작하게 된다. 소풍을 가기도 전에 미리 다음날 버스에서 먹고 싶은 과자들을 사기 위해 마트에 들려 준비를 하고, 음료수도 산다. 그리고 전날 저녁 다음 날에 가는 소풍에서 어떤 즐거움이 펼쳐질지 기대가 가득한 마음으로 잠든다. 소풍을 가는 날 버스에서 친한 친구와 이런저런 이야기들을 하면서 더욱 친해지고 행복한 시간을 보낸다. 하루 동안 버스를 타고 이동하며 오후 늦게야 집에 도착한다. 몸은 너무 피곤하지만 정말 보람되고 인생에 추억이 되는 하루라고 생각한다. 어릴 적 추억이 되는 소풍 이야기로 비유를 해보았다. 소풍이라는 단어를 꿈으로 바꿔 읽어보자. 정말로 내가 좋아하는 꿈을 가지게 된다면, 하루하루가 설레고 활력이 생길 것이다. 매일매일 몸은 피곤하지만 행복한 마음으로 시간 가는 줄 모른다.

또 다른 비유를 들어보자. 나는 초등학생 시절 게임에 빠진 적이 있었다. 'Zero Cup'이라는 온라인 축구 게임이었다. 지금의 FIFA 종류의 게임같이 11명을 모두 다루며 경기를 하는 것과 다르게 나만의 캐릭터 1명만을 키우는 것이다. 개인기, 드리블, 슈팅 등의 능력치를 내가 노력하는 만큼 높일 수 있는 게임이다. 초등학생 때의 나는 그 게임에서 캐릭터의 능력치를 최고로 만드는 꿈을 가졌다. '이것도 꿈이라고 말할 수 있을까?'라고 생각하는 분들도 있을 것이다. 하지만, 어떤 것이든 목표가 있고, 그것에 대한 도전이라면 '꿈'이 될 수도 있다. 게임을 너무 좋아하는 학생이 그 실력으로 대한민국 1등이 되고, 세계 1등이 되면 어떻게 될까?

전 세계의 많은 사람들은 그 사람이 큰 꿈을 갖고 노력해서 역시 성공했다고 생각할 것이다. 최근 2018년 제18회 자카르타-팔렘방 아시안게임 e스포츠 국가대표로 활약했던 프로게이머 이상혁(Faker)이 그 예이다. 실제로 이 프로게이머의 연봉은 밝혀진 것은 없지만 50억 원 이상이라고 추정한다. 취미가 직업이 되면 물론 힘든 순간이 온다. 하지만, 그 꿈을 이루기 위한 과정 속에 있는 한 가장 행복하고 왕성한 활력을 경험하게 된다.

2. 인생의 방향이 잡힌다

평범한 10대를 보낸 나는 대학교에 입학하여, 남들과 비슷한 시기에 입대하게 되었다. 그 중 가장 힘들기로 악명이 높은 해병대에 입대했다. 입대하기 전에도 체력적으로 많이 힘들 해병대에 들어가 적응을 잘하기 위해 건강한 몸 만들기를 위해 운동을 했다. 그렇게 입대를 하게 되었고 훈련소에서 훈련병으로서의 모든 훈련에 대해 긍정적으로 임했다. 모두 내 건강한 정신과 육체를 만들기 위한 훈련들이라고 생각했다. 총검술, 집총체조동작, 목봉체조, 행군, IBS훈련 등……. 모든 훈련은 1년 10개월의 군 생활의 체력을 키우기 위한 준비였다. 그리고는 연평부대에 실무배치를 받게 되었다. 밖에서 뭐하다 왔느냐는 선임의 말에 이렇게 대답을 했다. "일반 대학생이었지만 몸 만들기에 관심이 많았습니다. 도움이 필요하시다면 최선을 다해 멋진 몸 만들 수 있도록 도와드리겠습니다!"

그 후 그 선임의 여름휴가까지 몸 만들기 1:1 PT를 해주었다. 해병대에서는 계급이 낮은 이병의 직급은 체력 단련실에서 운동을 할 수 없기에 나는 운동을 못 했지만 선임에게 식습관과 운동법 하나하나 체크를 해주었다. 그러던 어느 여름 선임 해병이 그 동안 만든 몸을 보여주는데 정말 깜짝 놀랐다. 이전의 나보다 몸이 더 좋아지고, 체지방에 대한 변화도 뚜렷했다. 그래서 그 후 선임 해병에게 입이 닳도록 칭찬을 들었다. 그 당시 정말 행복했다. 누군가에게 건강에 대해 조언을 해주고 변화를 이루게 해준다는 것 자체가 나에겐 큰 감동이었다. 그 뒤 내가 상병이 되고 병장이 되어 스스로 운동하는 동안에도 선, 후임들에게 운동과 식습관을 아낌없이 알려주었다.

연평도 포격사건 그리고 식품영양학과로의 전과, 건강 전도사의 꿈으로 트레이너와 스포츠 영양사가 되었고, 현재는 식품회사에서 품질관리를 하는 업무를 하고 있다. 돌아보면 그러한 경험들은 내 인생의 방향을 하나로 잡아주는 계기가 됐다고 생각한다.

3. 중간에 시련이 찾아와도 다시 일어날 힘을 갖게 한다

2014년 식품영양학과로 전과하여 처음 시작하는 3학년의 시기에 나는 정말 힘들었다. 2013년에 꿈을 위해 서울에서 운동하며 트레이너를 했던 경험을 마무리 짓고, 다시 학생의 신분으로 돌아와 공부를 해야 했다. 내가 전과한 이유는 정말 간단했다. '트레이너를 할 때 더 좋은 몸을 만들 수 있는 식단을 어떻게 구성하면 좋을까? 체지방을 더 빠르게 감량하는 식품영양학적인 노하우는 무엇이 있을까?'라는 이유였다. 하지만, 식품영양학과에서의 공부는 상상 이상으로 너무 힘들었다.

나는 전과를 했기 때문에, 원래 식품영양학과에서 1학년부터 시작한 학생들과 다르게 4년 동안 공부할 양을 2년 안에 마쳐야만 했다. 그래서 커리큘럼에 맞추어 기본과 심화 과정의 수업들을 순서대로 수강할 수 없었다. 필수로 들어야 하는 과목이 있으면 심화 과정이든 기본 과정이든 닥치는 대로 들어야 했다. 한 학기 동안 23학점을 들었을 때에는 정말 죽을 것만 같았다. 그 학점을 들어본 대학생들은 이해할 것이다. 얼마나 하루 종일 수업 듣고, 과제하고 시험 보며 바쁜지 알 것이다. 도무지 이해가 되지 않는 영양생리학, 임상영양학, 생화학, 미생물학, 영양학, 위생학 등의 과목들이었다. 엎친 데 덮친 격으로 위의 과목들도 힘든데 실험 과목까지 해야 하고, 직접 요리로 평가를 받아야 했다. 정말 말도 안 되는 수업 양이었다.

포기하고 싶은 마음이 굴뚝 같았지만, 부모님과 했던 약속이 있었기에 절대 포기할 수 없었다. 전자공학과에서 식품영양학과로 전과를 허락하는 대신 절대 중간에 포기하지 말라는 부모님과의 약속이 있었다. 정말 인생의 위기라고 느낄 정도로 힘든 시기였지만, 나는 포기하지 않고 기본부터 충실히 공부를 했다. 모르거나 이해 안 되는 부분은 인터넷 강의를 활용해서 이해하려 노력했고, 결국은 무사히 식품영양학과를 졸업할 수 있었다. 한 과목 이해하기도 벅찬 내가 8개의 자격증까지 취득하고, 우리나라 식품회사 1등 기업인 C사에 입사까지 하게 되었다. 이렇듯 중간에 시련이 찾아와도 꿈이 있다면 다시 일어날 힘을 갖게 된다.

4. 주변의 무시와 반대에도 꿋꿋하게 나의 소신과 강단을 갖게 된다

나는 외형적으로 굉장히 순한 이미지를 가졌다. 20대까지 처음 보는 사람들은 내가 고등학생인 줄 알았던 적도 많았고, 나의 이미지를 보고 나를 무시하거나 내려 보는 사람들도 있었다. 그래서 나는 더욱 외면은 유한 사람일지라도 내면이 강단 있는 사람이 되길 원했다. 그리고 평소 조용한 성격 때문에 처음 보는 어떤 사람은 내게 너무 소심하다며, 성격 좀 바꾸라고 다그치기도 했다. 그런 말들을 들을 때마다 나는 스스로 강한 사람이 되어야 한다는 생각을 계속 기억했다.

보디빌딩을 통해 외형적인 강인함을 갖추게 되었고, 건강 전도사라는 꿈을 가지며 내 목표에 직진했다. 주위에서 "넌 안 된다, 말도 안 되는 꿈을 꾸지 마라. 넌 이상주의자다. 현실을 보고 준비해라……."라는 말로 나의 자존감을 낮추려고 했다. 하지만 나는 절대 포기하지 않고 꿋꿋하게 공부했고 취업 준비를 해 대기업 3곳에 당당히 합격을 했다. 남들의 비난과 무시는 귀담아 들을 필요가 없다. 나는 나만의 소신으로 강단 있게 꿈을 위해 나아가면 그게 정말 멋진 내가 될 것이라고 믿는다.

5. '안 되면 되게 하고, 안 되면 될 때까지 한다'라는 각오를 갖게 된다

지금까지의 내 인생을 살펴보면 불가능한 인생으로 보인다. 평범한 고등학생이 해병대에서 전쟁을 경험하고 살아남았다. 그리고 잘 다니던 전망 좋은 학과에서 비인기 학과로 전과를 한다. 전과를 하고 뜬금없이 서울에 올라가 운동을 배운다고 한다. 그리고 트레이너라는 직업으로 일을 했다. 다시 복학해서 식품영양학과에서 공부를 하게 된다. 나만의 계획했던 커리어를 위해 자격증을 공부해본다. 불합격의 연속이지만 또 도전해서 결국에 합격한다. 그렇게 8개의 자격증을 취득하게 된다. 그리고 스스로에 대한 도전으로 토익 시험에 도전해본다. 처음 성적은 500점대였다. 그렇게 2달간 노력을 통해 550점, 630점을 받았고 최종적으로는 705점을 받게 된다. 좋은 성적은 아니지만 뿌듯했다. 그리고 나는 남과는 비교하지 않으려고 한다. 어제보다 조금씩 좋아지는 오늘의 나를 비교할 것이다. 안 되면 되게 하고, 안 되면 될 때까지 포기하지 않는 나의 모습을 사랑한다.

이렇게 취업을 위해 꿈을 가져야 하는 5가지 이유를 살펴보았다. 여러분은 단순히 돈 벌기 위한 목적으로 취업을 준비하지 않기 바란다. 먼저 꿈을 갖는 장점들을 이해하고, 꿈을 위해 노력해보자. 여러분의 경험과 진정으로 하고 싶은 꿈을 찾아보라. 혹시 작은 나의 조언이 필요하면 연락을 달라. 모든 사람들은 꿈을 가질 자격이 있다. 소중한 당신이기에.

6

꿈을 취업의 관점에서 연결하라

나의 미래는 지금 내가 무엇을 생각하고,
무엇을 하고 있느냐에 따라 달라집니다.
나의 미래는 나의 미래가 결정짓는 게 아니라 나의 오늘이 결정짓습니다.
– 정호승, 『내 인생에 힘이 되어준 한마디』 중에서

'시점'과 '관점'의 차이를 아는가? 시점과 관점은 사실상 비슷한 뜻으로 보인다. 사전적 의미를 검색해보아도 그렇다. 하지만 관점은 시점을 포함하는 상위 개념이다. 시점은 소설에서의 인칭을 말한다. 사건에 대하여 1인칭(자기의 일)이나, 3인칭(타인의 일)을 말한다. 시점이 있는 그대로를 표현했다면 관점은 그것에 관한 특정한 시각에서의 태도 혹은 생각을 뜻한다. 관점의 사전적 의미를 살펴보자.

관점(觀點) 1. 사물이나 현상을 관찰할 때, 그 사람이 보고 생각하는 태도나 방향 또는 처지. 2. 사물과 현상에 대한 견해를 규정하는 사고의 기본 출발점.

그러면 꿈을 취업의 관점에서 연결하라는 말은 무슨 뜻일까? 취업이 최종 목적지라고 하면 꿈은 목적지에 도달하기 위한 시작이라고 이해할 수 있다. 누구나 어떤 습관을 들이기란 정말 무엇보다 힘들다. 매년 새해 목표인 다이어트는 작심삼일이 되고, 쉽게 포기하고 만다. 실패의 원인으로 항상 이런저런 핑계를 댄다. 날씨 때문에, 오늘따라 컨디션이 좋지 않기 때문에, 대학교에서 저녁 약속이 있어서, 이번 주는 축제 기간이기 때문에 등……. 20대 대학생만의 문제가 아니다. 직장인을 포함한 전 세계의 모든 사람들이 그렇다. 그렇다면 다이어트에 성공하는 방법은 무엇이 있을까? 정답은 다이어트를 성공해야 하는 절실하고 간절한 이유가 필요하다. 중간에 작심삼일에서 끝내지 않을 수 있게 포기하지 않는 나를 이끌 힘이 필요하다.

솔직히 다이어트 도전이란 정말 성취하기 어려운 일 중 하나이다. 유산소 운동과 근력 운동, 식단 조절까지 단기간 100일 안에 몸짱을 만드는 계획은 말도 안 된다. 특히나 다이어트를 시작하는 사람들은 그 시작점이 처참하다. 내 인생 최대의 몸무게를 찍고 시작하니, 나의 현실은 우울하다. 그래서 더욱 의욕은 저하된다. 모티베이션이 되는 자극이 없다면 절대 이끌 수 없다. 그리고 다이어트를 제대로 하는 방법도 모르니 이 운동도 하고 저 운동도 하고 갈피를 못 잡는다. 다이어트의 관점을 완벽히 잘못 잡은 것이다.

그렇다면 다이어트에서 성공하는 노하우를 알아보자. 가장 먼저 새해 목표로 100일간 운동해서 5kg 감량이라는 구체적인 목표를 잡는다. 그리고 목표를 위해 몸을 움직인다. 피트니스 센터에 100일간 운동을 등록한다. 그리고 3일 동안 센터에서 운동을 시작한다. 너무 무리하지 말고, 잠들어 있던 내 근육을 깨우는 3일간의 워밍업이 필요하다. 러닝머신도 타고, 근력 머신을 이용해서 운동 자극도 받는다. 그러면서 피트니스 센터에 등록하면 얻는 장점을 활용한다.

대부분의 센터는 등록을 하면 2회의 오리엔테이션을 해주는 이벤트가 있다. 그 이벤트를 잘 활용해보자. 2회의 PT를 무료로 받는 셈이다. 그 수업을 받고 분명히, 개인 수업을 권할 것이다. 개인적으로 정말 경제적 여유가 있거나, 다이어트에 큰 목표를 가지고 있다면 도전해보는 것도 강력 추천한다. 하지만 우리의 현실은 취업을 준비하는 대학생 혹은 갓 졸업한 20대일 것이다. 그래서 오리엔테이션(이하 OT) 수업을 활용해 기본적인 운동 방향 잡기를 추천한다. OT 기간 동안 모든 운동을 다 배울 수는 없다. 코치들도 개인 PT의 노하우를 모두 다 보여줄 수 없고, 제한된 시간 안에 모든 것을 가르칠 수도 없다. 대부분 운동기구 사용법이나 러닝머신 혹은 사이클 사용법에 대해 설명해줄 것이다. 그것도 감지덕지이다. 가르쳐준 것을 우선 해보라. 그렇게만 해도 벌써 3일을 이겨냈다! 센터 등록하고, 맛보기 운동을 했고 오리엔테이션 2번을 하니 벌써 3일이 지났다. 하지만 작심삼일의 고비가 있다. 이제 OT수업을 마치고, 다음날 센터에 가서 배운 운동을 그대로 실천해본다. 가르쳐준 것만 해도 일주일이 금방 갈 것이다. 그러다가 어느 정도 똑같은 운동에 질릴 시간이다. 그때가 되면 책보다는 유튜브 영상을 통해 운동법을 검색해보는 것을 추천한다. 하지만 내 생각은 홈트를 하기보다는 센터에서 기구를 활용해 할 수 있는 운동을 배우기를 조언한다. 트레이너를 해본 나로써는 개인 PT를 추천한다. 하지만 경제적인 면도 고려할 필요는 있다.

아무튼, 그렇게 다이어트 칼로리 폭발 유튜브 영상을 시청하고, 이를 실천하고자 센터에 가게 된다. 혼자 본 대로 실천하고 있으면 대부분 잘못된 자세로 하고 있을 것이다. 그때 착한 트레이너 선생님께서 자세를 바로잡아주고 친절한 설명까지 곁들인 족집게 강의를 해줄 수도 있다. 유튜브 영상을 찾아보고, 센터에서 직접 해보며 이를 반복한다. 그러면 우리는 개인 PT를 몰래몰래 무료로 받은 셈이다. 착한 트레이너 선생님이 그날따라 바빠 보인다면, 착해 보이진 않지만 몸이 좋아 보이는 선생님한테 다가가서 운동법이 이게 맞는지 질문해보라. 대부분의 선생님은 적극적으로 운동에 관심을 가지는 회원님들에게 그들의 노하우를 전달하며 뿌듯함을 느낄 것이다.

이렇게 우리는 벌써 1달 동안 운동 습관을 들여왔다. 체성분 분석을 하면 체지방이 빠진 분들도 있지만, 그대로인 분들도 있다. 그렇다고 좌절하지 마라. 그 원인은 식단 조절에 있다. 우리는 이미 20년이라는 시간 동안 먹는 습관을 들여왔다. 라면과 치킨, 피자, 술을 먹는 건 내 스트레스를 해소하는 유일한 탈출구가 되었다고 말하고 싶은 사람이 여럿 있을 것이다. 하지만, 우리가 맛있다고 거침없이 먹었던 그 음식들이 지금의 우리 몸을 만들었다. 우리는 100일간 다이어트를 해야 하는 뚜렷한 목표가 있다. 이를 이루기 위해서는 내가 변화되어야 한다. 건강한 식습관, 암을 치료하는 식단이 진짜 다이어트 식단이다. 우리는 먹는 행복을 잠시 포기해도 괜찮다. 요즘에는 맛있게 다이어트할 수 있는 다이어트 음식들이 굉장히 많다. 조금은 극단적인 식단도 단기간의 우리 다이어트 목표를 이루는 데 큰 도움이 된다.

다이어트 식단의 정석은 '닭구마'이다. 닭구마는 말 그대로 닭가슴살과 고구마를 뜻한다. 여기에 각종 야채까지 함께 먹어야 한다. 닭가슴살 검색만 해도 요즘 정말 맛있는 제품들이 많다. 그 중에서 가성비 최고인 제품을 추천하자면 '더베네푸드' 회사에서 출시하는 닭가슴살 종류가 최고다. 정말 저렴한 가격이지만 단백질 함량도 높으며, 진짜 맛있게 다이어트를 할 수 있는 제품을 출시했다. 여담이지만, 더베네푸드 대표님은 내가 2013년 서울에서 트레이너 일을 했을 때 '퍼스널 트레이닝 팀 더베네핏'이라는 피트니스 센터의 대표님이다. 운동 센터와 함께 다이어트음식 사업도 하고 계신다. 나는 이미 트레이너를 하며 그 음식들을 수없이 접해왔고, 다이어트에 성공했다. 나를 믿고 한번 구매해보라.

그렇게 우리는 식단 조절에 돌입할 양식들을 구했다. 처음부터 3끼를 그렇게 먹어주면 좋겠지만, 식단 조절로 너무 배고프고 힘들 수도 있다. 그럴 때에는 식단 조절을 3끼 식사 중에 1끼부터 시작해보자. 그게 적응이 되면 2끼, 그게 더 적응이 되면 3끼까지 다이어트식으로 바꾸어보자. 점진적으로 강도를 높여가는 방법도 좋다. 이렇게 우리는 100일을 해냈다! 체중계에 올라가보니 다이어트에 성공했다.

다이어트라는 목표처럼 우리는 꿈이라는 목표가 있다. 다이어트에 성공하기 위해 운동 습관과 식습관이라는 과정이 필요했다. 취업이라는 목표를 위해서는 꿈을 꾸는 과정이 필요하다. 나는 건강 전도사의 꿈을 이루기 위해 '건강이 진짜 스펙이다.'라는 슬로건을 가진 뉴트리라이트 대학생 기자단의 대외 활동을 경험했다. 그 활동 중에 나만의 경쟁력 있는 퍼스널 트레이너 경험으로 노량진 고시촌에서 '1일 건강전문학원'이라는 행사를 기획한 적이 있었다. 그 활동을 통해 나의 브랜딩을 홍보할 수 있었고 이러한 경험은 실제로 합격한 대기업의 자기소개서로 활용되기도 했다. 실제 제과부문 1위 기업 O사 자기소개서에 활용한 내용 전문을 살펴보자.

Q) 다른 사람들과 함께 목표를 달성하기 위해 노력했던 경험에 대해 구체적으로 기술해주시기 바랍니다.

〈 공부에 지친, 노량진 고시생의 건강한 하루 〉

"꿈 같은 삶, 꿈을 가질 수 있는 인생! 당신의 건강을 응원합니다!" 건강기능 식품회사 '뉴트리라이트 대학생 기자단'을 하며 '건강이 진짜 스펙이다' 캠페인을 노량진에서 진행했습니다. 고시 공부하는 고시생들을 포함한 수험생들 그리고 사랑하는 가족들을 먼저 생각하느라 정작 본인 건강은 지키지 못하셨던 전국의 부모님들을 위해! 노량진에서 '1일 건강 전문학원'을 열었습니다. 특히 책상 앞에 오랜 시간 앉아 있는 학생들은 장 건강이 중요합니다. 저는 건강 전도사라는 인생 목표를 가지며 2013년 퍼스널 트레이너 활동을 했습니다. 생활체육지도자격증을 취득하면서 많은 분에게 건강한 운동법을 전해주는 역할을 했습니다. 중요하다고 인식은 하고 있지만, 소홀히 할 수 있는 2가지 중요한 신체 부위! '장'

과 '허리'를 위한 운동법을 직접 시연하며 스타 강사로 활동했습니다. 총 4가지 운동법을 기획하며 의자와 물통을 이용한 간단 운동법으로 재미있게 진행하였습니다. 제가 가진 운동에 대한 지식을 재능기부할 기회가 생겨 뿌듯했던 경험입니다. 이 행사를 진행하는 동안 다른 팀원들은 배운 운동법을 퀴즈를 통해 확인하며 과일 팩과 음료를 선물했습니다. 그리고 건강전문학원에서 과정을 수료한 분들에게 제공된 수료증에 QR코드를 검색하면 자세한 운동법이 설명된 사이트에 연결되도록 했습니다. 제가 직접 위의 두 운동법에 대한 자세한 설명 외에 좋은 복부 운동과 건강한 골반 움직임을 만드는 동작들을 사진과 함께 블로그에 포스팅해놓았습니다. 저 스스로는 절대 이루어질 수 없는 이 행사를 디자인팀, 영상팀, 기획팀이 각각 자신의 역할에 최선을 다해서 해낼 수 있었습니다. 저의 기획과 함께 시작한 건강전문학원은 디자인팀의 홍보 디자인과 함께 영상팀의 미션 과정과 결과를 멋지게 편집해준 덕분에 '상반기 최우수팀'으로 선정되는 쾌거도 얻었습니다. 이처럼 생각을 행동으로 옮기는 적극성과 팀과 함께하는 조화로움으로 O사의 효율성 높은 품질관리에 힘쓰고 싶습니다.

취업이라는 최종 목적지에 도달하기 위해서 꿈을 취업의 관점에서 연결하면 된다. 조금은 막연했던 취업 준비에 대해 이해가 되는가? 뉴트리라이트 대학생 기자단의 대외 활동에서는 내가 취업에 도움이 되었던 활동이 굉장히 많다. 이 책에 취업의 비법들이 굉장히 많으니 곳곳에 숨어 있는 나의 활동이 취업과 어떻게 연결되었는지 찾아보는 재미를 느껴보길 바란다.

7
당신의 5년 후를 상상하고 계획하라

인생은 짧습니다. 이 짧은 인생을 소모하지 마세요.
인생에서 하고 싶은 일이 무엇인지 그것을 찾아내는 것이
가장 소중한 일입니다. 자기 자신에게 물어보세요.
– 정목 스님, 『달팽이가 느려도 늦지 않다』 중에서

지금 여러분은 당신이 5년 전에 꿈꾸어 왔던 모습인가? 과거를 돌아보며 스스로 경험한 일들을 생각해보는 습관은 꿈을 찾는 정말 좋은 방법이다. 2020년 지금 내 나이는 31살이다. 5년 전 2015년으로 돌아가보자.

2015년 식품영양학과에서 열심히 공부를 하고 있을 때이다. 나는 그 시절에 당당히 내 꿈의 목표를 정하고 도전을 했다. 사실 나의 역량을 펼치기 시작한 것은 2016년부터였다. 2015년은 나의 내공을 쌓는 시간이었다. 2014년 식품영양학과로 전과한 후 첫 해 그 학과에 대해 적응을 하는

시기였고, 첫 학기에서 학점은 좋지 않았지만 매 학기를 마치며 성적은 점점 좋아졌다. 역시 서툴렀지만 나의 열정은 포기하지 않을 힘이 되어 주었다. 1년에 한 번 여러 자격 요건에 충족하면 시험을 볼 수 있는 '위생 사'라는 면허증이 있다. 그 면허증을 공부하기 위해 도전했지만 처음에는 불합격을 했다. 좌절을 했지만 그 다음 해 뼈를 깎는 고통의 노력으로 당당히 합격했다. 이 경험이 도전의 도화선이 되어 나의 취업 준비에 부스터가 되어주었다. 그렇게 처음 취득한 위생사 면허증 덕분에 나의 자격증은 8개가 되었고, 취업을 위한 나의 직무 경력들은 많아졌다. 취업을 꿈꾸는 20대 여러분도 아직 이룬 것이 없다고 좌절하지 말자.

여러분들에게 내가 중학생 시절부터 5년 단위로 꿈을 이루기 위해 시행착오를 겪었던 과정들을 공개하겠다. 2009년에 충북대학교 전기전자컴퓨터공학부에 입학했다. 그 학과에 들어가는 것이 중학교 때부터의 꿈이었다. 2004년이 되던 중학교 2학년이었다. 내가 간절히 원했던 MP3 플레이어를 사기에는 돈이 없었다. 용돈으로 살 수 있는 정도의 금액이 아니었다. 사랑하는 부모님께서는 내게 선물해주는 대신 반에서 15등 하던 내게 10등 안에 들으라고 하셨다. 그때 인생 중 가장 노력했던 순간이었다. 반에서 3등, 전체 석차 23등이었다. 그렇게 선물 받은 MP3 플레이어는 내게 큰 감동이었다. 내가 정말 좋아하는 노래인 MC Sniper의 'BK Love'라는 곡을 처음 들었을 때의 감동은 소름이 돋을 정도였다. 웅장한

베이스음은 콘서트장에 들어온 느낌을 주었다. 이렇게 감동했던 나는 궁금한 점이 있었다. 도대체 이런 소리를 내기 위해서 어떻게 한 걸까? 그렇게 나는 코원이라는 회사와 음향기기라는 것에 관심을 갖게 되었다. 이 분야는 전기전자컴퓨터공학부라는 학과에서 배우는 전공 지식들이 활용된다고 들었다. 그렇게 나는 좋은 대학교에 가고 싶기보다는 그 학과에서 공부를 하고 싶었다. 물론, 중고등학생 때 명문대를 들어가기 위한 목표로 공부를 하긴 했지만 그보다 중요했던 것은 '대학교가 아니라 어떠한 공부를 하고 싶었는가?'이다. 그렇게 고등학교 3학년이 되었고, 수능을 보았다. 그리고 내가 그토록 원했던 학과에 입학할 수 있었다. 수능 점수가 높지 않기에 예비번호로 들어갔지만 대학교에서의 친구들과의 위치는 시작점이 같았다. 1등으로 들어왔든, 꼴찌로 들어왔든 우리는 같은 대학교에서 같은 학과에서 시작을 하는 것이다.

그렇게 MP3 음향기기를 연구하는 개발자가 되기 위한 꿈을 이루기 위해 1학년 동안 공부에 재미를 붙였고 모든 과목을 열심히 공부했다. 덕분에 1학기를 마치고 전액장학금을 받게 되었다. 그때 당시 한 학기 등록금은 240만 원 정도였다. 태어나 처음으로 240만 원을 받았고, 부모님은 이런 아들을 굉장히 자랑스러워하셨다. 그렇게 꿈을 위해 도전하는 멋진 아들이었다.

나는 2010년 21살이 되던 해 해병대에 입대를 했고, 연평도에서 군 생활을 했다. 그 시간 동안 북한과의 전쟁을 경험했고, 제2의 꿈을 꾸게 되었다. 사랑하는 사람들의 건강을 관리해주는 사람이 되고 싶었다. 조금은 막연한 꿈의 시작이었다. 전역을 하던 2012년의 해 나는 또 다른 꿈을 꾸었다. 전역을 한 후, 부모님께 나의 꿈을 말씀드리며 진로를 바꾸기를 희망했다. 중학교 때부터 꿈이라고 했고, 원하는 학과에 입학을 해서 공부도 곧잘 하는 아들이었다. 그런 아들이 갑자기 진로를 바꾼다는 말을 하니 부모님께서는 도저히 이해하지 못하셨다. 너무 답답해보이셨을 것이다. 그리고 그때의 나는 불투명하지만 건강 전도사라는 꿈을 가지며 전자공학과에서의 1년을 보냈다. 그런 1년을 거치며 많은 방황을 했고, 나에 대해 더 자세하게 알아갔다. 내 미래를 위해 열렬히 고민했고, 구체적인 목표와 방향을 잡았다. 그러한 것들을 부모님께 직접 발표를 하며 부모님을 설득하기 위해 노력했다. 그때 당시 발표했던 자료를 보면 정말 낯부끄럽고 부족한 내용이다.

부족한 발표였지만 무엇인가 정말 간절히 원하고 있었다. 부모님은 이를 보시고 마음이 조금 움직이셨는지 나의 꿈에 대한 진로 변경을 허락해주셨다. 그렇게 식품영양학과로 전과를 했고 2015년이 되던 해 그 꿈을 위해 언제나 그렇듯 전진을 하고 있었다. 그리고 국내 최고의 종합식품회사인 C사에서 건강하고 좋은 식품을 수출하도록 품질을 검증하는 일을 하고 있다.

31살이 된 지금, 나는 5년 후를 꿈꾼다. 꿈을 고민하는 10대, 20대에게 꿈의 중요성과 그의 나비효과로 인해 미래가 바뀔 수 있다는 것을 전해주고 싶다. 그리고 20대의 군인, 대학생들에게 꿈을 꾸는 방법을 알려주는 메신저의 삶을 살고 싶다. 또한 훗날 꿈과 취업에 관해 대한민국 최고 강연가가 되고 싶다. 내게 진로 상담을 끊임없이 요청하고, 수없이 많은 곳에서 내게 강의를 요청하는 꿈이 있다.

여러분들은 지금 취업 준비생의 위치에서 무슨 꿈을 가지냐고 반문할 수도 있다. 취업해서 돈을 벌어도 늦은 나이인데 꿈을 찾는 것이 왜 중요한지 이해가 안 될 수도 있다. 하지만, 나의 책에서 당신의 모든 의문을 풀 수 있도록 돕겠다. 나와 함께 내 이야기에 공감하면서 당신의 5년의 계획과 목표를 세워보자. 그리고 당신의 5년 전의 과거를 돌아보자. 취업의 고민들의 실타래가 점점 풀려가는 신기함을 느낄 것이다. 나는 여러분의 성공을 언제나 응원한다.

취업 성공을 위한 핵심 노트

취업을 위해 꿈이 필요한 5가지 이유

1. 내 인생에 활력이 생긴다

2. 인생의 방향이 잡힌다

3. 중간에 시련이 찾아와도 다시 일어날 힘을 갖게 한다

4. 주변의 무시와 반대에도 꿋꿋하게 나의 소신과 강단을 갖게 된다

5. '안 되면 되게 하고, 안 되면 될 때까지 한다'라는 각오를 갖게 된다

여러분은 단순히 돈 벌기 위한 목적으로 취업을 준비하지 말자. 먼저 꿈을 갖는 장점들을 이해하고, 꿈을 위해 노력해보자. 여러분의 경험으로 진정으로 하고 싶은 꿈을 찾아보라.

CHAPTER 2

어떻게
평범한 나를
남과 차별화
할 것인가?

1

자신만의 색깔과 캐릭터가 있는가?

그 누구도 아닌 자기 걸음을 걸어라. 나는 독특하다는 것을 믿어라.
누구나 몰려가는 줄에 설 필요는 없다. 자신만의 걸음으로 자기 길을 걸어라.
바보 같은 사람들이 무어라 비웃든 간에
– 영화 〈죽은 시인의 사회〉 중에서

'나만의 개성 있는 색깔들을 가지고 있는가?'

우리나라는 색깔을 표현하는 방법이 무궁무진하다. 파란색의 경우 푸른색, 새파란색, 짙푸른색, 시퍼런색, 하늘색 등으로 다양하게 표현된다. 여러분들은 나를 표현하는 멋진 색깔을 가지고 있는가? 요즘 20대인 90년대생들은 개성 넘치는 색깔들을 가지고 있다. 자신들의 소신과 신념으로 불합리한 일에 대해 망설임 없이 말한다. 하지만 나는 오히려 색깔이 없는 무채색의 하얀색을 가진 사람이었다. 나는 나를 하얀 도화지에 비유하고 싶다. 남들의 요구와 불만에는 이해와 배려로 수용하고 인정해주는 사람이다. 하지만 나의 의견을 적극적으로 표현하는 사람도 아니다. 무엇보다 남들의 생각과 의견들을 곰곰이 들어주고, 그들의 불만들과 힘든 점들을 경청할 뿐이다. 그래서 나는 조금은 소극적이고, 내성적이며 채색이 없는 하얀 색깔의 사람이었다.

대한민국 입시 교육은 참 아이러니하다. '고등학생 때에는 대학교만 가면 성공할 환상을 심어주고, 대학교에 가서 취업만 하면 인생은 성공한다.'라는 이상과 꿈을 심어준다. 꿈을 꾸게 하는 건 좋지만, 겉핥기 꿈일 뿐이다. 진정한 꿈을 꾸게 하는 방법이 틀렸다. 나 또한, 10대의 고등학생 때까지는 입시 교육으로 좋은 대학교에 공부하기 위해 노력하는 평범한 학생이었다. 특별한 경험도 없이, 취미생활도 없었다. 그저 공부 잘하는 친구들과 비교하며 '좋은 대학교에 입학하는 것이 곧 성공한다.'라는 공식을 실천하려는 학생이었다. 그렇게 수능시험을 보고 지방 국립대학교에 입학하게 되었다. 대학교에 입학하는 20살의 나는 그렇게 평범한 학생이었다.

나는 내성적이고, 소극적인 성격이라는 사실을 뼈저리게 느끼며 알고 있었다. 많은 사람들은 나를 외적인 성격으로 평가하고 판단했다. 그런 성격으로는 성공할 수 없고, 돋보이지 않는 모습으로는 취업도 할 수 없다고 했다. 그래서 평범하지 않은 인생을 살기로 결심했다. 난 20살 때, 찌는 무더위로 10분도 걷기 힘든 날씨에 '국토대장정'에 도전했다! 요즘은 취업을 위한 9대 스펙 외에 나만의 스토리를 만들기 위해 국토대장정을 계획하는 20대가 굉장히 많다. 그들의 목적은 본인의 취업과 스펙을 위한 것이었다. 하지만, 나는 목적이 달랐다. 힘든 경험으로 나를 더욱 단련시키고 끈기와 근성을 키우고 싶었다.

국토대장정은 보통 한정된 인원들을 뽑아 대기업의 전액 지원을 받아 진행한다. 20대들이 꿈꾸는 취업의 목적과 많은 연결고리가 있다. 하지만, 나는 대기업의 지원을 받지 않으며 온전히 대학생들이 모든 것을 기획하는 단체에서 이를 경험했다. 30일간의 여정을 대학생들 스스로 계획하는 사단법인 '국토지기' 라는 단체였다. 합격을 하고 보니, 100명 남짓 합격자 중에 20살의 어린 나이를 가진 친구들은 나를 포함해 3명밖에 없었다. 대부분은 20대 중반의 학생들이었다.

우리는 폭염이 극성을 부리는 7월, 제주도에서부터 걷기 시작했다. 지금까지 나는 중고등학교 때 수련회나 수학여행을 간 것을 제외하면 부모님과 떨어져 오랫동안 있었던 적이 없었다. 낯선 사람들과 교회나 체육관 같은 곳을 빌려 잠을 자며, 함께 요리를 하고 식사를 했다. 그리고 매일 새벽 6시에 일어나, 하루의 여정을 시작하며 평균 30km씩 걸어야만 했다. 30일 동안 갈아입을 속옷과 활동복, 생필품, 침낭과 매트를 하나의 가방에 넣어 걸어야 했다. 가방만 8kg이었다. 처음에는 설레는 마음으로 걸었지만 점점 걷다 보니 어깨가 끊어질 듯 통증이 이어졌다. 하지만 도전과 끈기를 얻기 위해 시작했기 때문에 중간에 절대 포기할 수 없었다. 무엇보다 30일 동안 끊임없이 매일 걸을 수 있었던 원동력은 내 옆의 사람들 덕분이었다. 누구나 매일 30km씩 걷는 것은 죽을 것 같은 고통이었을 것이다. 국토대장정을 시작한 목적은 제각기 달랐지만, 하나의 공간에서 하나의 경험을 같이했다. 옆 짝꿍과 걸으면서, 서로를 알아가며 가까워졌다. 친누나, 친형만큼 마음의 거리가 가까워졌고 그들의 인생들을 듣고 배웠다. 모든 사람들은 똑같은 인생을 살아갈 수 없다. 사람마다의 스토리는 모두 달랐으며, 어느 하나 부족한 능력을 가진 이들은 없었다. 다시 한 번 겸손해지는 계기가 되었고, 힘듦을 함께 나누면 고통을 견디는 힘은 2배가 된다는 것을 느낄 수 있었던 경험이었다.

2주차가 넘어가는 시점에 충청도를 지나갈 때 쯤 어느 체육관에서 부모님과의 면회가 있었다. 2주간 떨어져 있다가, 부모님의 얼굴을 뵈었을 때는 사랑의 감격스러움과 울컥함이 느껴졌다. 부모님은 나를 안쓰러워하며 걱정하셨지만, 나는 잘해내고 있다고 부모님을 안심시켜드렸다. 부모님과의 만남이 끝나고 남은 2주를 꾸준히 걸어 강원도 고성 통일전망대에 도착했다. 정확히 778km를 30박 31일간 우리나라를 종주한 것이다. 이 경험을 통해 중간에 힘든 시가가 있어도 내 옆의 소중한 사람과 함께한다면 극복하며 나아갈 수 있다는 것을 깨달았다. 그렇게 하얀 색깔의 나에게 많은 사람들의 색깔이 물들어 가고 있었다.

19살 수험생이었던 나는 평범한 인문계 고등학교의 이과생이었다. 벼락치기 공부법으로 학교에서 내신 성적은 괜찮았지만, 진짜 내 공부머리를 평가하는 모의고사 시험에서는 성적이 바닥을 치고 있었다. 진짜 공부란 벼락치기가 아닌, 출제자의 의도를 파악하고 본질을 이해하는 방법을 느끼는 것에 있다고 생각한다. 수능시험을 마치고, 12월 10일 고대하며 기다렸던 성적 발표가 있었다.

나는 스스로 많은 기대를 했다. 스스로 열심히 노력했다고 느꼈고, 좋은 대학교에 가고 싶다는 꿈이 있었다. 수능 성적을 내 눈으로 보는 순간 절망했다. 내 12년의 노력이 무너지는 것만 같았다. 부끄러워서 가족이 아닌 남들에게는 절대 공개하지 않았지만, 수능 언어에서 7등급을 받은 것이다. 결과는 처참했다. 내 수능 성적을 기대했을 부모님께 성적표를 보여드렸다. 부모님은 말씀은 하지 않았지만 많은 실망과 아쉬움을 보이셨다. 명문대를 목표로 12년을 공부했었기 때문에 기대가 스스로 컸었다. 아버지께서는 수능 성적의 현실을 받아들이고 전문대라도 써서 입학을 하라고 말씀하셨다. 스스로 자존심이 무너지는 순간이었다. 그때 당시 재수라도 해서 공부하고 명문대를 가고 싶었기에 고민이 컸다. 부모님은 재수를 하지 말고, 현재 갈 수 있는 곳에 가기를 원했다. 부모님께서 나의 가능성을 믿지 못한다고 느끼며 실망스러웠다. 그 당시 부모님과 거리가 조금 멀어졌던 순간이었다. 하지만, 나는 상향 지원을 하여 청주에서 가장 유명한 국립 '충북대학교'에 지원해보았다. 결과는 예비 48번으로 전기전자컴퓨터공학부에 간신히 입학을 하게 된 것이다! 이때 당시 간절히 원하고 꿈꾸면 하늘에서 도와준다는 것을 느꼈다.

입시 결과로 예비 48번으로 다른 동기들보다 뒤에서 입학을 했지만, 대학교에 입학한 순간 모든 것은 리셋이 되었다. 같은 출발선에서 시작하기 때문에 노력한 만큼 결과는 따라온다는 것을 믿었다. 다른 친구들은 대학교 입학과 함께 술자리, 소개팅, 게임에 집중하며 입시로 고생한 시간들을 위로하며 보냈다. 하지만, 나는 남들과 같아지고 싶지 않았다. 수업과 수업 사이의 공강 시간에는 항상 도서관에서 공부를 했고, 자기계발서와 성공학 책들을 읽었다. 남들 술 마시는 시간 동안에는 태권도 동아리에 들어가 운동하며 땀을 흘렸다. 남들 노는 시간에 놀지 못했기 때문에 나를 불쌍하게 생각하는 선배와 동기들이 많았다. 그리고 그 해 7월 국토대장정을 마무리하는 시점에서 전화 한 통이 내게 걸려왔다.

"안녕하세요, 충북대학교 전기전자컴퓨터공학부 09학번 김수민 학생

되시죠? 다름이 아니라, 1학기 장학생으로 선정되셔서 이렇게 연락을 드렸습니다."

"안녕하세요! 제가 장학생으로 선정 되었다구요? 정말 감사드립니다! 생각도 못 했는데, 정말 감사드립니다."

"네, 1학기 성적 4.05학점으로 전액장학금을 받게 되셨습니다. 400명 중에 13등입니다."

태어나서 처음으로 받은 장학금이었다. 20살의 인생에서 가장 뿌듯했던 경험이었다.

사람들은 스스로 남들보다 잘하는 것도 없고, 특별하지 않아 너무 평범하다고 생각한다. 내 스스로도 그렇게 생각한 사람 중 한 명이었다. 하지만 변하고 싶고, 나도 할 수 있다는 자신감을 가지기 위해 도전을 했다. 그 경험 중 하나가 예비번호로 대학교에 입학했지만, 전액장학금을 받은 것이다. 그리고 남들이 나의 노력을 인정해주었다. 이제 나는 하얀색의 사람에서 노력하고 도전하며 불타는 열정의 '빨간색'을 가진 사람이 되었다. 여러분들도 평범한 나를 남과 차별화할 방법으로 거창한 것을 찾지 말자. 아주 작은 도전의 경험으로 당신은 충분히 빛날 수 있다.

2

직장의 기준을 부모님에게 맞추지 마라

나를 둘러싼 장애들을 뛰어넘지 못할 때마다
부모나 사회 탓으로 돌리지 말고 나답게 자신의 인생을 뛰어넘어야 한다.
그것이 진정한 내 삶의 주인으로 사는 법이다.
– 센다 타쿠야

당신은 부모님에게 효도하는 효자, 효녀가 되길 원하는가? 인생을 사는 데 있어서 부모님 말씀을 잘 듣고, 예(禮)와 효(孝)를 갖추는 것은 정말 올바른 모습이다. 하지만 나의 인생과 직업을 결정하는 데 있어서는 더 이상 효자, 효녀가 되지 말아야 한다.

나는 직장을 다니고 있는 지금도 매일 퇴근 후 부모님께 10분씩 안부 전화를 드린다. 매일 회사에서 지친 업무를 마치고 퇴근해서 나만의 휴식 시간을 갖는 동안 부모님께 안부 전화를 드린다는 건 생각보다 어려운 일이다. 결혼 전까지는 매월 부모님께 용돈을 드리고, 생신 선물도 드렸다. 지금까지 부모님 말씀에는 인생의 조언이 있다고 믿으며 거스른 적이 없었다. 하지만, 내 꿈과 미래에 대해서는 처음으로 부모님 마음을 아프게 했다.

대한민국 어느 부모님이든 자식들이 성공한 인생을 살기를 원한다. 우리 부모님 또한, 아들이 인정받는 대학교에서 취업이 잘되는 학과를 가기를 희망하셨다. 그리고 안정적인 공무원이나 남들에게 인정받는 회사에 가기를 원하셨다. 아버지께서는 소방공무원으로 30년 넘게 직장 생활을 하셨다. 사랑하는 가족을 부양하고 행복하게 살기 위해서는 안정적인 직업을 갖는 것이 정답이라고 생각하셨다. 그리고 나에게도 그러한 조언들을 해주셨다. 나는 인생의 교훈을 실제로 피부로 느끼며 경험한 분들의 조언을 대부분 믿고 따르는 편이다. 하지만, 내 인생과 미래를 결정하는 직장은 다른 부분이다.

나는 2010년 대한민국 해병대에 입대했다. 군대 중에서 가장 독하게 훈련받고, 군기가 너무 강하여 가기 두려워하는 곳이다. 지금의 나의 순한 이미지와는 조금 연결이 안 되기에 의외라는 이야기를 많이 듣는다. 나는 외유내강의 사람이 되고 싶었다. 사람은 선천적인 성격과 부모님께서 물려주신 외모를 가지고 태어난다. 하지만 그 사람에서 느껴지는 분위기는 노력에 따라 바꿀 수 있다. 보통의 사람들은 느껴지는 외모에서 성격도 유추한다. 그렇기 때문에 온순해 보이는 사람이 해병대를 다녀왔다고 하면 의외의 모습에 놀라곤 한다. 그렇지만 나는 온순한 외형의 모습에 온순한 내면까지 갖고 싶진 않았다. 강단 있고 나만의 철학으로 소신 있는 강함을 가지고 싶었다. 해병대를 입대하고자 하는 내 의견에 아버지께서는 찬성을 하셨다. 반면 어머니께서는 걱정되는 마음에 만류하시기도 하셨지만 나만의 소신으로 지원을 했다.

해병대는 체력검사와 함께 면접이 진행된다. 취업을 위한 과정과 비슷하다. 2개의 과정을 거쳐 합격한 나는 3개월 뒤 바로 입대했다. 입대한 순간부터 앞으로 1년 10개월 간 국방의 의무를 다해야 한다. 군대에는 정말 상상하기 어려운 환경에서 자라온 사람들도 많다. 개개인별로 지극히 다른 성격과 사회에서의 경험들을 가지고 있다.

여기서 중요한 부분은 그 어느 누구도 무시할 사람은 없다는 것이다. 군대에 입대하여 처음 시작하는 이병들이 어리숙한 것은 당연하다. 경직된 분위기와 수직 체계에서 두려움을 느끼고 적응을 하는 데 시간이 걸린다. 그 많은 사람들은 사회에서 사랑하는 부모님의 자식이고 본인들만의 20년 넘는 인생을 살고 입대한 소중한 사람들이다. 아무리 부족해 보이는 선임, 후임들에게서도 언제나 배울 점은 있으며 보고 배워야 한다.

그렇게 나는 입대를 하였고, 연평도에 있는 연평부대라는 곳으로 배치를 받았다. 이곳은 북한과 가장 가까운 백령도와 함께 서해5도에 포함되는 곳이었다. 연평도에 처음 입도했을 때는 꽃게 냄새가 진동하고 바닷가의 소금냄새가 낯선 그런 곳이었다. 낯설었지만, 열심히 적응했고 성실하게 군 생활을 했다. 나는 대학교를 전자공학 쪽으로 입학을 했기 때문에 미래에 도움이 되고자 통신병에 지원을 했다. 처음 자대배치를 받았을 때 통신소대에서 시작을 했다. 무너져가는 나무 기둥으로 세워진 천막의 집이었다. 눅눅한 냄새와 남자들의 향기가 가득한 남자들의 세상이었다.

나에게는 한 가지 신념이 있다. 어떤 시작이든 겸손하고 최선을 다하자는 것이다. 무선병으로 배치 받아 선임들이 시키는 일과 시키지 않은 일까지 누구보다 착실히 군 생활을 하며 적응을 했다. 여느 때와 같이 정기적인 부대 훈련이 있던 날이었다. 2010년 11월 23일 오후 2시 30분경 서해 5도 NLL에 작전 훈련을 진행하고 있었다. 이 훈련은 북한과 남한의 서로의 영토를 인정하는 가이드라인 내에서 포를 사격하는 훈련이었다. 갑자기 하늘이 흔들리고, 귀가 찢어질듯 한 소리가 들려왔다. 전기는 다 끊기고, 밖은 포탄 연기로 아무것도 보이지 않았다.

"전쟁이다! 북한이 우리에게 도발을 했어! 모두 자기 위치에서 전쟁 준비태세 갖춰!"

태어나서 가장 무서운 순간이었다. 해병대만의 각 잡힌 군기로 무엇보다 무서웠던 내무생활 선임들마저 가장 힘들고 무서웠던 그 시간만큼은 세상에서 제일 가까운 나의 가족으로 생각되었다. 서로의 안전을 챙겨주며, 전쟁 준비에 임했다. 해병대도 북한의 도발에 즉각적인 반격을 했고, 그 전쟁과도 같은 시간은 1달이 넘도록 계속되었다. 6.25 전쟁 같은 최고 비상 상황일 때 '진돗개 하나'를 발령한다. 당시의 상황이 바로 그 '진돗개 하나'였다. 최전선에서 부딪히며 우리나라를 지키기 위해 힘쓰며 희생되는 전우들도 많았다. 피가 끓고 북한에 대한 적개심이 극에 달했다.

그때 나는 크게 깨달았던 것이 있다. 그 상황에서 사랑하는 가족과 함께했던 20년의 추억들이 빛과 같은 속도로 빠르게 머릿속을 스쳐지나갔다. 그리고 죽게 되면 앞으로 보지 못할 가족들 생각에 미치도록 슬펐다. 나는 다짐했다. 군대를 전역하고 세상에 나가면 사랑하는 가족의 건강과 행복을 지켜주는 사람이 되고 싶다는 꿈을 갖게 되었다. 조금은 막연했지만, 누구보다 간절한 내 내면의 꿈이었다.

해병대를 전역하고 사회에 나왔다. 나의 현실은 전자공학과를 다니는 공대생이었다. 그리고 나의 꿈은 세계 최고의 건강 전도사가 되는 것이었다. 사랑하는 사람들의 건강한 식생활과 운동법으로 건강수명을 늘려주는 커다란 목표가 생겼다. 나는 이 꿈을 조심스레, 부모님께 말씀드렸다. 역시나 예상처럼 부모님은 반대하셨다.

"건강 전도사? 그게 직업이라도 되니? 미래 전망도 좋은 전자공학과에 가서 무슨 터무니없는 꿈을 꾸는 거니? 잘 생각해보렴. 안정적인 회사에서 직업을 갖는 것이 우리나라에서 크게 성공할 수 있는 지름길이란다."

예상은 했지만 실망이 클 수밖에 없었다. 사실 그때 부모님께 말씀드린 목표도 두루뭉술했기 때문에 간절함은 점점 희미해져갔다. 대학교 학과장님과 면담을 했더니, 이런 말씀을 해주셨다.

"1학년 때의 좋은 성적으로 2학년 공부를 해보지 않고 포기하려는 건 위험해. 1년만 더 다녀보고 판단해도 늦지 않아. 전과라는 제도도 있으니 우선은 1년간 열심히 해보렴."

그렇게 2학년을 다니며 학과 공부를 했지만, 나는 해병대에서 목표했던 그 꿈에 대한 생각으로 집중을 할 수 없었다. 과제를 하더라도, 해답지를 참고해서 대충하게 되었고 학과 공부도 억지로 하게 되었다. 그렇기 때문에 당연히 1학기 성적도 2.3이 나왔다. 내가 스스로 선택했지만,

그렇게 1년간 무의미한 학교생활을 하게 되었다. 하지만, 끓어오르는 그 꿈을 포기할 수 없었다. 부모님께 나의 꿈을 파워포인트로 만들어 직접 발표를 했다. 구체적인 목표로 퍼스널 트레이너가 되어 건강한 식습관과 건강한 운동법으로 오랫동안 건강한 삶을 살도록 돕는 일을 하고 싶다고 했다. 누구보다 간절하고 절실했기 때문에 부모님은 나의 선택에 마지못해 허락을 해주셨다. 하지만 허락해주시는 조건이 있으셨다. 학교를 그만두지 않는 선에서 내가 원하는 학과로의 전과를 허락한다는 것이다. 그리고 절대 중간에 힘들다고 포기하지 말라는 것이다. 그렇게 식품영양학과로 학점 2점대의 내가 식품영양학과 교수님들께 간절함을 담아 메일을 보냈고 면접을 마쳤다. 그리고 합격을 했다. 그 후, 나는 1년간 휴학을 하고, 서울로 보디빌딩을 배우기 위해 상경을 했다.

100일간 무료로 트레이닝을 전문가에게 받는 대신, 센터의 청소와 잡일을 도와주는 조건이었다. 여기에 합격하기 위해 또 2가지의 관문이 있었다. 자기소개서와 면접이었다. 역시 간절한 마음으로 면접에 임했고, 합격을 하였다. 피눈물 나는 노력으로 매일 5시간씩 보디빌딩 운동을 했으며, 극단적인 식단을 지켰다. 내 스스로 눈물 날 정도의 감격스러운 노력이었기에 뿌듯했다. 결국 나는 100일간의 프로젝트를 마치고, 바디프로필을 촬영하고 보디빌딩 시합에 출전하기도 했다. 시합에서는 예선 탈락을 했다. 그렇지만, 이런 나의 진실한 노력을 보신 부모님께서는 나의 목표를 천천히 인정해주셨다.

나의 인생은 내가 사는 것이다. 부모님도, 사랑하는 사람도 나를 대신해서 살아줄 수 없다. 그렇기에 나의 미래와 직업과 진로에 대한 방향은 내가 반드시 정해야 한다. 그런 과정 속에 세상에서 가장 사랑하는 사람의 반대가 있더라도 소신 있게 그 목표와 꿈을 향해 정진해야 한다. 회사에 취직하고 일하는 건 누가 부탁해서 하는 것이 아니다. 세상에 태어나 나만의 인생을 살아갈 모든 사람들은 스스로 결정할 힘을 길러야 하고, 반대에 부딪혀도 감동을 주는 노력이 필요하다. 나도 그랬듯이, 여러분도 여러분만의 길을 갈 수 있다.

3
자존감을 높여야 취업에 성공한다

사람들은 행복이 돈이나 명예, 성공에서 온다고 생각한다.
하지만 나는 진짜 행복은 단단한 자아에서 온다고 믿는다. 자아는 자존감이다.
자아가 단단하면 어떤 상황에도 흔들리지 않는다.
자아는 스스로 생각하는 습관과 자기 성찰,
깊이 있는 사고를 통해서만 얻을 수 있다.
– 조훈현 바둑기사, 『고수의 생각법』 중에서

'자존감'과 '자존심'의 차이가 무엇일까? 자존심이란 스스로의 부족한 모습이 들킬까 봐 노심초사하고 걱정하는 감정이다. 혹여, 그 부족한 점이 사람들에게 알려졌을 때는 스스로의 부끄러움으로 인정하지 못하는 태도이다.

반면에 자존감이란 스스로의 부족한 모습을 사랑하며, 나의 모든 내면의 모습들을 인정하고 받아들이는 태도이다. 때론 자존심도 긍정적인 의미로 사용되기도 한다. 하지만, 자존심을 챙기기보다는 자존감이라는 태도를 키울수록 인생은 더욱 아름다워진다고 생각한다.

취업 준비를 하는 데 있어서도 자존감이 높은 상태에서 준비해야 합격률이 높다. 나는 평소 자존감이 높지 않은 사람이었다. 예전부터 겸손함이 미덕이라는 가치관으로 살아왔지만, 무엇이든지 적당한 모습이 좋다. 겸손함도 지나치면, 자신의 노력 끝에 얻어진 금 같은 결과도 "에이, 내가 잘해서라기보다 운 덕분에 합격했지."라고 말하게 된다. 즉, 내 노력을 스스로 인정을 하지 않으니 나를 사랑하는 마음과 존중하는 마음까지 커질 수가 없다. 그렇기 때문에 우리는 앞으로 모든 성취에 대해서는 행운 덕분에 잘되었다고 하기보다는, '내가 최선을 다해 열심히 노력한 덕분에 이렇게 좋은 결과도 생기는구나!'라는 생각을 갖도록 하자.

나는 2014년 식품영양학과로 전과를 한 후 첫 해를 보냈다. 그렇게 2년 동안 새로운 학과에서 새로운 공부를 하며 좌절하고, 일어서기를 반복했다. 식품영양학과에서 공부하는 동안 대한영양사협회의 스포츠 영양사 자격증, 영양사 면허, 위생사 면허, 한식조리기능사 자격증, 식품기사 자격증 등을 취득했다. 이런 여러 자격증을 취득하는 데 있어서 내 능력이 뛰어났던 건 절대 아니다. 사람들이 어떤 사람을 볼 때 결과를 먼저 보는 것은 사실이다. 그 사람의 현재 직위와 직장, 이룬 업적들을 보며 능력을 평가한다. 하지만, 그들이 그러한 결과들을 보기에 앞서 그들이 걸어온 험난한 과정의 스토리를 듣게 된다면 절로 숙연해질 것이다.

나는 자격증을 공부하며 한 번에 합격한 경험이 많지 않다. 모두 불합격했음에도 좌절하지 않고 재도전하여 합격의 쾌거를 이루어낸 것이었다. 만약 좌절하고, 내 한계를 정하게 된다면 이처럼 많은 자격증을 취득하지 못했을 것이다. 위생사라는 자격증은 2번 만에 합격을 했고, 한식조리기능사는 3번 만에 합격, 식품기사는 2번 만에 합격을 했다. 식품영양학과에서 가장 처음 도전했던 자격증은 위생사이다. 위생사라는 자격증은 첫 번째 시험에서 단 2점의 차이로 불합격을 했다. 총 6과목을 시험을 보는데 260점 중에 158점을 받았다. 합격 점수는 160점으로 2점(1문제)이 부족했던 순간이었다.

사실, 처음 결과를 확인했을 때에는 합격 통보를 받았었다. 그때, 한국보건의료인국가시험원(이하 국시원)의 변경된 배점 시스템 전산 오류로 '합격'을 통보받았던 것이다. 처음에는 국시원의 시스템 문제 때문에 벌어진 일이니 처음 나온 결과대로 합격으로 변경하도록 말하고 싶은 마음이 굴뚝 같았다. 하지만, 남을 탓하기 전에 내 공부 방법 혹은 노력이 부족했던 것이 가장 큰 원인이었다.

나의 부족함을 느끼고 좌절하며 힘들었던 순간이다. 하지만 그때, 나를 일으켜준 건 우리 부모님이다. 사랑하는 아버지는 시스템 오류로 잘못된 결과가 나온 국시원에 항의 전화를 하며, 나의 억울함을 전해주셨다. 그리고 사랑하는 어머니께서는 아깝게 불합격한 아들에게 언제나 그러셨던 것처럼 힘이 되는 한마디를 해주셨다.

"사랑하는 수민아, 고생 많았어. 결과는 아쉽지만, 사랑하는 아들은 다음에 꼭 합격할 거야. 누구보다 열심히 노력하니까 잘할 수 있어 아들. 엄마는 항상 아들 믿어. 힘내!"

지금까지 내가 불합격과 실패의 경험 속에서 내가 다시 일어설 수 있는 원동력은 사랑하는 가족의 힘이 전부다.

위생사라는 자격시험은 1년에 한 번씩만 볼 수 있다. 그 이후 각고(刻苦)의 노력을 하게 되었다. 지난 불합격 때의 실패 원인을 분석하며, 이를 되풀이하지 않도록 전략을 세웠다. 이전에는 눈으로 보는 공부를 했다면, 이후는 쓰고 말하는 공부를 했다. 공부 시간은 2배로 늘려 노력했고, 잠은 더 줄였다. 그리고 모의고사의 중요성을 다시금 느껴, 모의고사 문제집을 3권 넘게 풀었다. 드디어 1년의 시간이 흘러, 위생사 시험을 다시 보게 되었다. 후배들과 다시금 함께 보는 시험이었지만 부끄럽지 않았다. 내 스스로 부족했던 모습을 반성을 통해 내 스스로 감동스런 노력을 했기 때문이다. 이후 결과가 나왔다. 260점 만점 중에 206점을 얻어 커트라인보다 훨씬 높은 점수로 합격을 했다. 나는 이 문구를 보며, 감격해 울고 말았다.

"2015년 제 37회 위생사 시험 응시한 김수민 님은 합격하였습니다."

합격이라는 단어가 그 동안의 나의 힘든 노력들을 보상해주는 느낌을 받았다. 우리 가족과 함께 이 소식을 나누며, 너무 행복했다. 이때의 경험 이후 '나는 뭐든지 올바른 노력이 있다면 반드시 해내고 성공한다.'는 가치관을 가지게 되었다. 이 경험 덕분에 이후 요리에 문외한인 나는 한식조리기능사 시험에서도 3번의 도전 끝에 합격하였다.

이후 취업을 준비하며 대한민국 1위 종합식품기업 C사에서 서류전형과 인·적성 시험을 합격하며 1차 면접의 기회를 얻었다. 이때 취업 전문가를 통해 면접 준비를 할 수 있었다. 이때까지만 해도 스스로 '내가 대기업에 합격할 수 있을까?'라는 의문을 가지고 있었다. 면접 강의로 모의면접을 하는 날이었다. 모의 면접 강의는 '심층 면접과 직무 면접' 2번에 걸쳐 나누어서 진행이 되었다. 처음 토론 면접을 하는 날이었다. 면접인만큼 정장을 입고 가서 대기를 하고 시작이 되었다. 간단한 자기소개를 했는데, 여기부터 자존감이 무너졌다. 서울권 명문대 출신이 대부분이었고, 스펙들도 엄청난 지원자들뿐이었다. 심층 면접은 6명 1조로 구성하며 실제 1차 면접과 똑같은 방법으로 진행을 했다. 한 가지 주제에 대해 개인별로 20분간 생각하며, 개인별로 지급된 종이에 발표할 자료를 구성하여 5분간 앞에서 발표를 진행하는 것이었다. 발표하는 내용들을 보니 내가 아는 키워드와 주제가 아닌 낯선 용어들투성이였다. 개인별 발표를 마치고, 6명이 함께 의견을 주고받는 토론을 진행했다. 어떤 지원자는 토론에 대한 시간 계획을 제안하고, 시간 체크를 도와주기도 했다. 그리고 다른 이들의 의견에 호응하고, 피드백을 주며 적극적으로 참여했다. 하지만 나는 거의 아무 말도 못했다. 너무 낯선 환경에 두려웠고, 내가 아는 것이 없다고 생각해서 참여를 못 했다. 완벽이 준비된 상태에서라야 발언을 하는 성향을 가진 나는 이 날 처참히 깨져버렸다. 이때 대단한 충격을 받았다. 자존감은 나락으로 떨어졌다. 하지만 모의 면접을 도와준 김태성 선생님께서 이런 말씀을 해주신 게 큰 힘이 되었다.

"인 · 적성까지 합격하고 오신 분들은 이미 능력 면에서 인증이 되신 분들이기에 자신 있게 발언을 해도 충분합니다. 자신을 조금 더 내려놓고, 마음껏 의견을 지르는 것이 좋습니다."

이 날 청주 집으로 내려오는 길에 많은 생각을 하며 부족한 점들을 절차탁마했다. 토론 때 녹음했던 다른 지원자들 피드백까지 모조리 다 정리했고, 좋았던 점, 부족했던 점을 분석했다.

그 다음 주 직무 면접을 준비하러 서울에 다시 갔다. 토론 면접 때 처참히 깨져버렸기 때문에 더욱 긴장이 되었다. 하지만 준비한 1분 자기소개를 바탕으로 좋은 평가를 받았다. "지원자의 인생이 굉장히 도전적이며 매력적이다."라는 칭찬을 들었다. 그동안 준비했던 내가 더욱 뿌듯하게 느껴졌다. 직무 면접 대비 강좌를 마친 후, 지난 번 심층 면접을 같이 한

팀원들과 스터디룸을 빌려 연습하기로 했다. 더욱 마음을 내려놓고, 편한 마음으로 마음껏 의견을 제시하며 적극적으로 토론에 참여하니 좋은 피드백을 많이 받았다. 스터디를 마치고 집으로 돌아오는 길에 정말 뿌듯하고 기쁨을 느꼈다.

'나도 하면 되는구나.'

그렇게 1차 면접을 보았다. 스터디 때 준비했던 비슷한 주제가 실제 심층 면접에 나왔고, 나는 더욱 적극적으로 참여했다. 심층 면접을 시작하기에 앞서 간단한 자기소개와 토론에 임하는 각오를 발표하는 시간이 있었다. 그때 나는 가장 먼저 말하고 싶다고 말씀드리며 발표를 했다. 또한, 개인 PT 시간에도 누가 먼저 할 건지 의견을 물었을 때 먼저 손을 들었고, 토론을 처음 시작하는 데 있어서 전체적으로 토론 시간 계획의 틀을 잡자는 의견을 내놓았다. 토론에 적극적으로 치고 나갔다. 적극적으로 의견을 제시하며 참여했다. 독단적인 것이 아닌 다른 지원자의 의견들을 하나씩 수용하며 피드백을 드리고 아이디어를 확장시켜나갔다. 다른 지원자의 발표시간에 경청했고, 발표가 끝난 후에도 한 가지씩 질문을 했다. 토론을 마치며 팀 토론에서 가장 잘한 2명을 뽑고 그 이유를 적는 시간이 있었다. 추후 조원들에게 이야기를 들으니 많은 사람들이 나를 적었다고 했다. 너무 행복하고 기쁜 순간이었다. 지난 모의 면접 때에는 말 한마디 못하며 큰 충격을 받은 경험이 있었지만, 이런 부족함을 더욱 깨닫고 다시금 마음가짐을 바꾸어 노력하니 만족스러운 토론 면접을 마칠 수 있었다. 바로 이어진 직무 면접까지 대기 시간이 2시간 정도 있었다. 오후 5시경 배도 고프고 심적으로 많이 지쳤지만 다른 분들은 그냥 쉴 때, 나는 면접 준비 자료를 또 보면서 준비했다. 시간을 낭비하고 싶지 않았다. 정말 최선을 다해 준비한 모든 것들을 이 회사에 보여주고 싶었기 때문이다. 이후 1차 면접, 그리고 2차 임원 면접까지 최종합격하여 지금의 회사인 종합식품기업 C사의 대리 직급으로 일을 하고 있다.

나는 자존감이 낮은 사람이었다. 남과 비교하며 나의 가치를 낮게 평가한 사람이었다. 하지만 지금은 사랑하는 사람들 덕분에 누구보다 자존감이 높은 사람이 되었다. 자존감이란 스스로를 사랑하는 감정이다. 스스로를 사랑하기 위해서 나를 더욱 칭찬하고 아껴주며, 실수에도 고생했다고 인정해주는 마음이 필요하다. 자존감이 처음부터 높으면 가장 좋겠지만, 낮은 분들은 스스로의 작은 성취 하나하나를 사랑해주어야 한다. 오늘 하루도 취업 준비로 고생한 내게 수고했다는 말 한마디가 그 무엇보다 소중하다. 나의 자존감을 높이는 것처럼, 내 옆의 소중한 사람들의 자존감도 높여주는 사람이 되었으면 한다. 자존감을 높이는 과정은 내 주위의 분위기를 밝게 하고, 용기를 얻게 도와준다. 취업의 성공뿐만 아니라 인생의 성공을 위해 자존감을 높이자.

지원 분야에 맞는 자격증을 취득하라

준비에 실패하는 것은 실패를 준비하는 것이다.
– 벤자민 프랭클린

　최근 이슈가 되는 책 중 『인사담당자 100명의 비밀녹취록』이 있다. 이 중 대기업 서류전형 통과를 위해 '어느 정도 스펙을 쌓아야 하는지?'에 대한 내용이 있다. 안전하게 합격하기 위한 스펙을 확인해보면 이공계는 학점 3.8 이상이고, 토익 스피킹 6급, 토익 점수 800점 이상이다. 그리고 취업 8대 스펙에 대해 중요한 순위를 매긴 자료가 있다. 1위부터 8위까지 살펴보면 '학교, 학점, 어학 성적, 인턴십, 자격증, 공모전, 어학연수, 봉사' 순이다. 이 중 '자격증'은 공동 4위의 순위로 우선순위가 아닌 것 같아 보인다. 하지만 자격증을 취득하는 것은 취업에 그 무엇보다 중요하다.

단, 도움이 되는 자격증은 입사할 회사의 직무와 관련 있는 자격증을 뜻한다.

뼈아픈 진실을 하나 이야기해주겠다. 대기업에 입사할 때 100:1의 경쟁률을 뚫고 합격하기 위한 현실은 어떨까? 스펙을 뛰어넘는 자기소개서를 만들면 된다고 하지만, 대기업은 아직 학벌을 등급으로 나누기도 한다. 엄밀히 말하면 불량품을 거르는 첫 번째 테스트가 이력서라고 보면 된다. 그 필터링에는 사람의 판단은 포함되지 않으며 회사의 시스템에 의해 결정된다. 시스템으로 필터링 되지 않을 최소한의 지원자격을 갖춘 조건에서 우리는 아직 희망을 갖고 있다.

취업을 위한 최고의 이력서는 지금까지 쌓은 모든 스펙들이 하나의 직무를 향하게 하는 것이다. 그 스펙의 하나로 자격증에 초점을 맞추어보자. 취업에 도움이 되는 자격증이라고 하면 20대 대학생들이 공통적으로 취득하는 자격증이어서는 안 된다. 예를 들면, 컴퓨터 활용능력, 한국사 같은 자격증은 공기업에 도움은 되지만, 일반 사기업에는 큰 도움이 되지 않는다. 내가 이 책에서 다루고자 하는 내용은 공기업이 아닌 일반 사기업에 대한 이야기다. 우리는 앞으로 보편적으로 누구나 하나의 스펙을 구하기 위한 도구로 자격증을 공부하면 안 된다. 지원 분야에 맞는 자격증을 취득해야 한다.

나는 앞서 말했듯이 '건강'이라는 키워드로 인생의 목표를 세웠다. 그렇기 때문에 관련하여 식품영양학과로 전과를 했고, 2013년의 나는 퍼스널 트레이너를 꿈꾸게 되었다. 100일간의 보디빌딩 트레이닝으로 실무적인 경험을 쌓았고, 그 이후 나를 증명할 수 있는 지식적인 자격증을 취득하고 싶었다. 퍼스널 트레이너라는 직업을 위해서는 사회적으로 '생활체육지도자 보디빌딩 3급'이라는 자격증이 필수적이었다. 퍼스널 트레이너라는 직업에 필요한 자격증을 확인했고 준비를 했다. 바벨과 덤벨을 다루는 보디빌딩 운동방법으로 실기시험에서 합격을 했고, 운동생리학 등의 6개가량의 필기시험에서 합격을 했다. 이와 더불어 NSCA라는 국제 퍼스널 트레이닝 협회의 국제 퍼스널 트레이너 자격증을 취득했다. 지금 종합식품기업 C사에서 일하는 직무와는 연관이 없어 보이지만 '건강'이라는 컨셉에서는 동일하다. 이러한 자격증을 공부한 경험들이 추후 취업 준비 시 자기소개서에도 그대로 녹아들어갔다. 결국엔 남들과 차별화된 나만의 스토리를 만들었고, 평범한 사람들 속에서 특별함을 녹여내었다.

'건강'이라는 주제로 나의 꿈을 키워나갔다. 그 덕분에 전자공학과에서 식품영양학과로 전과를 했고 2년이라는 시간 내에 학부의 모든 졸업 요건을 충족하게 되었다. '건강'이라는 가장 큰 우선순위에서 '식품'이라는 키워드를 추가했다. 이 두 가지 단어를 하나의 직무로 연결시켜보자. 건강한 식품을 만들어 건강 수명을 높여주는 연결고리를 만들어보았다. 덕분에 위생사 면허증을 취득했고, 그 후 스포츠 영양사의 자격증을 위해 공부를 해나갔다. 퍼스널 트레이너에서 스포츠 영양사로 꿈의 전환이다. 꿈은 시시때때로 바뀔 수 있다. 변덕스러워 보일 수도 있지만, 결국은 하나의 '건강'이라는 줄기로 볼 수 있다. 2016년에 6개월의 휴학을 결심했다. 휴학을 하는 동안 앞서 말한 대한영양사협회의 '스포츠 영양사' 과정의 수업을 수강했고, 자격 점수에 합격을 하게 되었다. 하지만, 실제로 자격증을 부여 받은 것은 아니다. 이게 무슨 말인지 의아할 것이다. 사실 '스포츠 영양사'라는 자격증은 합격 점수가 충족이 되더라도 영양사의 실무 경력이 2년 정도 필요했다. 자격증 취득을 위한 정확한 요건은 스포츠 영양사 정규 교육을 수료해야 하며, 두 가지 과목에 대해 70점 이상의 점수를 받아야 하고, 영양사의 실무 경력 2년이 필수 요건이었다. 나는 두 가지를 충족했지만, 교육을 받았을 당시 대학생의 신분이었기 때문에 실무 경력에 대해서는 인정받지 못했다. 따라서 성적은 합격은 했지만 자격증을 받지는 못했다.

 그러면 내가 왜 이 교육을 굳이 받았을까? 자격증을 취득하려는 목적을 다시 한 번 생각해보자. '단순히 취업에 스펙으로 도움을 받기 위해 공부를 했는가?' 나는 단순한 취업의 커리어만을 위해서 수업에 참여했던 것이 아니었다. 스포츠 영양이라는 순수 학문에 대해, 그 지식 자체에 대한 갈증으로 수업을 신청했던 것이었다. 그 수업의 비용은 90만 원 정도였다. 평범한 대학교를 다니는 대학생에게 90만 원은 엄청난 큰돈이다.

이 교육을 들으려고 3개월 전부터 미리 아르바이트를 했다. 충북대학교 서점에서 학기 시작하기 전에 2개월가량 일을 했다. 아르바이트를 하는 동안 버는 돈의 사용 계획이 분명했기 때문에 힘들었던 그 시절도 잘 버틸 수 있었다. 사실 나는 제대로 된 아르바이트를 경험해본 적이 없는 정말 평범한 대학생이었다. 돈을 벌기 위해 아르바이트를 태어나 처음 해보는 것이었다. 대학교 서점은 학기가 시작하기 전 엄청난 수량의 전공서적들을 판매하기 위한 준비를 해야 한다. 하루에도 몇 십 박스의 택배상자들을 받아 포장 해체하고 학과별, 과목별로 구분해서 책을 쌓아놓아야 했다. 하나의 층으로 쌓아올리는 책들도 질서가 필요했고, 노하우들이 필요한 일이었다. 직접 경험해보지 않았다면 몰랐을 육체 노동의 가치를 느낄 수 있었고, 모든 직업에는 귀천이 없다는 것을 경험할 수 있었다. 함께 일했던 동료들도 같은 학교 선후배들이었다. 제각기 다른 목적으로 아르바이트를 했고, 우리는 서로 다름 속에서 또 다른 배움을 느꼈다. 예상치 못한 곳에서 예상할 수 없는 사람들을 만났고, 우리는 그 속에서 서로에게 서서히 물들어갔다. 모든 경험 속에서 만나는 사람들도 특별한 사람들이었다. Y라는 푸근하게 생긴 동생도 댄스동아리 회장으로 엄청난 춤 실력을 가지고 있었다. 그리고 S라는 순하게 생긴 동생도 체육교육과를 전공하는 체육인이었다. 이렇듯 사람들은 외관으로만 그 사람을 편협한 시선으로 바라보면 안 된다. 첫인상 속에서 그들의 인생을 추측하면 안 된다. 이렇듯 열심히 일한 돈 90만 원으로 나는 스포츠 영양사 교육을 들었다. 참으로 많은 경험과 배움이 있었던 때이다.

2016년 초 휴학을 결정하며 아버지와 나는 여느 때와 같이 목욕탕에 가게 되었다. 아들과 목욕하면서 등을 밀어주며 세상 사는 이야기 하는 것을 좋아하시는 아버지이다. 그렇게 함께 시간을 가지면서 아버지가 느꼈던 인생 교훈들을 내게 전해주시곤 했다. 그리고 나의 고민들도 들어주고 많은 조언을 해주셨다. 그때 역시 따뜻하게 목욕하면서 아버지와 대화를 했다. 내 꿈에 대한 도전들을 흐뭇하게 보시면서, 한 말씀을 하셨다.

"수민아, 몇 년 전 어려운 꿈에 대해 이뤄내려고 노력하는 모습이 너무 대견하네. 직업이라는 것이 사실 특별하게 하나로 정해져 있어 보일 수 있겠지만, 시선을 넓게 보면 정말 많은 기회가 있단다. 처음 퍼스널 트레이너를 꿈꾸었을 때, 그 이후 스포츠 영양사를 꿈꾸었을 때를 보면 하나의 연결선이 있잖니? 그래서 나는 수민이가 조금 더 긴 연장선을 바라보면 좋겠다는 생각이 드는구나. 식품회사에서 사랑하는 가족을 위해 건강한 식품을 관리하는 품질관리사가 될 수도 있고, 그러한 식품을 직접 만드는 직업도 가질 수 있겠지?"

그때 나는 많은 생각들을 할 수 있었다. 사실 기회라는 것은 폭넓은 생각 속에서 일깨워지는 거라고 생각한다. 그 후 식품회사가 하나의 진로가 될 수 있다고 느꼈고, 그 연결선을 위해 필요한 자격증들을 나열해보았다. '영양사, 한식조리기능사, 식품기사' 자격증이 그것이다. 결국은 나의 직무에 맞는 자격증을 찾았던 것이다.

이전에 위생사라는 자격증 시험에서 불합격 후에 재도전해서 성공한 공부 방법으로 다른 자격증들을 준비했다. 나는 그 중 식품기사라는 자격증이 가장 의미가 깊었다. 식품기사는 식품공학적인 전문적 지식들이 많이 필요했고, 실험을 직접 해보고 얻는 지식이 많이 필요했다. 식품공학적인 지식보다 식품의 신체 대사 과정을 공부하는 식품영양학과 학생들에게는 무모한 도전이었다. 어느 날 과 수석을 하는 친한 식품영양학과 후배가 식품기사를 준비하려는 내게 이런 말을 했다.

"무슨 뜬금없이 식품기사를 준비해? 식품기사는 아무나 합격하는 자격증이 아닌데……. 식품공학과 학생들도 합격하기 어려운 거야. 오빠가 이거 한다고? 합격 못 할걸?"

나는 나의 가능성을 제대로 알지도 못하고 내게 말하는 이 동생에게 꼭 합격한 모습을 보여주고 싶었다. 사실 공부하기 전부터 이 자격증의 합격률은 20% 정도 남짓이기 때문에 두려웠던 것은 사실이다. 하지만, 해병대의 '안 되면 될 때까지' 정신으로 준비를 했다. 필기는 10개년 기출문제를 계속 풀어가며 합격을 했고, 실기시험은 2번의 도전 끝에 합격을 했다. 합격 소식을 들었을 때 세상을 다 가진 기분이었다. 내 스스로의 능력을 한 단계 업그레이드할 수 있는 기회를 얻었던 것이다. 그 이후, 내게 안 될 거라 말을 했던 후배는 본인도 취업을 위해 자격증 시험을 준비했다. 명석한 두뇌로 필기는 한 번에 합격했지만, 실기시험에서는 한 번 불합격을 했다. 하지만, 거기서 멈추었다. 또 다시 도전을 하려하지 않았다. 그 동생의 한계는 거기까지가 되어버렸다.

지원 분야의 연장선에 있는 자격증을 공부하는 것이 취업의 지름길이다. 단순히 취업을 위해서 자격증을 준비하지 마라. 멀리 보며 나의 꿈을 이루기 위한 과정으로 자격증을 준비하면 좋겠다. 이 세상의 모든 경험은 멋지게 성공하는 내 인생의 밑거름이다. 자격증을 준비하며 공부하는 이 시간도 그런 과정에서 인생의 교훈들을 느낄 수 있다. 세상의 모든 경험들은 한 번에 발생되지 않는다. 과거로부터 현재, 미래까지 연속적으로 연결된 하늘의 뜻이다. 이렇게 직무에 관한 자격증을 준비하며 더 밝은 미래를 꿈꾸길 바란다. 그리고 취업까지 한 발짝 다가설 수 있는 여러분이 되었으면 좋겠다.

5

대학교 밖에서 취업을 미리 경험하라

해보지 않고는 당신이 무엇을 해낼 수 있는지 알 수가 없다.
– 프랭클린 애덤

대부분의 학생들은 대학교 밖이 아닌 대학교 안에서 취업을 준비한다. 취업에 중요한 스펙으로 완전무장을 하기 위해 도서관에서 살곤 한다. 하지만 우리에게 간절히 필요한 경험은 대학교 안이 아닌 밖에서의 경험들이다.

사실 서울이 아닌, 지방에서 학교를 다니는 20대들에게는 더욱 학교 밖에서의 경험이 망설여진다. 기회가 많지 않을 뿐더러, 그 시간에 눈에 보이는 성과들을 챙기는 것이 더 효과적이라고 생각한다. 하지만 우리는 이미 입시 교육에서 공부했던 12년을 경험해보지 않았는가? 대학교 입학만이 인생의 목표가 되었지만, 실제로 대학교에 들어오니 천국만이 펼쳐져 있는 것은 아니었다. 학교의 넘쳐나는 과제와 시험 준비, 그리고 평생 돈 벌고 살아야 할 직업을 구하는 취업 준비가 문제가 된 것이다. 수능을 위해 우리는 학교 안에서만 공부했다. 서울의 명문고 학생들은 학생부종합전형(일명 학종)을 위해 학교 외 경험들을 하기 위해 힘썼을 것이다. 하지만 나를 포함한 평범한 고등학생들은 단지 수능의 고득점만을 바라보며 학교에서만 3년을 공부했다. 그리고 대학교에 입학을 했지만 또 다른 산이 있다. 우리는 취업을 준비해야 한다. 그런데, 취업 준비는 대학교 수능 준비보다 더 힘들다. 도서관에서만 하루 종일 공부만 한다고 합격하는 것이 아니다. 그래서 나는 해결책을 제시한다. 대학교 안이 아닌 밖에서 경험이 필요하다.

식품영양학과로의 전과로 1년간 휴학하며 서울에 상경하며 퍼스널 트레이너의 직업을 경험했다. 이전의 나는 해병대에서 새로운 꿈을 갖게 되었고 건강을 전하는 건강 전도사가 되길 원했다. 그 인생의 방향을 잡고 취업을 미리 경험했다고 보면 될 것이다. 서울에서 1년이라는 시간 동안 내가 실제로 돈을 벌게 된 것은 7개월밖에 되지 않는다. 그럼 나머지 5개월은 무얼 하며 시간을 보냈을까? 그 7개월의 경험을 쌓기 위해 기본기를 다지는 시간이었다. 트레이너 선생님께 100일간의 무료 트레이닝을 받으며 아카데미 교육을 받고, 선생님의 실제 트레이닝 수업들을 참관해서 보는 기회를 얻었다. 그에 상응하는 최소한의 노력으로 센터의 오픈을 돕고, 청소 등의 업무들을 도왔다. 내가 이상적으로 꿈꾸어온 일들을 실제로 경험해본다는 것은 정말 큰 자산이 된다.

100일 동안의 하루 일과는 이렇다. 매일 새벽 5시 30분에 일어난다. 트레이닝센터에 가서 공복 유산소 운동을 1시간 동안 하고, 보충식품을 먹는다. 오전 8시30분이 되면 12시까지 트레이너 양성 아카데미 교육을 듣는다. 오후는 센터의 청소와 기타 업무들을 돕고, 오후 4시쯤 100일간의 정식 트레이닝을 받는다. 1시간 1:1 트레이닝을 받고, 1시간은 유산소 운동 및 근력 운동을 한다. 그리고 3시간마다 고구마와 닭가슴살, 각종 야채로 식사를 한다. 첫 2달간은 벌크업 기간이라고 하여, 2시간마다 쌀밥과 닭가슴살을 계속하여 먹고 3시간마다 체중 증가용 보충제를 마신다. 그리고 나머지 1달간은 쌀밥은 끊고, 고구마와 닭가슴살만 먹다가 목표로 하는 날짜의 D-day 1주일 전에는 탄수화물의 음식을 아예 끊어버린다. 100일간의 목표를 잡고 운동을 하게 되니, 나는 절대 포기할 수 없었다. 2013년 1월 2일 100일간의 프로젝트를 시작했고, 4월 11일 프로젝트를 끝냈다. 그리고 바디프로필을 촬영했다. 나는 A부터 Z까지 트레이너 선생님의 모든 것을 흡수하려 노력했고, 그렇게 실천했다고 자신할 수 있다. 스스로 만족하는 멋진 몸을 만들 수 있었고, 그 이후 2주 간격으로

2번 보디빌딩 시합까지 준비를 했다. 내 꿈도 좋지만, 급여를 받지 않고 일을 도와줄 수는 없었다.

기회가 되어 역삼동 더베네핏이라는 퍼스널 트레이닝 팀에서 일을 하게 되었다. 면접을 보면서 나의 꿈과 간절함에 대해 어필을 많이 했다. 더베네핏에서는 한국체육대학교의 엄청난 인재들이 등용하는 곳이었다. 그 와중에 충북대학교 식품영양학과의 휴학한 대학생에게 일할 기회를 준 것이다. 그리고 나는 계속해서 일할 직원이 아닌, 단지 7개월만 일할 사람이었다. 회사 입장에서는 달갑지 않았을 것이다. 떠날 사람으로 보이고 정이 가지 않았을 거라 생각된다. 하지만 대표님께서는 나의 꿈에 대한 간절함과 경험의 가치를 존중해주시고, 합격을 시켜주셨다.

이곳에서 일하기 전 배웠던 지식과 운동 경험들을 실제 회원들을 지도하며 부족한 점들을 많이 느끼고 개선할 수 있었다. 이때는 트레이닝에 대한 나의 열정만큼은 누구보다 뒤지지 않는다고 자부할 수 있다. 1:1 개인 PT도 진행하지만, 다수의 회원들을 관리하는 퍼블릭 트레이닝도 하는 곳이었다. 실제 센터의 입장에서는 개인 PT로 운동하시는 회원들이 가장 수익적인 면에서 우수한 고객일 것이다. 하지만, 나는 모든 회원들이 잠재고객이 될 수 있다고 생각했고, 순수한 의도로 나의 지식들을 직접 교육하며 변화되는 모습들을 보고 싶었다. 그래서 혼자 운동하는 회원들에게 개인 PT에서나 알려드릴 만한 꼼꼼한 코칭을 해주었다. 처음 다가갔을 때에는 부담이 되서 조금은 어색해했지만, 매일 이렇게 적극적으로 회원들에게 운동에 대한 조언들을 해주니 마음을 열기 시작했다.

어떤 20대 초반의 학생이 혼자 열심히 운동을 하고 있었다. 나는 여느 때와 같이 그 회원에게 부위별 근육 운동 노하우를 전수해주었다. 그러면서 나의 진심이 그 회원에게 전해졌던 것 같다. 며칠 뒤 그 회원은 내게 30분 10회 PT를 등록을 했다. 처음으로 나를 선택하여 트레이닝을 하게 된 회원이었다. 트레이닝을 하는 동안 처음 담당하는 회원이다 보니 약간은 부족한 수업이 되었던 것 같지만 그 회원은 만족해주어 감사했다. 운동을 마치는 마지막 날에는 내게 트레이닝복을 선물해주기도 했다. 사실 대학생의 입장에서 30분 PT 10회 이용권인 30만 원의 금액을 지불하기로 선택하기까지 정말 망설였을 것이다. 하지만, 돈을 벌 목적으로 사람들에게 접근하는 것이 아니라 순수한 목적으로 도움을 주고 싶어 하는 진심이 전해져 결정을 내린 것 같다. 어떤 이의 진심과 간절함은 감동을 이끌어주는 좋은 매개체가 될 수 있다고 생각한다.

서울에서 트레이너라는 직업으로 일하는 것은 생각보다 힘들었다. 남의 돈을 벌기란 무엇보다 힘들었고, 항상 밝은 웃음과 미소로 회원들을 대해야 하는 것이 더 힘들었다. 트레이너라는 직업이 배우와 같았다. 피곤함이 가득한 하루에도 얼굴에 힘든 모습을 보이지 않는 트레이너가 멋진 트레이너인 것이다. 나는 피로감이 얼굴에 잘 나타나는 편이었다. 더욱이 늦은 시간까지 트레이닝을 하는 경우는 피곤함이 회원들에게까지 전해지는 경우도 있었다. 프로페셔널한 행동이 아니었던 것이다. 그렇게 해병대에서부터 꿈꾸어온 목표를 하나씩 이루다가 현실에 부딪히니 마음이 나약해졌다. 서울에서 4평 남짓한 고시원에서 1년을 살면서 매월 지출하는 월세와 식비, 교통비를 충당하기에도 벅찼다.

이렇게 사회생활을 경험하면서 나는 부모님이 얼마나 대단한 존재인지 다시 한 번 느낄 수 있었다. 특히 아버지는 30년간 소방공무원 생활을 하시며, 중간에 직업을 바꾸거나 그만두는 경우가 없었다. 물론, 정말 힘들었던 적은 있었지만 사랑하는 가족을 위해 직업을 포기할 수 없었던 것이다. 인생을 살며 고비는 언제 어디서나 찾아올 수 있다. 하지만 인생은 나만 잘 살면 되는 것이 아니다. 누군가와 교류를 해야 하고, 누군가를 책임지는 순간이 온다. 아버지는 그렇게 30년을 일하셨다. 직장 상사에게 호되고 혼나기도 하시고, 업무적으로 엄청난 스트레스도 견디고 이겨내셨다. 정말 사랑의 힘은 무엇보다 크다고 생각한다. 회사를 다니는 지금의 나는 더욱 아빠의 대단함에 존경을 표하고 싶다. 사랑과 책임감의 힘은 대단하다.

2016년 하반기 나는 6개의 회사에 지원해서 최종 3개의 회사에 합격을 했다. 그 중 대한민국 1위 제과기업 O사에 가장 먼저 입사의 기회를 얻었다. 2달간의 인턴 시기를 거쳐 정직원으로 전환되는 시스템이었다. O사는 3단계를 거쳐 입사를 하게 된다. 서류지원과 1차 면접, 2차 면접까지 최종합격하여 내 가능성을 인정받았다. 입문 교육을 받으며 소중한 동기들을 만났고, 함께 교육을 받으며 추억도 쌓았다. 대한민국 제과 1위 기업인 만큼 교육 커리큘럼도 엄청났다. 제과산업에 대한 글로벌적인 이해와 생산, 품질, 원가, 영업 등의 모든 면에 대해 교육받았다. 입사의 기회가 아니라면 절대 누릴 수 없는 특권이었다. 그리고 나는 O사 청주 공장으로 배치되었다. 생산1팀으로 배치되어 파이, 캔디류 라인에서 생산관리를 하는 직무였다. 이때 당시 오창진이라는 선배가 있었다. 처음 회사에 배치받았을 때 나를 정말 진심으로 챙겨주던 고마운 선배다. 나는 신입사원의 자세로 꼼꼼히 메모하고 적극적이면서도 겸손하게 업무를 했다. 직접 생산라인의 원료 입고부터 포장까지의 전 단계를 살펴보며 국소적인 부분에서 전체를 보는 시야를 기를 수 있었다.

입사 후 2주의 시간이 흘렀을 무렵, 대한민국 1위 종합식품기업 C사에서 최종 합격자 발표가 났다. 그 당시 O사는 2개월 인턴 후 정직원 전환형이었고, C사는 정직원 채용이었다. O사에서의 아쉬운 마음과 함께 C사에 입사하게 되었다. 그때 당시 오창진 선배 덕분에 멋진 선배의 기준을 세울 수 있었다. 후배를 존중하며, 진중함과 유머를 겸하는 모습이 너무 멋졌다. 짧은 만남이었지만 오창진 선배와는 지금까지 연락하며 인연을 이어가고 있다. 작년 나의 결혼식에도 멀리서 축하해주러 와주시고 너무 감사했다. 이렇게 모든 경험 속에서 인연은 이어졌다.

우리는 목표하는 회사에 취업하기 전에 대학교 밖에서 취업을 먼저 경험해야 한다. 대학교 안에서는 땀 흘리며 고생해서 배우는 경험들을 느낄 수가 없다. 가장 좋은 것은 직무와 연관된 업무로 취업을 미리 경험하는 것이다. 꿈과 이상은 다를 수가 있다. 실제로 일을 해보며 느끼는 직무에 대한 장단점을 스스로 분석해보아야 한다. 자격증 시험이든 취업이든 합격의 지름길은 특별한 게 아니다. 실제 출제되는 시험문제를 풀어보는 것이다. 그 모의고사가 대학교 밖에서의 취업이다.

6

직무와 관련된 대외 활동을 경험하라

당신이 할 수 있는 일, 하고 싶은 일, 꿈꾸는 일을 바로 지금 시작하라.
대담함 속에는 이미 많은 힘과 재능, 마법이 숨겨져 있다.
– 요한 볼프강 폰 괴테

여러분들은 인생에서 가장 중요한 스펙이란 무엇이라고 생각하는가?
나는 '건강이 진짜 스펙'이라고 생각한다. 20대에는 사실 건강에 대한 중
요성을 잘 알지 못한다. 강철도 씹어 먹을 수 있는 20대라는 말이 괜히
나온 게 아니다. 지금 나는 30살을 넘어 31살이 되었다. 어른들이 항상
말씀하셨듯이, 물만 마셔도 살찌는 나이가 된 것 같다. 20대 때에는 아
무리 많은 음식들을 먹어도 체중의 변화가 많지 않았는데 요즘은 조금만
먹어도 계단 올라가듯이 나의 몸무게도 쉽게 올라간다. 그리고 20대 때
에는 전혀 걱정되지 않던 혈압이 높아져 있다.

나는 19살에 처음으로 '헌혈'이라는 것을 했다. 헌혈을 처음 하고 나서는 헌혈 후 주의사항을 인지를 못한 나머지 나의 왼쪽 팔은 피멍이 들곤 했다. 그 이후 한동안 헌혈은 하지 않았다. 그리고 20살이 되어 나는 스스로에 대한 목표가 생겼다. 헌혈 봉사를 50번 하여서 '금장' 헌혈 유공장을 받는 것이다. 그렇게 목표를 정하고 2015년 4월 28일 결국 금장을 받았다.

'귀하는 숭고한 인류애의 정신을 발휘하여 적십자 헌혈 운동에 기여한 공이 크므로 대한 적십자사 포장운영규정 제14조 1의 규정에 의하여 적십자 헌혈 유공장 금장을 드립니다.'

사실 헌혈 유공장에 대한 목표를 갖게 된 이유로는 인류애의 봉사가 최우선 목적은 아니었다. 헌혈 후에 받는 초코파이와 영화 티켓이 목적이었다. 순수한 목적이 아니라고 볼 수 있지만, 헌혈을 하면서 그 목적이 변화되었다. 주위의 지인들에게 급하게 수술을 해야 하는 분들이 있다면 헌혈증을 기부할 수 있었다. 정말 간절히 필요한 누군가에게는 나의 헌혈증 1장이 소중하다. 그렇게 헌혈증 한 장 한 장을 기부하며 보람됨과 자긍심을 느꼈다. 대학교 안에 헌혈의 집이 있었기 때문에 주기적으로 헌혈을 했다. 헌혈하는 방법은 전혈이라는 것과 혈장과 혈소판혈장헌혈로 나뉜다. 전혈은 많이들 보는 실제 빨간 혈액만을 뽑아간다. 대량 출혈 또는 수술 시에 사용되는 귀한 혈액이다. 전혈을 마친 후 헌혈 가능한 주기는 2개월이다. 그리고 혈소판 헌혈과 혈장 헌혈이 있다. 혈액이라는 것은 적혈구, 혈소판, 백혈구, 혈장이 있다. 적혈구를 제외한 혈장과 혈소판이 혈액의 절반을 차지한다. 혈장은 생명 유지에 꼭 필요한 전해질, 영양분, 비타민, 호르몬, 효소 등의 중요한 단백 성분이 들어 있다. 혈장 헌혈의 주기는 2주였다. 나의 50번 헌혈의 목표를 위해서는 혈장 헌혈을 해야 했다.

2주마다 매번 헌혈을 하는 동안 나는 건강을 더 잘 챙길 수 있었다. 헌혈을 하는 날이 되면 간략히 건강검진을 하게 된다. '현재의 몸 상태가 어떤지, 어제 잠은 잘 잤는지? 아침식사는 하였는지? 어제 음주는 안 하였는지? 그리고 혈압은 건강한 정상혈압인지?' 이 조기 건강검진의 과정을 거치며 모두 통과한 건강한 사람들만 헌혈을 할 수가 있다. 감기약을 먹었으면 당연히 헌혈은 하지 못한다. 헌혈을 마친 이후, 헌혈 전에 간단히 혈액 체취를 하여 혈액 검사한 결과를 우편을 통해 전달받는다. 단백뇨를 비롯한 나의 건강 적신호가 무엇인지 알 수 있으니 나의 20대는 2주 단위로 건강검진을 받은 셈이었다. 헌혈을 진행하는 동안 나의 혈압은 언제나 정상인 120/80의 수치를 나타냈다. 나의 건강함을 항상 기억하니, 건강 관리도 자연스럽게 되었다.

하지만 직장인이 된 31살의 나는 요즘 헌혈을 하지 않는다. 바쁘다는 핑계로 가지 않았고, 20대 순수한 목적이었던 초코파이와 영화 티켓을 받기 위해 굳이 가지 않았다. 그렇게 현실에 순응하여 그 동안의 인생의 모토였던, 평생 헌혈 습관은 사라져갔다. 회사를 다니면서 정말 오랜만에 혈압은 잰 적이 있었다. 그때 머리를 망치에 세게 맞은 허탈감이 있었다. 최고 혈압이 140을 넘었던 것이다. 혈압은 가족력이 중요한 요인이라고 하지만, 나는 제대로 된 건강 관리가 되어 있지 않았기 때문에 그런 혈압이 나왔다. 대학교 때에는 가장 친한 친구들과도 절대 술을 마시지 않고, 건강한 음식만 챙겨 먹던 내가 직장인이 되어서는 주기적인 회식과 야식들을 생활화하니 건강을 해칠 수밖에 없었다. 그 이후 요즘의 나는 정상혈압을 위해 꾸준히 유산소 운동과 함께 근력 운동을 병행하며 건강을 관리하고 있다. 회사에서는 점심 때 사내 피트니스 센터에서 매일 30분씩 운동하며, 건강한 식단 관리를 병행하고 있다. 덕분에 정상혈압으로 돌아왔다.

이렇듯 그토록 건강 관리에 힘썼던 나도 젊은 나이에 혈압이 높아지기도 했다. 건강의 적신호가 오기 전부터 건강을 정말 잘 관리하는 것이 평생의 행복을 위한 최선의 노력이다. 이제 인생을 사는 데 있어서 가장 최고의 스펙은 '건강'이라는 것을 이해했는가?

앞서 말한 '건강이 진짜 스펙이다.'라는 문구는 사실 건강기능식품 회사 뉴트리라이트의 슬로건이다. 나의 건강 전도사 꿈을 이루기 위해 내 인생의 모토와 관련된 대외 활동을 드디어 찾은 것이었다. 가만히 기다린다고 이런 기회들을 잡을 수 있는 것은 아니었다. 스스로 취업, 대외 활동 카페를 출석하며 '나에게 맞는 활동 정보들은 없을까?' 확인을 하는 노력이 필요하다. 그렇게 알게 된 '뉴트리라이트 대학생 기자단 4기'를 모집한다는 공고문을 보았다. 서울에서 운동을 배웠던 2013년에는 꿈을 이루기 위해 매진하느라, 대외 활동을 할 여유가 없었다. 하지만, 식품영양학과로 복학한 2014에는 그 시간을 꼭 투자하고 싶었다.

대외 활동을 준비하면서 다시 한 번 취업의 채용 과정을 경험한다. 1차 서류심사에 합격을 해야 하고, 2차 면접심사에 통과를 해야 한다. 물론 취업을 하기 위한 경쟁률보다는 낮다. 하지만 꿈꾸었던 대외 활동을 하며 취업을 미리 준비하게 된다. 내가 3학년이었을 때 가장 도전하고 싶었던 활동이었다. 지원하는 과정에서 생생하게 꿈꾸면 이루어진다는 사실을 다시 한 번 느꼈다. 1차 원서 접수를 위해서 몇 주 전부터 검색 엔진을 통해 먼저 활동을 했던 선배들의 블로그에 궁금한 점들을 질문하고 자기소개서를 준비했다. 덕분에 진심이 담긴 자기소개서를 작성할 수 있었다. 자기소개서에는 총 3가지의 질문이 있었다. '자기소개(500자), 지원동기(500자), 본인이 해당 팀에 적격인 이유(500자)'이다. 나는 간절히 합격하기를 원했고 수정에 수정을 거듭하여 최종 자기소개서를 완성하게 되었다.

자기소개서는 꿈꾸는 인생을 기록했던 나의 블로그에 담아놓았으니 참고 바란다. 6년이 지난 지금, 다시 돌아보아도 그 열정이 느껴지는 것 같아 기분이 좋다. 이렇게 1차 원서를 준비하는 동안 한 가지 교훈을 얻었다. 자기소개서 질문에서 요구하는 글자 수를 맞추는 것이 나를 뽑고 싶어 하는 분들에 대한 최소한의 예의라는 것이었다. 4장을 통해 다시 한 번 말하겠지만 자기소개서에서 중요한 것 중의 하나는 그 글자 수를 정확히 맞추려고 노력하는 것이다. 너무 글자 수가 부족하게 되면 최소한의 성의조차 보이지 않기 때문에 인사 담당자는 가차 없이 불합격을 시킨다. 특히 대기업이 운영하는 채용 시스템은 자동화 방식이기 때문에 이런 부분이 스크리닝 되니까 꼭 기억하길 바란다.

그 후 1차 서류에 합격을 하고 오전 10시 면접을 위해 새벽 4시 30분에 일어나 준비를 했다. 나의 개성을 시각화해서 보여주기 위해 지난 바디 프로필 때 영양사 컨셉으로 촬영한 의상을 입고 갔다. 기업 면접 때는 정해진 복장 규정이 있지만, 대외 활동의 면접 때에는 자율 규정이었다. 면접장에 도착을 했고, 면접은 총 5명이 진행을 했다. 당시 면접 질의응답했던 내용을 전해주고 싶다.

1) 뉴트리라이트 기자단 통해서 가장 얻어 가고 싶은 것은 무엇인가?

세상의 수많은 사람들의 다양한 생각과 가치관, 개성들을 존중하고 경험하고 싶었습니다. 건강이라는 키워드로 가장 열정적인 20대의 청춘을 보낼 수 있는 뉴트리라이트 기자단에서 소중한 사람과 함께 하고 싶습니다.

2) 지역적인 제약으로 모임 참석이 어려울 경우 어떻게 할 것인가?

계획되지 못한 모임이나 회의의 경우에도 수단과 방법을 가리지 않고 꼭 참석하겠습니다. 만남의 기회가 있다면 꼭 참석할 수 있는 방법을 반드시 찾겠습니다.

3) 팀원 간의 갈등 발생 시 해결 방법

역지사지의 자세를 갖습니다. 제가 불만족스러운 부분이 있는 만큼 상대방도 그런 마음이 있을 것입니다. 내 기준으로 보기 전에 상대방의 기분과 생각을 먼저 헤아리려고 노력합니다. 상대방의 기준에서 나의 행동이 올바른 행동일지 고민해봅니다. '나와 다른 생각이 해결책이 될 수 있지 않을까?'라는 사고의 전환으로 갈등 발생을 최소화합니다.

4) 마지막으로 하고 싶은 말은 무엇인가요?

사막의 오아시스의 간절함을 가지고 있습니다. 저는 화장실에 들어갈 때와 나올 때 변함없이 초심을 유지하는 사람입니다. 열정과 간절함으로 대학생 기자단에 꼭 합격하고 싶습니다.

　　이때 경험한 기자단 활동을 나는 회사 취업 시 자기소개서에 모두 녹여내었다. 맛과 식품안전이 중요시 되는 식품회사에서 건강함의 가치까지 생각한 경험을 이력서에 모두 녹여내었고, 특히 이러한 활동은 임원 면접 때 빛을 발휘할 수 있다. 여러분들이 꿈꾸는 직업과 직무에 관련된 대외 활동은 어떤 것들이 있는가? 스스로 자문자답하며, 발품을 파는 노력으로 꼭 그 활동을 해보라. 시간이 부족하다는 핑계는 벗어던지고, 일단 도전해보길 바란다. 여러분도 할 수 있다.

7

취업 관련 책 10권만 읽으면 합격한다

꿈을 향해 대담하게 나아가고 상상한 삶을 살기 위해 노력을 기울이면,
평범한 시기에 뜻밖의 성공을 접하게 될 것이다.
– 헨리 데이비드 소로

한 분야에서 전문가가 되려면 몇 권의 책을 읽어야 할까? 정확하게 전
문가가 되기 위해 읽어야 할 책의 양을 정할 수는 없다. 하지만 본인이
원하는 목표에 대해서 도전적인 책 읽기는 성공에 한 발 다가서게 도와
줄 것임을 나는 확신한다. 꿈을 이루기 위해서는 매일 생생하게 이루어
졌다는 상상을 해야 한다. 간절히 원하는 것들이 온 우주에서 도와준다
는 믿음으로 매일을 긍정적으로 살아야 한다. 취업도 마찬가지로 반드시
이루겠다는 자신만의 확고한 목표를 가지고, 우리는 최대한의 노력을 해
야 한다. 수많은 노력 중의 하나는 관련 책을 읽는 것이다.

시중에 취업에 관한 책은 수없이 많다. 그 중 실제로 취업에 도움이 되는 실용서는 10권으로 압축할 수 있을 것이다. 우리는 취업 시즌이 되어 자기소개서를 준비하는 데 앞서 취업 준비물들을 살펴보아야 한다. 선행적으로 관련된 책을 읽어보자. 책을 한 권 구성하기 위해서 작가들은 참고도서 100권 이상을 읽어야 한다. 책에 쓸 전문성을 키우기 위해서는 저자만의 노하우와 경험이 최우선으로 중요하다. 본인이 직접 경험한 노하우만으로는 컨텐츠가 부족할 수 있다. 그렇기 때문에 객관적인 데이터를 확보하고자 참고서적을 보는 것이다. 나 또한 이 책을 쓰기 위해 참고도서를 수없이 많이 읽었다. 내게 꼭 맞는 참고도서를 찾는 것에도 많은 노력이 필요하다. 그 책들의 주제와 컨셉, 목차로 원하는 바를 담고 있는지 고민해보아야 한다. 직접 서점에 가는 것도 방법이지만, 인터넷이 발달한 요즘에는 인터넷 서점을 활용하는 것도 좋은 방법이다. 인터넷 서점에 들어가서, 원하는 책의 장르의 판매량 순위나 베스트셀러 Top 순위로 참고할 서적을 확인해본다. 그리고 자세히 들어가서 출판사 서평과 작가의 책 소개, 그리고 목차를 확인해본다. 나처럼 책을 쓰기 위한 준비로써 참고도서를 구하는 것도 중요하지만, 취업 준비를 하는 여러분들에게도 취업에 관한 참고도서를 찾는 것도 중요하다. 그렇기 때문에 내가 말한 방법으로 한번 취업 관련 책을 찾아보라.

취업 관련 책을 유형에 따라 나눠볼 수 있다. 교육 컨설팅을 직접 진행하는 직업을 가진 작가도 있고, 대기업과 공기업에서 근무를 하며 실제로 취업 준비생들을 코칭해주는 작가도 있다. 그리고 어느 대학교에서 취업 전담 교수로 활동하는 분도 계신다. 정말 취업 관련 책을 쓰고 있는 나도 지금 작가님들이 쓰신 책들을 보면 감탄을 금치 못한다. 정말 취업 준비를 할 때 중요한 요소들을 요목조목 시원하게 해결해주는 기분이 들었다. 우리는 취업을 준비하는 데 있어서 단계를 거치게 된다. 이력서를 작성하며 그동안 준비했던 어학과 스펙을 어필하게 되고, 자기소개서를 통해 과거의 나의 인생을 표현하게 된다.

인·적성 시험에서는 회사가 원하는 인재에 부합하는 여부를 평가받게 된다. 이 책 4장에서 자세히 설명하겠지만 인·적성 검사는 괴로움과 자괴감과의 싸움이다. 특히 인성검사는 좋은 성격이 아니라 회사에 맞는 성격을 보는 것이다. 그렇기 때문에 억지로 회사의 인재상에 맞추어 나의 성격을 바꾸어 체크하게 된다면 면접 때 반드시 탄로 나게 되어 있다. 그렇기 때문에 나는 완전한 사람임을 표현하기 위해, 고민을 하며 풀면 안 된다. 즉흥적인 나의 감각대로 체크를 해야 한다. 그 와중에 정말 그렇게 체크했다가 불합격되면 어쩌나 걱정하는 분들도 많을 것이다. 하지만, 대한민국에는 수많은 기업들이 있다. 나의 인성과 맞는 회사는 분명히 있으니 포기하지 마라. 즉 인성검사는 솔직하게 풀 수밖에 없는 구조라는 것을 명심하자. 적성검사에 대해 한 가지 충격적인 사실을 알려주겠다. 그건 바로 적성검사의 결과는 학벌과 유사하다는 것이다. 사실 적성검사를 푸는 것은 수많은 유형의 문제들을 제한된 시간 안에 빠르게 해결해야 한다. 질문의 의도를 빠르게 파악하는 눈이 필요하고, 그 문제를 분석하는 분석력과 문제를 꿰뚫어보는 능력도 필요하다. 내가 합격한 종합식품기업 C사를 예를 들면 5가지 유형이 있다. 언어논리 영역, 수리논리 영역, 추리 영역, 시각적 사고 영역, 상식 영역이 있다. 문제 유형 중에 기본적으로 상식 분야는 노력에 의해 해결할 수 있다. 즉, 방대한 범위이지만 후천적인 노력에 의해 점수의 상승이 가능하지만 다른 분야는 명석한 두뇌를 가진 사람들이 좋은 점수를 받게 된다. 이 시험은 수능과 비슷해서 똑똑한 명문대생일수록 시험을 잘 본다. 절망적인 이야기에 우울해하지 마라. 그래도 방법은 있다. 다른 유형의 문제들은 익숙함의 방법으로 극복할 수 있다. 물론 선천적으로 똑똑한 사람들을 이기기는 어렵지만, 각 유형별 풀이법에 익숙해지는 연습이 동반된다면 합격할 수 있다. 그러니 포기하지 마라. 인·적성 시험에 대한 전반적인 시험 대비법에 대한 노하우는 4장에서 다시 설명하겠다.

간단하게 인·적성 시험을 공부해서 합격할 방법을 알아보았다. 인·적성의 관문을 넘게 되면 산 넘어 산인 면접 과정이 남아있다. 자기소개서와 인·적성까지는 회사의 담당자와 대면할 기회가 없었다. 어떻게 보면 스스로 준비를 하는 데 장점이 될 수 있고, 단점이 될 수 있었다. 비대면 준비 과정이기에 자기소개서와 인·적성 준비를 원하는 시간만큼 오랫동안 준비를 해서 완벽하게 대비를 할 수가 있다. 즉 자기소개서 초고를 만들고, 퇴고를 거듭하며 완벽한 문장을 가진 나만의 자기소개서를 완성할 수 있다. 하지만, 면접은 면접관들을 직접 얼굴로 대면하는 과정이다. 아무리 강철 심장이라고 하더라도 면접관들을 마주보며 질문에 대해 답을 하는 것은 떨리고 힘든 일이다. 그 면접에 성공하는 방법은 스스로를 믿는 것이다. 스스로의 가능성을 믿으며 준비하는 면접은 분명히 합격의 길로 안내할 것이다.

  인·적성처럼 취업 관련 실전 모의고사 책들을 공부하는 것은 분명 도움이 된다. 이와 더불어 취업 준비를 위한 실용서와 그 준비를 하는 마음가짐을 이끌 동기 부여가 되는 책을 읽는 것이 좋다. 다이어트를 하기 위해 운동을 꾸준히 하는 힘이 필요하다. 그래서 멋진 몸을 가진 선수들의 운동 영상을 보게 된다면 모티베이션을 끌어올려 더욱 박차를 가할 힘을 얻는다. 이처럼 취업을 준비하기에 앞서 꿈에 관한 동기 부여가 되는 책을 읽길 추천한다.

  김현근 작가의 저서 『가난하다고 꿈조차 가난할 수 없다』에서 자신의 공부 비법을 소개하고 있다. 그가 학창 시절에 죽을 듯이 공부한 이유를 "꿈과 목표를 이루기 위해서"라고 고백했다. 그는 자주 미국 명문 대학에 합격해 많은 후배들 앞에서 자신의 성공 스토리를 힘주어 말하는 자신을 상상하곤 했다. 그렇게 생생하게 상상하는 습관은 그에게 꿈을 향해 나아갈 용기와 기회를 주었다. 그리고 마침내 그 꿈은 현실이 되었다. 이외에도 꿈을 포기하지 않고 정진하는 모습에서 큰 용기를 얻을 수 있는 책들이 많다. 내가 원하는 곳에 취업을 하기 위해서는 스스로의 꿈을 가지고 있어야 하고 그 길을 걸어 나갈 힘이 필요하다.

꿈을 찾았다면 나아갈 방향을 정할 진로를 결정해야 한다. 그 중 정철상 작가의 저서 『대한민국 진로백서』를 추천한다. 행복, 성공, 직업의 세 마리 토끼를 잡기 위해 진로를 찾기 위한 가이드를 제시한다. 최종적인 직업을 선택하기에 필요한 키워드 6가지를 제시한다.

첫째, 의미 있는 목표를 추구하면서 행복을 느낄 수 있는 방법을 제시한다. 두 번째, '가슴 뛰는 비전'으로 꿈과 현실 사이에서 어떤 선택을 해야 할지 방향을 제시한다. 세 번째, 열등감을 찾아서 제거하고 나 자신을 사랑하는 '자존감'을 높여 성공하는 법을 알려준다. 네 번째, 지방대 학생이 명문대 학생을 뛰어넘은 비법인 '비즈니스 마인드'를 갖추는 것을 알려준다. 다섯 번째, 대학 생활 동안 나만의 '커리어 포트폴리오'를 체계적으로 만들며 진로 설계 하는 법을 소개한다. 마지막으로, 자신만의 고유한 '핵심 강점'을 찾는 비법을 알려준다.

꿈과 진로를 함께 찾으며 미래의 직업을 창조해야 한다. 위 책을 통해 취업을 위해 뛰어갈 힘을 기를 수 있다.

추가적으로 회사 입장에서 촌철살인의 정보를 담은 책 한 권을 추천한다. 김도윤, 제갈현열 작가의 『인사담당자 100명의 비밀녹취록』이다. 구성에서 재밌는 부분은 취업 현실의 내용을 가상의 인물과 상황으로 각색하여 글을 썼다는 부분이다. 그 만큼 내용에 가면을 씌우지 않으면 불편해할 사람들이 있기 때문이다. 모든 기업 인사 담당자들이 숨겨왔던 그들의 치부이며, 진짜 이야기를 이 책을 통해 조심히 들여다보길 바란다. 이 책은 떨어지지 않기 위한 싸움으로 '이력서/ 자기소개서/ 인·적성 검사'를 소개한다. 반면에 붙기 위한 싸움으로 '역량/ PT/ 토론/ 임원 면접'을 소개한다. 실제 취업 준비에 도움이 될 고급 정보들이 많으니 참고하길 바란다.

우리는 취업 관련 책을 읽으면서 취업 준비를 위한 방향과 기둥을 잡을 수 있게 된다. 시험을 준비하는 데 있어서 기출문제 10년 치를 풀어보듯, 10권의 취업 관련 서적을 읽음으로써 공통점을 스스로 찾아보자. 책을 읽을 때에는 빌려보기보다는 직접 구매를 해서 보자. 직접 중요하거나 내 마음을 이끄는 문장이 있다면 밑줄을 치고, 메모를 하자. 그리고 스스로 그러한 책들을 분석하여 나만의 취업 준비 비법을 정립해보자. 그 이후 취업 준비를 제대로 시작한다면 여러분이 원하는 회사에 반드시 합격한다.

8

돈을 주고서라도 노하우를 사라

네 존엄성은 네 안에 있는 거야. 네가 주지 않는다면
아무도 네게서 뭔가를 가져가지 못해!
– 영화 〈글로리로드〉 중에서

많은 사람들은 돈을 많이 벌기 위해서는 절약하는 습관이 최고라고 생각한다. 자수성가를 했던 분들에게는 이 이야기가 맞는 것으로 보여질 수도 있다. 하지만 우리는 현재를 살지만, 앞으로의 남은 인생은 수십 년이다. 하지만 우리에게는 무엇보다 시간이 금이다. 돈을 절약하기보다는 시간을 절약하여 효율적인 성취를 이끌어내야 한다. 어느 정상에 있는 사람들은 아주 많은 시행착오를 통해 돈과 시간을 투자하게 된다. 수많은 시행착오 속에서 느끼고 배웠던 교훈들의 노하우를 우리는 돈을 주고 배워야 한다.

아직 일을 하며 돈을 버는 직장인의 위치가 아닌 취업 준비생들에게는 돈을 주고서 노하우들을 사는 일이 절대로 쉽지 않을 것이다. 나 또한 그랬기 때문이다. 하지만 경험을 통해 내린 결론은 이것이다. 결국 나는 취업 준비를 위한 노하우를 돈을 주고서 구매를 했고, 대한민국 1위 종합식품기업 C사에 당당히 합격을 했다는 사실이다.

나는 돈을 참으로 많이 아끼는 짠돌이다. 연애하는 동안에도 지금의 아내에게 기념일에 선물한다는 것이 고작 편지와 인형이었다. 지금은 기념일에 아내에게 필요한 가방과 악세사리를 사주고 뿌듯함을 느끼곤 한다. 하지만 그때 당시에는 내가 씀씀이가 크지 않다 보니 내 나름의 기준이 되는 금액 이상을 쓰게 되면 죄책감이 들었다. 내 스스로 잘못을 저지르는 것만 같았다. 하지만 지금은 아내를 만나 인생의 많은 부분 대담해지고, 돈을 쓸 줄 아는 사람이 되었다. 이 자리를 빌려 고마움을 전한다. 나를 더욱 좋은 사람으로 만든 멋진 사람이다. 아내는 사실 C그룹 대졸 공채 입사 교육 때 같은 클래스에서 같은 조의 짝꿍으로 만났다. 아내와의 연애도 재밌는 스토리가 많지만, 취업에 성공하는 법을 설명하는 이 책에서는 생략하겠다. 내 이야기를 듣고 싶은 독자들은 내 차기작이 되는 저서를 참고하길 바란다.

그리고 하나의 또 다른 에피소드가 있다. 내가 중학교 시절 제주도로 수학여행을 갔다. 나는 학교에서 소풍을 가거나 여행을 갈 때 돈을 단 한 푼도 쓰지 않고 아끼는 습관이 있었다. 관광버스를 타고 가다가 들리는 휴게소에서 친구들이 맛있게 먹는 핫도그와 통감자 간식들을 사서 먹는 것을 부럽게 쳐다보기만 했다. 그 돈을 아껴서 저금을 해서 나중에 내가 원하는 것들을 사고 싶었다.

수학여행을 갔을 때 부모님께서 용돈으로 5만 원을 주셨다. 그때 당시 내게 큰돈이었다. 부모님께서는 여행 가서 친구들과 맛있는 것도 사먹고, 사고 싶은 기념품도 마음껏 사라고 주신 돈이었다. 하지만 나는 제주도에 가서도 역시나 돈을 아끼며 아무것도 사지 않으려 했다. 그러다가 수학여행의 코스 중 하나로 민속촌에 들릴 일이 있었다.

민속촌에서 특산품을 판매하는 시간이 있었다. 그때 팔에 붕대를 한 촌장님이 오시면서 '말뼈가루'라는 제품을 홍보하셨다. 제주도 푸른 초원에서 뛰어다니던 말의 뼈를 가루로 만든 것인데, 칼슘성분이 풍부해서 약한 뼈를 강화시키는 데 최고의 효능을 가진 식품이라는 것이었다. 이야기를 들으며 사랑하는 어머니가 떠올랐다. 어머니께서는 그때 외출했을 때 실수로 발을 잘못 디뎌서 넘어지면서 뼈가 많이 약해지셨다. 평소에도 소식하시며, 고기 반찬을 즐겨 드시지 않기에 더욱 몸이 마르셨었다. 어머니께서 이걸 먹고 건강해지시기를 바라는 마음으로 큰맘 먹고 4만 원을 주고 구매를 했다. 그때 당시 친구들은 상술이라고 아무도 구매를 하지 않았지만, 이 제품이 어머니의 건강을 되찾도록 도와줄 거라고 믿었다. 그렇게 제주도에서 산 말뼈가루를 어머니께 선물해드렸다. 어머니는 본래 약이나 분말 같은걸 따로 챙겨 드시는 것을 굉장히 싫어하신다. 왜냐하면 이전에 편찮으셨을 때 치료를 받으시며 약을 많이 드셨기에 건강기능식품으로 먹는 식품이지만 거부감을 느끼셨다. 그러셨던 어머니셨지만 부모님께서 주신 용돈을 아껴서 선물해준 말뼈가루를 1달 동안 꾸준히 계속해서 드셔주셨다.

중학생 시절 나는 순수한 마음으로 선물했기에 어머니께서도 사랑의 마음으로 받아 끝까지 드셔주신 것이다. 그렇게 어머니께서는 마법과도 같이 뼈의 건강을 되찾으셨다. 이것이 사랑과 믿음의 힘으로 이루어진 것이라고 생각한다.

이렇게 나는 무언가를 돈을 주고 구매하기를 싫어하는 사람이었다. 하지만 취업 준비든 미래를 위한 투자에는 아끼지 않았다. 누군가에게 배운다는 것은 결국 그 사람의 노하우를 구매하는 것이다. 당연히 비용을 들여야 하는 것이다. 나는 그만큼 시간을 벌게 된다. 2016년 C그룹 취업 준비를 하면서 채용팀장 출신의 김태성 선생님께 자기소개서 특강과 면접 특강을 신청하여 그 노하우를 구매했다. 심층 면접 대비 교육은 24만 원이었고, 직무 면접 대비는 12만 원이었다. 시간당 가격을 계산해보니 6

만 원이라는 금액이 나왔다. 이 가격을 생각해보니 내가 2013년 서울에서 트레이너 활동을 할 때 1시간 당 PT가격과 동일했다. 문득 내가 그만한 배움의 가치를 제공했었는지 궁금하기도 했다. 그래서 더욱 전문가 선생님께서 그에 맞는 가치를 제공할지 기대가 컸다. 이 노하우를 구매한 덕분에 나는 C사에 합격했다고 말해도 과언이 아니다. C사에 입사하면서 나의 가치가 올라가며 받는 연봉을 생각하면 교육에 투자한 이 금액은 1%도 안 되는 금액이다. 나의 인생을 바꾸는 투자는 반드시 필요한 선택이다.

나는 인·적성 시험에 합격하고 면접을 스스로 준비할 생각이었다. 돈까지 지불하면서 준비하기 아깝다는 생각이 들었기 때문이다. 사실 인·적성까지 합격한 것만으로 나의 역량은 충분하다고 만족했기 때문에 그 이후의 욕심이 크지 않았다. 하지만 나의 인·적성 합격 소식을 전해 듣고 행복했던 부모님은 내가 어떻게 면접을 준비하고 있는지 궁금해하셨다. 스스로 기출문제들 찾아보고 준비할 생각이라고 말씀드렸더니, 아버지께서 너무 안타까워하셨다. 내가 그때 당시 학생이기에 돈이 없어서 망설이고 있던 것을 어떻게 아셨는지, 아버지께서 돈을 지원해줄 테니 좋은 교육에 등록해서 수업을 듣고 준비를 하라고 말씀하셨다. 그래서 나는 이전부터 듣고 싶었던 김태성 선생님의 오프라인 강의를 신청했고, 면접 준비를 하게 되었다. 직접 전문가에게 수업을 들으며 그 값에 대한 가치를 실제로 느낄 수 있었다. 나의 취업 준비에 경험할 수 있는 시행착오들을 줄이고 시간을 벌어주시는 감사한 분이다. 모의 면접을 진행하며 나의 부족한 점을 뼈저리게 느끼게 되었다. 단점들을 보완하기 위해 엄청난 노력으로 나를 변화시켰다. 나는 면접에 대해 자신감 있는 지원자가 되었고, 결국은 취업에 성공했다.

　나는 책 쓰기라는 인생 목표가 있었다. 그 꿈은 사실 내가 2013년 서울 상경하여 운동을 하며, 건강 전도사라는 꿈을 가지는 순간부터 갖고 있었다. 그때 당시의 나는 아직 돈을 쓰는 것에 대해 의식이 깨어 있지 않았고, 나의 꿈이라 할지라도 나에게 투자를 해서 책 쓰기 노하우들을 사고 싶지 않았다. 돈이 없기에 포기를 한 것이다. 그렇지만, 그때부터 꾸준히 블로그에 글을 쓰면서 내 꿈을 키워갔다. 수능 언어 7등급으로 책을 1년에도 1권도 안 읽었던 나였다. 책을 읽는 속도도 너무 느려서, 처음 독서에 발을 들여놓았을 때 1권을 읽는 데 한 달이 걸리기도 했다. 하지만 독서 습관을 가지면서 블로그에 나의 생각들을 글로 표현해나가니 글쓰기가 자연스러워졌고, 나의 이야기에 공감을 해주는 분들이 조금씩 생겼었다. 그렇게 평범하게 나는 블로그에 글을 끄적이는 사람이었다. 2013년에 책 쓰기의 꿈을 가지고 책 쓰기 전문가로 불리는 〈한국책쓰기1인창업코칭협회(이하 한책협)〉의 김태광 선생님을 알게 되었다. 처음 인연이 된 것은 네이버 책 카페에서 『10년차 직장인, 사표 대신 책을 써라』라는 책에 이벤트가 당첨되어 읽었던 때였다. 정확히 2013년 1월 그 책을 읽고, 전문가의 도움을 받아 책 쓰기를 하고 싶었다. 하지만 그 당시 수중에 갖고 있는 돈이 없었기에 포기를 하게 되었다.

그 후 7년이 지난 지금 이 시기에 나는 김태광 선생님의 도움을 받아 나만의 책을 쓰고 있다. 김태광 선생님은 작가 수강생들에게 제목과 장 제목, 꼭지 제목에 대한 모든 코칭을 해주시며 지금의 트렌드에 맞는 끌리는 책을 쓰도록 큰 도움을 주고 계신다. 선생님은 시골의 어려운 환경에서 자라오시며 시인의 꿈을 키우셨던 분이다. 생계를 유지하기 위해 막노동을 병행하며 시를 쓰셨지만 그 당시 큰 성공을 이루지 못하셨다. 이후, 자기계발서와 에세이를 쓰시면서 현재 211권의 책을 출간하셨다. 그 중에 39권의 동화책도 출간하시면서 학교 교과서에 실리기도 했다. 대한민국뿐만 아니라, 미국과 일본에서도 책 쓰기를 배우고 싶어 교육을 신청하시는 분도 많다.

지금 내가 직접 김태광 선생님께 코칭을 받으며, 목차를 만드는 과정에서 시행착오가 많이 있었다. 나는 하나의 목차에 2~3가지의 멋있는 단어들을 넣어 화려하게 꾸미고 싶은 욕심만 가득했었다. 하지만 가장 중요한 것은 주제에 대한 핵심과 키워드에 맞추어 목차를 구성해야 한다는 것이다. 그 핵심 하나를 뼈저리게 느끼며 5번의 과제 끝에 드디어 완전한 이 책의 목차를 완성할 수 있었다. 이처럼 전문가에게 투자하고 배우는 과정은 전혀 아깝지 않다. 그분의 인생을 내가 돈을 주고 구매를 하는 것이기 때문에 전혀 아까워 말고 투자하길 바란다. 책 쓰기 분야에 대해 꿈을 갖고 관심이 있는 사람은 그 분야의 1인자인 〈한책협〉의 김태광 선생님에게 직접 코칭 받길 바란다.

지금까지 돈 쓰기에 그토록 인색했던 내가 미래를 위해 투자하며 노하우를 샀던 경험들을 공유해보았다. 아직 여러분은 취업 준비를 위해서든, 꿈을 이루기 위해서든 돈을 투자하기를 망설이고 있는가? 그렇다면 나의 이 글을 한 번 더 꼼꼼히 읽어보길 바란다. 우리에게 가장 중요한 것은 돈이 아니라 시간이다. 시간을 벌 수 있는 방법은 돈을 주고서라도 노하우를 사는 것이다. 꼭 명심하길 바란다.

CHAPTER 3

20대가 꼭
알아야 하는
취업 성공
법칙 7단계

1

당신이 취업에 실패하는 진짜 이유!

진짜 실패자가 뭔지 아니?
진짜 실패자는 지는 게 두려워서 도전조차 안 하는 사람이야.
– 영화 〈미스 리틀 선샤인〉 중에서

전 세계 모든 사람들은 실패를 경험해본 적이 있다. 만약 실패를 경험해보지 못한 사람이 있다면 내 전 재산을 주겠다. 아기들은 태어나서 기어다니다가 물건을 잡고 일어서게 된다. 하지만, 한 번에 성공할 수 없다. 엄마가 아기가 일어나려다가 넘어지려 할 때 위험하지 않게 잡아주기도 한다. 그렇게 아기 옆에는 엄마라는 안전한 버팀목이 있다. 하지만 아기는 자라서 학생이 되고, 군인이 되기도 한다. 그리고 어느덧 직장인이 되어 자립하게 된다. 언제까지나 부모님이 내 옆에만 있을 수는 없다. 우리는 부모님의 둥지에서 벗어날 때 진정한 어른으로 태어나게 된다.

우리는 20대가 꼭 알아야 하는 취업 성공 법칙을 7단계로 나누어 살펴볼 것이다. 그리고 '당신이 취업에 실패하는 진짜 이유!'라는 주제로 시작하고자 한다. 가장 먼저 언급하는 이유는 그만큼 중요하다는 이야기다. 꼭 이 부분은 읽고 넘어가길 바란다.

여러분은 행복하고 싶은가? 행복의 척도가 무엇이라고 생각하는가? 보통 20대의 청춘들은 취업에 성공하게 되면 평생 행복할 것이라 생각한다. 물론, 내가 간절히 원했던 회사에 입사한다는 사실에 순간적으로 너무 큰 행복이 있다. 한 계단씩 차곡차곡 어려운 취업의 계단을 오르면서 가장 꼭대기에 다다랐을 때의 기분이란 경험해보지 못한 사람은 느낄 수 없다. 하지만 직장생활을 하면서 분명 입사를 후회하는 날이 올 것이다. 단언하건대 아무리 좋아하는 것이라도 막상 일이 되면 힘들 수밖에 없다. 그 힘듦을 진정 즐기는 자는 그것마저 행복으로 여길 수 있다. 하지만 보통의 직장인들은 행복의 기준이 '돈'이 되는 경우가 많다. 한 달 고생한 보람은 월급날 통장을 보며 느낀다. 그렇게 한 달 버티고 1년을 버티고 10년을 버티게 되는 것이다. 하지만 내가 생각하는 진정한 행복은 나를 사랑하고 만족하는 삶에서 시작된다고 생각한다. 취업의 목적도 돈이 아닌 행복으로 생각을 바꿔보는 것을 추천한다.

지금 행복이라는 감정으로 이상적인 이야기만 했다. 이제 정말 취업에 실패하는 진짜 이유를 알아보자. 총 3가지를 이야기하겠다.

첫 번째, 실행을 하지 않는다. 취업에 합격한 사람과 불합격한 사람의 가장 큰 차이는 무엇이라 생각하는가? 계획만 세우고 실행하지 않는 사람이다. 흔히들 입만 산 사람들이라고 볼 수 있다. 우리의 꿈을 선포하는 것은 정말 좋다. 하지만 말만 앞서며 그에 따른 도전과 노력을 하지 않는 사람들이 있다. 처음에 시작하는 것 자체를 두려워하는 사람들이 있다. 하지만 누구나 처음은 무섭기도 하고, 걱정되기도 한다. 그래서 한 발 내딛는 용기가 정말 중요하다. 우리가 영어단어를 외울 때 첫 번째 페이지를 펼치고 읽어보는 시작이 중요한 것과 같다.

실행을 잘하는 방법은 따로 있다. 우리는 목표가 있어야 실행을 할 수가 있다. 예를 들어 취업에 도움이 되는 직무 관련 자격증을 취득하는 것이 목표라고 해보자. 나는 그 중에 '식품기사'라는 자격증을 2016년에 목표로 잡았다. 그 후 목표에 대한 일정 계획을 잡아야 한다. 실제 식품기사는 1년에 3회를 거쳐 시험을 볼 기회가 있다. 2016년 당시 나는 4월 달에 최종 합격할 목표로 일정 계획을 잡았다. 식품기사의 자격시험의 구성은 총 3가지 시험에 모두 합격해야 한다. 필기시험 5과목에서 100점 만점에서 60점 이상 합격을 해야 한다. 그리고 실기 시험은 필답형과 작업형으로 나뉜다. 필답형은 논술형식처럼 식품에 대한 전반적인 지식을 질문하고, 직접 문장으로 정답을 써야 한다. 그리고 작업형은 면접관 앞에서 실제 식품에 관한 실험을 하고, 결과 값을 도출하며 보여주어야 한다. 과정과 결과를 모두 보는 시험이다. 실기시험도 100점 만점에 60점을 넘어야 하는 시험이다. 필기시험은 합격자 발표가 나오고 대략 15일 뒤쯤 보게 된다. 그래서 시간적으로 부족할 수 있다. 필기시험과 실기시험을 별개라 생각 말고 함께 준비하는 것을 추천한다.

 가장 먼저 필기시험에 대비하기 위해 문제집을 살 것이다. 문제집을 구매했는데 페이지 수만 600페이지가 넘는다. 과목은 5개로 나뉘니까 1주일에 1과목씩 끝내면 되겠구나 하고 계획을 세울 것이다. 그런데, 그 계획은 틀렸다. 그렇게 하면 세월아 네월아 시간만 허비하게 된다. 자격증 시험에서 중요한 것은 필기시험은 기출문제가 최고다. 나는 7개년 기출문제를 사서 문제를 한 번씩 모두 풀어보고, 질문과 답의 구조에 익숙해지려 했다. 공부를 하면서 터득한 깨달음은 기출문제는 반복된다는 것이다. 식품기사라는 자격증을 따는 사람들이 꼭 알아야 할 가장 중요한 핵심 문제는 반복될 수밖에 없기 때문이다. 사실 7개년 문제를 모두 푸는 것만 해도 최소 21개의 시험을 보는 것과 같다. 하지만 해야 한다. 중간에 포기하는 순간 합격과 멀어진다고 믿고 반드시 끝까지 해야 한다. 그렇게 나는 7개년 기출문제를 5번 반복해서 보았다.
 지금 집에도 그 책이 있는데, 내 스스로도 감동적으로 열심히 해서 아직까지 버리지 않고 있다. 그렇게 빠른 길을 택해 80점으로 합격을 했다.

그리고 필답형도 기출문제가 핵심이다. 중요한 개념을 머릿속에 각인시켜놓으며 직접 그러한 문제들을 쓰면서 외웠다. 여기서 중요한 것은 이해도 중요하지만, 그 반복되는 패턴과 느낌을 파악하는 것이다. 그러한 시험 트렌드를 확실히 하기 위해서는 많은 기출문제를 풀어봐야 한다. 절대 눈 공부만 하면 안 된다. 적자생존(?)을 명심해라. 적는 자가 생존한다. 이 비법은 모든 자격증을 공부하는 나의 노하우다.

다음 작업형이다. 시험에서는 직접 실험을 해야 한다. 가장 좋은 것은 책의 2장에서 말했듯이 '돈을 주고서라도 노하우를 사라'처럼 작업형을 가르쳐주는 교육장을 찾아가는 게 좋다. 그 강사들은 시험에 대한 핵심을 알고 노하우를 전해주는 전문가들이기 때문이다. 하지만 나는 그때 당시 돈이 궁했다. 그래서 인터넷 강의를 통해서 '시각화 비법'을 실행했다. 강의를 통한 모든 과정들을 노트에 적고, 머릿속으로 상상하며 실험을 했다. 꿈을 이루는 과정과 비슷하다. 생생하게 실험의 순서를 머릿속으로 상상하며 결과도 만들어낸다. 그런 비법으로 나는 결국 실기시험도 78점으로 합격을 했다.

두 번째, 취업에 실패하는 이유는 '부정적인 마인드' 때문이다. 우리는 생생하게 상상하는 대로 이루어진다. 실제 과학적인 증거로 우리의 생각은 끌어당김의 법칙이 있다고 한다. 남경흥 작가의 『허공의 놀라운 비밀』
이라는 책에서 끌어당김과 밀어냄의 법칙을 설명한다.

"진동이 같은 것은 서로를 끌어당긴다. 그러므로 우리는 원하는 것의
진동을 강화시키고 비슷한 힘을 끌어들여 진동을 강화해야 한다. 우리가
집중하는 것, 생각하는 것, 그리고 에너지를 발산하는 것들을 우리에게
끌어당기는 이유이다. 핵심은 당신이 생각하는 것은 무엇이든지 당신이
얻게 된다는 것이다."

우리는 이런저런 나의 부족한 이유를 대면서 취업에 실패한다고 부정
적인 생각을 한다. 그 생각은 결국 실제로 계속된 불합격으로 끌어당길
것이다. 긍정적인 생각이든 부정적인 생각이든 그 생각을 당신의 인생에
끌어당기고 있다. 할 수 있다는 긍정적인 생각이 필요하다. 만약 자격증
에 불합격 되었다고 하면, 그런 과정에서 교훈을 얻었음으로 긍정적으로
생각해보자. 그리고 다시 재도전하는 긍정의 에너지를 발산해보아야 한
다. 필수적이다!

세 번째, 핑계와 변명을 대면서 자기 위안을 삼는다. 끝까지 도전을 마
무리하지도 않았으면서 자기는 열심히 했다고 위안을 삼는다. 해야 하
는 계획이 있는데, '오늘은 가족 행사가 있으니까 내일부터 하자!'라며 변

명을 한다. 이런 것이 습관이 되어 무슨 일을 하든지 미루게 되고 실패한다. 이것 하나만은 반드시 기억하길 바란다. 이유 없는 결과는 없다. 취업이든 시험이든 합격하는 사람은 이유가 있다. 머리가 똑똑한 것도 합격의 이유가 될 수 있다. 나는 머리가 좋지 않은 편이다. 그럼에도 불구하고 불합격에 재도전하여 결국 합격했다. 도전에 대한 결과에 변명을 절대 말하지 말자. 그냥 결과에 승복하고 인정하는 것이 더욱 멋있다.

우리가 취업에 실패하는 진짜 이유에 대해서 알아보았다. 정리해보자면 총 3가지의 이유 때문에 실패하게 된다. 첫 번째, 실행을 하지 않는다. 두 번째, 부정적인 마인드를 가지고 있다. 세 번째, 핑계와 변명으로 자기 위안을 삼는다. 성공하기 위해서는 이 세 가지와 반대되는 행동을 보여주면 된다. 우리의 인생은 작은 성취 한 가지로 시작이 된다. 아무런 성취가 없었다면 매일 조금씩 성취하는 습관을 들이자. 그리고 나를 존중하고 사랑하자. 남과 비교하지 말고 도전하자. 미래를 더욱 긍정적으로 보면서 정직하게 도전하고 실행하는 습관이 생긴다면 여러분은 반드시 취업에 성공한다. 당신이 직접 취업에 성공하는 진짜 이유를 이야기해보자. 주인공이 되길 바란다.

취업 준비 전 자신의 적성을 확인해보라

너는 돋보이기 위해 태어났는데,

왜 너는 그렇게 주변 사람들이랑 똑같아지려고 노력해?

Why are you trying so hard to fit in,

when you are born to stand out?

– 영화 〈왓 어 걸 원츠〉 중에서

시중에 있는 많은 책들이 꿈을 찾으라고 조언을 해준다. 꿈을 찾기란 막막하다. 어디부터 시작해야 할지 고민이 많은 이들은 꿈 찾기 이전에 자신의 적성을 확인해보길 추천한다. 우리는 '적성'이라는 말을 많이 들어보았다. 특히 취업 준비하면서 인·적성 시험에서 적성문제 유형이 떠오른 사람도 여러 명 있을 것이다. 개인차를 밝히는 데 사용되는 검사를 적성검사라하며, 사무 적성, 기계 적성, 음악 적성, 미술 적성, 언어 적성, 수리 적성 등 세분화되기도 한다.

하지만 '적성'에 관한 쉬운 사전적 의미를 한번 살펴보자. '적성이란 개인이 어떠한 일을 하는 데 필요한 지식이나 기능을 얼마나 쉽게 익히는 지 확인하는 능력이다. 주어진 일을 얼마나 잘 해결할 수 있는가에 대한 잠재적인 능력이나 소질을 말한다. 적성은 선천적으로 타고나기도 하지만 학습, 훈련, 경험 등을 통해 개발될 수 있다.'라고 한다. 즉, 내가 어떠한 일을 하는 데 있어서 성공 가능성이 있고 잘하는 걸 찾는 것이다. 여러분의 적성은 무엇인가?

내가 잘하는 걸 찾는다는 건 나를 먼저 이해하는 것에서 시작된다. 많은 20대는 본인이 잘하는 게 무엇인지 잘 알지 못하는 경우가 있다. 겸손이 미덕인 이 사회에서 다들 자신은 잘하는 것이 없다고 말한다. 여러분의 과거를 돌아보면 잘하는 걸 찾아볼 수 있다. 사실 잘하는 일을 찾는 건 막막해 보일 수 있다. 그렇다면, 좋아하는 일을 찾아보자. 어떤 일을 할 때 행복했는가? 어떠한 활동을 했을 때 설렘이 가득하고 시간 가는 줄 몰랐을까? 여러분 스스로 자신에게 질문을 해보자.

나에게는 정말 좋아하는 취미생활이 있다. 31살인 지금도 꾸준히 하고 있지만, 20살의 나도 좋아했던 것이다. 좋아하는 것은 꾸준히 할 수밖에 없다. 즐거운 일이 쉽게 질리진 않기 때문이다. 내가 좋아하는 취미는 보디빌딩이다. 처음 이 활동을 접한 건 중학교였다. 다소 조용하고, 내성적인 성격이었던 나는 액션영화의 멋진 배우에 푹 빠진 적이 많다. 어려운 환경에서 자신을 지킬 힘을 길러 나쁜 악당들을 물리치고 세상의 영웅이 되는 스토리를 좋아했다. 나는 정말 좋아하는 액션배우가 3명 있다. 특히, 홍콩 액션배우 중 '이소룡'이라는 배우의 영화를 좋아했다. 그리고 태국 액션배우 중 '토니 쟈', 마지막으로 미국 액션배우 중 '실베스터 스탤론'을 좋아했다. 이 3명이 주인공인 영화의 공통점이 있다. 가난한 현실 속에 방황을 하거나 어렵게 일을 하며 하루를 근근이 버티면서 시작한다. 바닥의 위치에서 시작하여 힘든 생활에 지쳐 있는 사람들이다. 하지만, 자신을 변화시켜줄 사랑하는 사람이 등장하게 된다. 그 사람을 통해 변화되기 위해 노력한다. 또는 은인이 되는 사람에게 보답하기 위해 자신의 몸을 바쳐 경쟁자를 이긴다. 이들의 영화에서 나는 통쾌함을 느꼈다. 내가 평소에 하지 못했던 것들을 대신 행동으로 옮겨주는 이들이 너무 멋있었다. 이들의 공통점은 또 한 가지 있다. 바로 자신의 힘을 기르기 위한 '무술 혹은 스포츠'가 있다는 것이다. 절권도, 무에타이, 복싱이 그것이다. 나를 지키는 힘을 기르기 위해서는 그러한 것들이 필요했다.

나는 처음으로 나를 지키는 스포츠 중에 보디빌딩을 시작하기로 했다. 영화에는 훈련하면서 팔굽혀펴기를 하는 동작이 꼭 들어가 있다. 영화 속 단단하고, 카리스마 있는 배우들의 근육이 나를 동기 부여해주었다. 중학교 시절 아령을 하나 샀고, 맨몸 근력 운동과 아령으로 상체 운동을 했다. 꾸준히 하며 학교 친구들에게 칭찬을 받곤 했다. 남들에게 인정받는 것에서 좋아하는 것이 시작되었다.

그렇게 좋아하는 보디빌딩이건만 고등학교 때까지는 한동안 못했다. 하지만, 수능시험을 마치고 방학 때마다 2달씩 꼭 동네에 있는 피트니스 클럽에 등록하여 운동을 했다. 무언가 엉성한 동작과 체계 없는 운동법으로 고민이 많았다. 그러던 중 해병대를 다녀오고 나는 퍼스널 트레이너가 되고 싶다는 꿈을 갖게 되었다. 그리고 서울에서 100일간 대한민국 최고의 퍼스널 트레이너라고 부를 수 있는 '트레이너 진' 선생님에게 무료로 보디빌딩을 배울 수 있게 되었다. 58kg이었던 몸무게를 건강한 식단과 운동으로 74kg까지 벌크업하는 단계를 거쳤고, 다시 65kg까지 감량을 했다. 100일간의 처절한 식단 조절과 운동으로 결국 나의 목표였던 바디프로필도 찍게 되었고 보디빌딩 시합에 출전도 하게 되었다.

이렇게 좋아하는 것에서 잘하는 것으로 탈바꿈하는 순간이 온다. 여러분은 잘하는 것이 무엇인가? 잘하는 것을 찾기 전에 좋아하는 것을 찾아보라. 그렇게 나는 잘하는 보디빌딩을 통해 '건강'이라는 분야에 대한 적성이 있다. 건강한 식품을 섭취함으로써 건강한 삶을 변화시키는 일 혹은 건강한 식품을 만들고 관리하는 일이 내 직업이 될 수 있을 것이다.

지금 무엇이 내 가슴을 뛰게 하는지 알아보았다. 그렇다면 그 감정을 소박한 꿈이 아니라 큰 꿈으로 품어라. 나는 '세계 최고의 건강 전도사'가

될 거라는 큰 꿈을 가졌다. 내가 살고 있던 '충북 청주시'라는 좁은 지역에서 대한민국, 그것을 넘어 전 세계에 내 꿈을 펼치는 사람이 되고 싶었다. 그러한 비전 속에서 꿈은 구체화가 된다. 식품과 운동이라는 분야에서 동기 부여가 되는 사람이 되고 싶었다. 그런 과정 속에서 얻은 경험들로 매일 분명하고 생생하게 꿈을 꾸었다. 그리고 나는 1천명이 넘는 사람들 앞에서 그러한 꿈을 꾸게 된 나의 스토리를 전해주고 싶었다. 부족한 나도 좋아하는 것과 잘하는 것을 알아내고 큰 꿈으로 살게 되었음을 전해주고 싶었다. 이 책을 쓰고 있는 지금 나는 그 꿈을 이룰 수 있다고 느낀다. 내 책을 읽어주는 독자 한 분, 한 분 정말 감사드린다.

그렇게 보디빌딩과 건강이라는 키워드로 나의 적성을 알아보았다. 그리고 세계 최고가 될 것이라는 꿈이 있다. 이제 우리는 매일 분명하고 생생하게 꿈을 꾸어야 한다. 시각화된 꿈은 반드시 이루어진다. 이미 이루어졌다고 믿는 것에서부터 성공에 한 발 다가선다. 우리는 취업이라는 큰 산을 넘기 위해 이 책을 찾아 읽었다. 나의 스토리가 사람들에게 영향력이 있길 꿈꾸었다. 그 꿈을 이루기 위해서는 내가 먼저 성공한 인생을 살아야 한다. 그것을 증명하기 위해서 자격증을 취득했다. 말만으로 떠드는 사람이 아니라, 행동과 증거로 진심을 전하고 싶었다. 처음부터 잘하는 사람은 없다. 하나씩 도전하고 발을 내딛는 습관에서 성공의 길을 가게 된다. 자격증을 목표로 한다면 문제집부터 산다. 문제집을 사면 전체 책을 훑어보고 시험 일정을 확인한다. 시험 기간 동안 몇 권의 문제집을 풀 것이며, 몇 회독을 할 것이고 문제집만 푸는 것이 아니라 요점 정리를 기록한다는 구체적인 계획을 세운다. 이제 계획을 실천하기 위해 첫 페이지를 펼친다. 그렇게 우리의 도전은 시작되는 것이다.

더 이상 허풍쟁이가 되지 말자. 나는 모든 사람을 존중하는 편이지만, 모든 일에 변명을 하면서 회피하는 사람을 싫어한다. 여러분은 그런 사람이 되는 순간 취업에 반드시 실패한다. 말로만이 아닌 실천하는 사람이 되길 바란다.

나는 우연한 기회로 대학생들 앞에서 나의 꿈에 관해 강연을 한 적이 있다. 대한민국 최고의 취업커뮤니티 '스펙업'이라는 곳에서 멘토를 모집한다는 공고문을 보았다. 2013년 5월 28일경 면접을 보게 되었다. 나는 '건강' 분야에서 전국의 대학생들에게 어떻게 도움을 줄 수 있을지 멘토링 활동 계획을 준비했다. 그리고 3명의 면접관 앞에서 나의 멘토링 계획을 발표했다. 모든 면접에서 그렇듯 내가 말하고자 하는 의도로 누군가를 설득하는 것은 굉장히 어려운 일이다. 면접관들의 끊임없는 질문에 준비하고 상황에 대처하는 능력이 중요했다. 이 면접을 통해 객관적인 입장에서 내가 멘토로서 자질이 충분한지, 앞으로의 계획들이 어떻게 적절하게 운영될 수 있을지 시스템적인 방안에서 많은 질문을 받았다. 나의 간절함은 전해졌고, 멘토로 합격하여 강연까지 하게 되었다.

'Dream, 내 인생의 꿈, 건강한 세상 만들기'

2013년 12월 1일 나를 포함한 9명의 강연이 이루어졌다. 내가 가장 좋아하는 공식이 있다. R=VD이다. Realization = Vivid×Dream. 생생하게 꿈을 꾸면 현실화가 된다. 이 공식이 실현된 날이었다. 내가 누군가 앞에서 건강이라는 키워드로 꿈을 갖게 된 나의 이야기를 하고 싶었다. 기회가 올 때까지 기다리면 절대 오지 않는다. 직접 찾아가고, 찾아보고, 스스로 대화를 많이 해야 한다.

세상은 가만히 있는 사람에게 기회를 주지 않는다. 간절히 원하는 사람에게 광속의 속도로 놓쳐버릴 수 있는 기회를 준다. 강연하는 날 나를 많이 따르고 좋아해주는 우석이라는 동생이 참석해주었다. 미래에 대해 꿈이 많은 동생이라 내게도 긍정적인 생각을 갖도록 도와주는 동생이다. 작게나마 꿈을 키워나가는 데 도움이 되었길 희망해본다.

우리는 적성을 확인해보기 위한 나의 사례를 보았다. 좋아하는 것이 무엇인지 고민해보는 시간부터 가져보자. 좋아하는 것들은 잘하는 것으로 성과를 내기 가장 좋다. 꿈을 이루는 단계는 3단계를 보라. ① 좋아하는 것 찾기 ② 잘하는 것으로 발전시키기 ③ 역량을 꾸준히 도전하며 꿈을 이루기.

좋아하지 않지만 잘하는 것이 있을 수 있다. 그렇다면 2단계로 Jump up을 하면 된다. 하지만, 좋아하는 것이 뒷받침되지 않은 잘하는 것은 쉽게 무너질 수 있다. 행복함을 느끼기 어려운 도전은 꾸준히 이어가기가 쉽지 않다. 그래서 나는 좋아하는 일부터 시작하여 적성을 찾고 취업 준비를 하기를 조언한다.

3

자신에게 맞는 진로를 선택하라

평생 남을 위해 달려왔어요.
이제 마지막 완주는 날 위해 뛰어야겠습니다.
— 영화 〈페이스 메이커〉 중에서

적성은 찾았는데 이제는 진로를 선택하라고 한다. 산 넘어 산이다. 사
실 좋아하는 일을 찾는 것은 쉬운 편이다. 하지만, 진로를 찾기란 어려워
보인다. 우리는 수능을 보고 대학을 가기 위해 원하는 학과를 선택한다.
하지만 우리는 진로를 생각하며 학과를 선택하는 경우는 많지 않다. 자
신의 성적에 맞춘 학교를 지원하고, 취업이 잘 되는 학과에 들어가기 위
해 애쓴다. 사회적인 시선이 중요하고, 많은 돈을 벌어 부자가 되고 싶은
마음이 가득하다. 그런 마음으로 취업을 준비하고, 잘 되면 공기업이나
대기업에 합격한다. 성적 따라간 대학교에서 높은 성적으로 장학금도 받

고 싶고, 인정받길 원한다. 또한 회사에서도 인정받고 싶어 한다. 그리고 한 달에 한 번 들어오는 월급으로 나의 직장 스트레스는 위로 받는다. 하지만 나에게 맞는 진로를 선택하지 않았기 때문에 행복하지 않는다.

많은 사람들은 인정받는 기업에서 일하고 싶어 하지만, 그 이후의 목표는 생각하지 않았다. 돈은 벌지만 뿌듯함과 보람은 찾아보기 힘들다. 이런 삶을 사는 30대 이상의 직장인은 수 없이 많다. 실제 대한민국 직장인의 현실이다. 실망스럽지 않은가? 그렇게 생각한다면 20대 여러분들은 이것을 꼭 기억하길 바란다. 직업을 갖기 위해 취업 준비하는 이 시기에 가장 먼저 진로를 설정하는 것이 얼마나 중요한 과정인지 이해해야 한다.

나는 대한민국 진로 교육에 대해 신뢰하지 못한다. 사실 내가 학교에서 교육을 받는 동안 진로 교육이라는 것을 받아본 적이 없다. 90년생들의 이런 고민들에 대해 개선이 이루어져 요즘은 그런 교육을 한다고 알고 있다.

글로벌로 눈을 돌려보자. 덴마크 진로 교육의 3가지 핵심 질문을 알아보자. 유럽의 덴마크에서는 진로 교육을 초등학생부터 대학생까지 한다. 진로는 실제 '내가 어떤 사람인지, 어떤 일을 하고 싶은지, 무엇을 좋아하는지'를 찾는 과정이라고 본다. 덴마크에서는 어떤 대학교에 입학하고,

어떤 회사에 취업하는지 중요하지 않다. 그들은 3가지 핵심 질문으로 진로를 찾는다. 〈인재혁명: 1부 인재가 사라졌다〉 방송에 나오는 '덴마크 진로 교육 핵심 질문'을 참고했다.

첫째, 나는 누구인가?
둘째, 나는 무엇을 원하는가?
셋째, 나는 무엇을 잘하는가?

덴마크인들은 어릴 때부터 학교에서 끊임없이 자신을 이해할 수 있도록 스스로에게 질문하는 것을 교육을 통해 실천하고 있다. 국가적으로 수업 현장에서부터 자기를 탐색하는 과정을 지원하고 있다. 하지만 대한민국 현실에서는 취업을 하고 난 이후에, 드디어 나를 이해하는 질문을 한다.

심리학자 프리츠 펄스는 이렇게 말한다.
"나는 무엇을 원하는가? 내가 인생에서 원하고 바라는 것은 무엇인가?"

우리는 원하고 바라는 것이 무엇인지 탐색해보아야 한다. 그동안 내가 원하고 바라는 것을 찾기보다는 남들의 기대와 사회적인 시선에서 그것들을 알아보려 했다. 욕망을 억누르며 살았기 때문에 제한된 직업의 틀에 갇혀 지내게 된다. 더 이상 남들 눈치는 그만 보아야 한다.

덴마크에서는 남의 눈치는 그만 보고 나의 욕구를 무시하는 것이 아니라 당당하게 원하는 것을 찾으라고 강조한다. 내가 원하는 것이 무엇인지 끊임없이 질문해야 한다. 우리나라 학생들에게 잘하는 것이 무엇이냐고 물으면 '모르겠다.'고 말하는 사람이 많다. 잘하는 것이 무엇이고, 성과를 낼 수 있는 일이 무엇인지 찾게 된다면 그곳으로 나의 진로를 선택하면 된다.

나는 잘하는 것으로 보디빌딩을 말했고, '건강'을 전하는 일이었다. 그렇게 나의 진로는 23살 '퍼스널 트레이너'로 정해졌다. 이 꿈은 식품영양학과에서의 휴학하는 동안 정진했던 길이었다. 휴학 후 복학해서도 꾸준히 그 꿈을 이루기 위해 노력했다. 그러면서 식품영양학과에서 영양학에 대한 과목에 매력을 느꼈다. 그리고 건강을 전하는 일을 함께 하고 싶었다. 그러던 중 우리나라에서는 아직 보편화되지 않은 직업인 '스포츠 영양사'라는 직업에 매력을 느꼈다. 좋은 운동 수행 능력으로 결과를 만들어내야 하는 운동선수들의 영양을 관리해주는 사람이다. 즉, 스포츠 선수를 위한 영양사다. 이 직업의 대가로는 대한민국 최고의 스포츠 영양사인 이호욱 선생님이 계시다. 서울대학교 식품영양학과 출신이시며, 식약처에서도 근무를 한 경력이 있는 분이시다. 다이어트와 보충제에 대한 과학적인 접근으로 이해하기 쉽게 많은 글을 블로그를 통해 전해주시는 분이다. 현재 코치아카데미라는 퍼스널 트레이너 교육기관에서 스포츠 영양트레이닝 교육도 진행한다. 그리고 '실패 없는 다이어트 접근법', '몸 만들기를 위한 운동영양 접근법'이라는 특강을 하시는 멋진 분이시다. 스포츠 영양학의 No.1 이호욱 선생님은 영양생리학, 운동해부학, 식품학 등을 활용하여 논리적인 설명을 한다. 그리고 운동을 하며 섭취하는 보충제에 대해서도 과학적인 근거로 리뷰를 한다. 그 스포츠 영양사라는 직업에 크게 매력을 느꼈다. 운동과 영양학을 접목한 국내 최고의 독보적인 인물이 되고 싶었다.

우선 스포츠 영양사가 되기 위해서는 식품영양학과에서 요구하는 모든 과목들을 철저하게 이해하고, 설명할 수 있어야 했다. 나는 스포츠 영양사가 되길 원했다. 그리고 건강에 대해 남들에게 그 가치를 전할 때 가장 나다움을 느꼈다. 스포츠 영양사가 되기 위해 가장 먼저 영양사라는 면허증을 취득해야 했다. 그리고 과학적이고 논리적인 설명을 하기 위해서는 식품기사라는 자격증으로 나의 가능성을 인정받아야 했다. 2가지의 목표를 세워 2년 동안 도전하여 이루어냈다. 목표를 이루어내고 대한영양사협회의 '스포츠 영양사'라는 자격증 취득을 위해 교육을 들었다. 그 당시 90만 원이라는 거금이 들었지만 그 교육에서 얻은 지식은 매우 만족스러웠다. 매주 토요일 서울로 오가는 건 힘들었지만 결국은 스포츠 영양사 시험에 합격을 했다. 하지만, 자격증은 받을 수 없었다. 자격증을 발급받기 위한 영양사 실무경험 2년의 시간이 필요했기 때문이다. 이미 알고 있는 자격 요건이었지만, 진짜 내가 원하는 공부를 했기에 만족스러웠다.

그렇게 스포츠 영양사의 꿈을 가지며 교육을 모두 이수했고, 나는 대학교를 졸업을 했다. 그리고 6개월간의 취업 준비 기간을 거쳤다. 그 시간 동안 나는 영양사를 포함한 3가지 직업을 준비했다. '영양사, 다이어트 컨설턴트, 품질관리사'이다. 영양사가 되기 위해 'H기업 호텔&리조트'를 지원했고 다이어트 컨설턴트가 되기 위해서 J사에 지원했다. 그리고 품질관리를 위해 'O사 2곳, C사, S사'에 지원했다. 그렇게 총 6군데를 지원했다. 하나의 편협한 사고를 갖기보다는 다양한 가능성을 보았다. 모두 이력서를 써서 제출하고, 그 중 두 기업은 불합격을 했다. 이제 4개의 회사가 남았다. 이력서에서 나를 인정해준 회사도 있지만, 나를 불합격시키는 회사도 분명히 있다. 오히려 훨씬 많을 것이다. 그렇지만 그런 부정적인 감정에 집중하지 않고, 나의 가능성을 존중해주며 합격시켜준 기업에 긍정적인 생각을 집중했다. 그렇게 면접 준비를 했다. 모든 직업이 간절했기 때문에 4가지 회사 모두 집중할 수 있었다.

하지만 다이어트 전문기업 J사에서는 1차 면접에서 불합격을 했다. 다이어트에 관한 학문적인 접근과 논리적인 설명으로 구성된 면접이었다. 하지만, 나는 많이 긴장한 탓에 다이어트에 대한 과학적인 원리들을 설명하지 못했다. 그 사건 이후로 자존감이 많이 떨어져 있었다. 하지만 그 부정적인 감정마저 떨쳐버렸다. 남은 3곳의 회사에 집중하기로 했다. 실패의 경험 속에서 절차탁마하며 면접 준비를 했다. 그렇게 준비한 결과 3 곳 모두 합격하는 쾌거를 이루었다.

그렇게 나는 종합식품기업 C사, 제과기업 O사 그리고 H사 호텔&리조트에 합격을 했다. 행복한 선택할 기회가 내게 주어진 것이다. 비록 회사에 뽑히기 위해 최선을 다했지만, 그 순간만큼은 내가 갑이 되어 가고 싶은 회사를 고를 수 있었다. 이게 얼마나 행복한 고민인가. 그중에서 나는 최종적으로 C사 품질관리 직무를 선택했다. 나는 지금까지 진로를 2번이나 바꾸었다. 퍼스널 트레이너에서 스포츠 영양사로 한 번, 스포츠 영양사에서 식품회사 품질관리로 한 번이다. 하지만, 진로에 대한 방향은 같았다. 건강, 꿈, 영향력이라는 키워드로 동일한 위치에 있는 직업이다. 그렇기에 나는 후회하지 않는다.

앞으로 나의 직업은 또 바뀔 수도 있다. 사람 일은 모른다. 하지만, 나의 진로에 대한 방향은 언제나 같다고 말하고 싶다. 여러분들도 내게 맞는 진로를 선택하는 것도 중요하지만 그것보다 중요한 것은 진로에 대한 방향이다. 진로가 될 수 있는 상위 개념을 먼저 선택해보라. 그리고 그 순간 가장 간절한 꿈을 위해 도전해보라. 그 과정 속에서 다른 꿈을 갖게 되어 바뀔 수도 있다. 하지만 준비하는 기간 동안 느끼고 배웠던 경험들이 여러분의 취업에 큰 도움이 될 것이다. 다음 장에서는 취업 진로에 맞는 전략에 대해서 알아볼 것이다. 진로를 선택하는 것에도 전략이 필요하다는 사실을 기억하자. 나는 언제나 여러분의 진로 설정을 통해 꿈을 이루기를 응원한다.

4

취업 진로에 맞는 전략을 짜야 한다

성취하려면 행동뿐만 아니라 꿈을 꾸어야 하며,
계획을 세울 뿐만 아니라 그것을 믿어야 한다.
– 아나톨 프랑스

다이어트에도 전략이 필요하다. 하지만 평범한 사람들은 다이어트에 전략적으로 접근하지 못한다. 무작정 집에서 운동한다고 턱걸이 기구를 사서 설치하고 옷걸이로 사용하는 경우가 많다. 아니면 피트니스 클럽에 등록만 해놓고 작심삼일로 끝나버리는 경우가 있다. 운동법에 대한 전략을 모르니 러닝머신만 1시간 내내 하다가 재미가 없으니까 그만 포기해버린다. 그리고 식단 조절에 대한 전략을 모르니 그냥 굶는 것이다. 굶게 되면 배고픔 때문에 야식을 한두 번 참다가 폭발해버린다. 오히려 다이어트를 시작하는 처음보다 더욱 체중이 늘어난다. 이렇게 전 국민이 꼭

하는 다이어트에서도 전략적인 접근이 필요하다.

그렇다면 우리가 인생의 터닝포인트가 될 수 있는 취업에서도 전략이 필요하지 않겠나? 우리는 취업에 성공하기 위해 진로가 중요하다는 것을 알게 되었다. 그럼 진로에 맞는 전략을 한번 알아보자.

정철상 작가의 『대한민국 진로백서』라는 책에서 이에 대한 내용을 잘 설명해놓았다. 총 5단계로 구성된 전략법을 알려주고 있다.

1단계: 가슴 뛰는 비전 수립하기

우리는 취업에 앞서 어디로 나아가고 싶은지 삶의 목적부터 세워야 한다. 목적의식 없이 제대로 된 인생을 살기는 어렵다. 진지하게 '나 자신이 인생에서 어떤 의미를 가지고 살아가고 싶은지, 어떤 사람이 되고 싶은지, 어떻게 살아가고 싶은지' 등의 질문을 해야 한다.

나는 건강 전도사라는 삶의 목적을 세웠다. 남들에게 건강의 가치를 전하고, 건강한 운동법과 식습관을 전도하는 것이다. 그러기 위해서 나부터 건강한 삶을 살아야 했다. 가볍게 가까운 거리는 걸어가고, 아파트 집에 갈 때에는 계단으로 올라가는 습관을 들였다. 그리고 술은 마시지 않았으며 담배도 전혀 피지 않았다. 운동은 매일 1시간씩 했고, 건강하고 짜지 않게 먹는 식습관을 가졌다. 그래서 때론 사람들이 정 없어 보인다고 했다. 빈틈이 없어 보이기에 쉽게 다가가기 어렵다고 했다. 하지만 나는 가슴속의 비전이 있었기 때문에 나의 소신대로 나아갈 수 있었다.

2단계: 나 자신을 탐색하기

남들보다 자기 자신의 내면부터 들여다봐야 한다. 자신의 기질, 성향, 성격, 적성, 흥미, 강점, 약점, 재능, 역량, 가치관 등을 탐색하고 내면의 심리와 마음을 깊이 들여다볼 수 있어야 한다. 우리는 인생을 마칠 때까지 '자신이 누구인지, 무엇을 하는 존재인지, 무엇을 위해 존재하는지, 자신의 삶에서 어떤 의미 있는 것들을 추구하고 싶은지' 질문에 끊임없이 답을 찾아가야 한다. 비전이 삶의 목적점이라면 자기탐색은 삶의 출발점이다.

나를 탐색하는 과정에서 나는 꿈을 위한 도전을 시작했다. 첫 발을 내딛는 순간 우리는 한 걸음씩 전진하게 되어 있다. 목적지를 향해서 걷게 되는 한 걸음이 쌓여 결국에 도달할 것이다. 가다가 너무 힘들어 잠시 멈추어도 괜찮다. 시작을 했다는 것이 중요하다. 결국 우리는 해내기 때문이다. 나는 머릿속에 정리가 되지 않을 때 밖에 나가 30분 정도 걷는다. 걷는 동안에 실타래처럼 엉켜버린 나의 머릿속의 생각들이 하나씩 풀려 나가게 된다. 취업을 준비하는 우리들은 나와 대화를 하는 시간을 가져야 한다. 잠시 쉬어가도 좋다. 그 휴식으로 우리는 에너지를 충전하고 취업 준비에 더욱 힘을 낼 것이다.

3단계: 다양한 직업 정보와 업종 정보 탐색

우리나라에는 1만 6천여 가지의 직업이 있다고 한다. 그중 희망하는 직업을 20~30여 가지 기록해본다. 어떠한 조건도 따지지 말고 순수하게 하고 싶은 일들을 모두 나열해본다. 그 다음은 지금 당장 불가능한 일, 잘할 수 없는 일 등을 제외하며 3~4가지로 원하는 직업을 좁혀본다. 그런 다음 어떤 업종에 몸담을 것인지 결정해야 한다. 고용노동부에서 정해놓은 표준 업종과 더불어 신산업의 업종도 눈여겨보고 유망업종을 선택하면 좋다.

이렇게 목표 업종을 정했다면 다음은 입사 희망 기업을 선택해보자. 그리고 일할 직무를 선택해본다. 그 직무에서 필요한 역량과 자격 요건이 무엇인지 파악하려는 노력도 필요하다. 그러한 직무에서 요구하는 역량을 분석하고 대학 생활 동안 준비해나가야 한다.

나는 실제로 식품업종을 선택하였고 입사 희망 기업은 최고의 종합식품기업 C사, 제과기업 O사, 식료품 및 라면기업 O사, 종합식품기업 S사를 선택했다. 그리고 H호텔&리조트를 선택했다. 그리고 직무로는 품질관리 또는 영양사를 선택했다. 그 직무를 준비하는 데 필요한 자격 요건은 비슷하면서도 달랐다. 품질관리와 영양사는 식품에 관한 전공은 공통적이었지만 품질관리는 식품기사가 우대사항이었고, 영양사는 영양사 면허증이 필수사항이었다. 이렇게 직무에 따라서도 필요한 자격 요건이 다르니 참고하길 바란다.

4단계: 최소한의 자격 요건 구축해두기

대기업과 같은 크고 안정적 조직에 들어가려면 최소한의 스펙을 갖추어야 한다. 이것을 '허들형 채용'이라고 부른다. 자격 요건과 더불어 직무에 관한 실무경험을 쌓는 것을 추천한다. 나는 원하는 기업에 들어가기 위해 최소한의 자격 요건은 미리 준비하여 갖추어놓았다. 그것과 더불어 나를 남들과 차별화할 수 있는 스펙들을 구축했다. 내가 준비하는 직무에서 남들과 차별화되는 경험으로 자기소개서와 면접에서 빛이 날 수 있었다.

5단계: 안락한 울타리에서 벗어나 다양한 경험 쌓기

대학에서는 중고등학교처럼 학교에만 갇혀 있어서는 안 된다. 적극적으로 바깥세상으로 나가서 다양한 경험을 시도해보아야 한다. 무엇보다도 안락한 울타리를 벗어나려는 용기가 필요하다.

나는 특히나 고등학교까지 지극히 평범한 학생이었다. 평범한 외모에 중간 정도의 성적, 그리고 튀지도 않고 모나지도 않은 성격이었다. 단순히 좋은 대학을 위해서만 공부했던 학생이었고 울타리 안에서 절대 벗어나지 않았던 순한 양이었다. 하지만 나는 대학교에 가면서 그곳에 갇혀 있기 싫었다. 도전적인 경험으로 국토대장정으로 778km를 걸었고, 이를 계기로 멋진 남자로 거듭나기 위해 대한민국 해병대에 입대했다. 그때의 경험으로 퍼스널 트레이너가 되길 원했다. 그리고 부모님을 설득하여 전자공학과에서 식품영양학과로 학과를 옮겼다. 또 실제 보디빌딩에 흠뻑 빠지며 건강한 몸을 만들었으며, 식품영양학과에서는 8개의 자격증을 취득했다. 이 모든 것은 두렵지만 용기를 내 울타리를 벗어나려는 도전에서 시작되었다. 작은 도전이 쌓아올린 작은 공은 엄청난 결과를 만들어낼 수 있다.

이렇게 5단계로 진로 설정을 통한 취업 준비의 전략을 알아보았다. 우리는 그럼 개인별 진로에 대해 어떻게 맞춤형 전략을 짤 것인가? 진로에 맞는 전략은 앞서 말한 4단계와 5단계를 얼마나 열심히 실천하느냐에 따라 성공 여부가 결정된다. 우리가 살고 있는 이 세상이 정보의 홍수라고 하지만 나의 진로에 대한 전략까지 검색해서 모두 나오진 않는다. 그렇기 때문에 인터넷에서만 찾지 말고 책을 자기계발 도구로 삼아보길 바란다. 책을 통해 그 분야에서 성공한 사람의 에세이가 있을 수 있다. 그런 책을 통해서 미래를 꿈꾸고 그의 발자취를 따라가려는 노력에서 우리는 성공할 수 있다. 보통 그런 성공자들은 언제든지 이동할 때 메모장과 펜을 들고 다닐 것이다. 시시때때로 떠오르는 아이디어들과 생각들을 메모한다. 세상의 번뜩이는 창의적인 아이디어는 일상생활에서 갑자기 생각나곤 한다. 그래서 우리는 메모장과 펜을 항상 품속에 지녀야 한다. 그리고 성공자들은 독한 마음으로 목표를 가기 위한 진짜 공부를 한다. 남들 따라서 하는 우유부단한 공부가 아니다. 강단 있는 계획과 목표로 결국

이룬다. 이런 모든 전략 속에서 우리는 꿈을 꾸게 된다. 모두 이루었다는 상상 속의 꿈 말이다. 꿈은 이루어질 수 없다는 말을 하기도 한다. 하지만 그 이상적인 꿈에 대해 관련된 일을 하면서 가까워지게 되고, 목적지에 도달하게 된다.

세상의 많은 일들에 전략적으로 접근하게 된다면 성공률이 높아지게 된다. 유명한 사람들의 노하우들을 따라서 하는 것도 좋지만, 나만의 전략법을 창조하는 것은 더욱 창의적이다. 취업에 관한 진로를 찾는 가장 처음 단계는 비전과 나를 탐색하는 시간이다. 공사에서 기반을 다지는 것이 가장 중요하듯, 취업에 성공하는 데에도 1단계와 2단계가 중요하다. 튼튼하게 나를 이해하는 모습에서 앞으로의 취업의 성공 여부는 결정된다. 앞으로 걸어가다가 힘들면 쉬고, 나를 돌아보는 시간을 가져라. 가다 서다를 반복하다 보면 보이지 않았던 목적지에 어느덧 도달해 있는 자신을 발견할 것이다. 중간에 포기하고 돌아가지만 말자. 당신은 한 발 내디딜 수 있는 사람이다.

5

취업에 대한 고정 관념을 깨뜨려라

늘 명심하라.
성공하겠다는 당신 자신의 결심이
다른 어떤 것보다 중요하다는 것을.
– 에이브러햄 링컨

채용 담당자가 한 명의 자소서를 보는 데 얼마나 시간이 걸릴까? 자소서를 보는 시간으로 5분이 27.8%로 가장 많았다. 5분 이내에 우리들이 몇 주간 공들여 쓴 자기소개서를 빠르게 읽는 것이다. 그토록 간절히 취업을 준비해온 우리의 시간은 그들에게 중요하지 않다. 특별하지 않다면 더 짧은 시간 안에 떨어뜨리기도 한다. 30초도 안 걸리고 떨어뜨리는 사람도 많고, 읽다가 아니다 싶으면 바로 스킵해버리기도 한다. 수천 개의 자기소개서를 읽는 채용 담당자는 빠르게 읽으며 잘 쓰고 못 쓴 것을 구분해내는 스킬이 있다. 대각선으로 키워드 중심으로 빠르게 읽는 것이다. 우리가 심혈을 기울여 최선을 다해 작성한 자기소개서를 오래도록 읽으며 담당자가 감동을 받을 거라는 고정 관념을 깨뜨려라.

실제 인사 담당자들이 말하길, 평범하게 쓴 지원자는 69% 정도 되는데 변별력이 없다고 한다. 30% 정도는 정말 못 쓴 지원자들이며 바로 탈락을 시킨다고 한다. 괜찮은 자기소개서를 쓴 지원자는 10% 정도이다. 정말 잘 쓴 지원자는 5%밖에 되지 않는다. 자기소개서를 정말 잘 쓰는 사람들은 스펙이 조금 부족하더라도 무조건 서류전형에서 붙여준다고 한다. 자기소개서를 잘 쓰는 건 정말 중요하다고 한다. 우리와 회사가 대면하는 첫 만남이기 때문이다. 담당자는 하루 150명의 자기소개서를 읽게 된다. 일상적인 업무에서 조금만 잘 써도 눈에 띄게 되니, 뭔가 조금만 남들과 다른 경험을 하게 된다면 눈에 띄게 된다.

나는 남들과 다른 경험으로 취업 준비를 비교적 잘한 편이라고 생각된다. 실제로 내가 C그룹의 취업을 준비하면서 후기를 블로그에 포스팅을 했었다. 합격했던 2016년 12월 15일 최종적으로 서류전형, 인·적성 시험, 1차 직무, 심층 면접, 2차 임원 최종면접까지 모든 깨달음과 교훈들을 올렸다. 실제 그 글은 누적 조회수 33,328를 기록했다. 그리고 누적 댓글은 190개에 달한다. 남들에게 공감이 되는 글을 쓴다는 것으로 볼 수도 있다. 자기소개서는 실제로 보는 사람에게 감동을 느끼게 해주는 글이 가장 좋다. 취업의 성공법을 컨설팅하는 나의 블로그를 방문해보라.

또는 특별한 경험으로 이 회사에서 함께 일하고 싶은 역량을 가진 사람이라고 느껴지면 최고이다. 내가 실제로 H&푸디스트 영양사 직무를 준비하며 썼던 자기소개서를 공개한다.

Q1. 단체급식 사업장에서 영양사의 역할이 무엇이라고 생각하며, 본인이 이를 수행하기 위해 어떠한 강점을 가지고 있는지 설명해주십시오.

'건강한 식생활의 초석'

영양사는 단체급식 사업장에서 직원들이 효율적으로 일을 할 수 있는 에너지를 제공받으며 생산성을 높이는 데 기여하는 중요한 역할을 합니다. 식사 시간 동안 하루의 힘을 얻기 때문에 영양사의 역할은 그만큼 중요합니다. 영양사는 더욱 고객의 클레임에 예민해하며 고민하고 보완함으로써 더욱 만족스런 식사를 제공하는 것이 중요합니다. 저는 2013년도에 퍼스널 트레이너로서 회원의 건강관리를 도우며 운동을 지도했습니다. 그리고 건강한 신체의 변화를 돕기 위해 회원의 질문과 의견을 듣고 해결책을 제시했습니다. 고객의 의문점에 대해서 따로 전문서적을 공부하고 소통하며 문제해결을 도울 수 있었습니다. 이처럼 끊임없이 공부하고 적용하는 노력으로 고객의 만족도를 높이는 데 힘쓰는 영양사가 되겠습니다.

Q2. H호텔앤드리조트/FC를 선택한 이유와 당사에 입사하여 이루고자 하는 바에 대해 설명해주십시오.

'건강한 스포츠 문화를 이룩하는 H푸디스트의 스포츠 영양사'

H푸디스트는 FOOD의 FIRST를 지향합니다. 30년간의 노하우를 바탕으로 변화하고 혁신하며 신사업개발에 힘쓰는 공유가치가 큰 매력이었습니다. SoFresh의 건강한 식재료와 함께한 축적된 데이터의 체계적 식단 관리는 푸디스트 영양사가 가지는 특혜이며 꿈을 이루는 발판입니다. 저는 먼저 각 기업의 스포츠 동아리 영양 섭취에 대한 지원을 도와주고 싶습니다. 운동 전, 중, 후의 영양 섭취에 대한 지도와 함께 고객사의 만족도를 높여 사기를 진작시키고 싶습니다. 이를 바탕으로 전국의 체육고등학교의 스포츠 영양사로서 입지를 높여 운동선수들의 영양 관리에 힘쓰고 싶습니다. H푸디스트의 유일무이한 스포츠 영양사로서 대한민국에 필요한 영양사가 되고 싶습니다.

Q3. 어려운 상황 속에서 누군가와의 약속을 끝까지 지키기 위해 노력했던 경험에 대해 떠올려보고 그 과정 및 결과가 어떠하였는지 설명해주십시오.

'건강 전도사의 꿈'

식품영양학과로의 전과에 합격 후 1년간 휴학을 하며, 100일간 보디빌딩을 배우게 되었습니다. 그동안 매일 5시간씩 운동했습니다. 제 꿈에 대해 사랑하는 부모님께서 반대를 가장 심하게 하셨지만, 블로그에 매일 운동일지를 기록하며 노력하는 모습을 보고 응원해주셨습니다. 당시 저는 보디빌딩 대회를 출전했습니다. 예선탈락의 경험이었지만, 살면서 미치도록 노력하며 뿌듯했던 유일한 순간이었습니다. 그다음 해 복학을 했습니다. 공부는 어려웠지만, 해병대의 '안 되면 될 때까지!'라는 문구를 가슴에 되새기며 포기하지 않았습니다. 원했던 자격증 공부에 여러 번의 불합격에도 계속 도전해서 결국엔 모두 성취했습니다. 이를 통한 전문성으로 새로움에 도전하며 성취하는 영양사가 되도록 노력하겠습니다.

Q4. 본인이 속한 조직 내 겪었던 의견 대립 상황에서 본인만의 남다른 설득력으로 상황을 해결했던 경험이 있다면 설명해주십시오.

'2010년 11월 23일'

북한과 연평도 포격전이 있었던 날입니다. 제가 해병대에 자원 입대한 후 일병 때 발생했던 충격적인 사건이었습니다. 그 당시 한 몸과 같던 전우의 죽음을 본 경험으로 인해 제가 사랑하는 사람들의 건강을 지켜주기 위해 힘쓰는 꿈을 갖게 되었습니다. 저는 군 전역 후 전자공학과에서 식품영양학과로의 전과를 희망했지만, 부모님의 반대가 매우 심했습니다.

안정적 취업이 보장된 학과에서 '건강'이라는 분야로 옮겨 공부하려는 아들이 걱정되셨던 것입니다. 하지만 저는 제 꿈에 대한 간절함이 컸습니다. 제가 꿈을 갖게 된 계기와 앞으로의 큰 목표를 PPT 자료로 정리하여 부모님 앞에서 직접 발표를 했습니다. 그런 간절함과 진심을 보시고 감사히도 전과에 대한 허락을 받았습니다.

Q5. 기업/공장/병원/학교 직군 중 본인이 근무를 희망하는 직군을 하나 선택해보고 해당사업장의 고객을 위한 이벤트를 기획해 본다면 어떠한 것을 진행해보고 싶은지 그 내용 및 이를 기획한 이유에 대해 설명해 주십시오.

'우리 기업 건강 체중 따라잡기 이벤트'

푸디스트의 신입 영양사가 되어 근무하게 된다면 기업의 급식을 운영하고 싶습니다. 21일간의 습관 프로젝트로 부서팀별 건강한 사내 다이어트 행사를 기획하고 싶습니다. 저는 2013년에 두 달 동안 한국지역난방공사 분당, 판교 지사에 운동 지도를 다녀왔습니다. 체성분 분석을 통해 그룹 트레이닝으로 스트레칭과 유산소성 운동, 근력 운동을 통해서 다이어트를 도와주었습니다. 점심시간을 이용해 열심히 참여해준 덕분에 체성분의 긍정적 변화와 업무의 효율성이 높아졌다는 평가를 받았습니다. 운동 강의와 더불어 식이요법에 대한 상담을 통해 급식이용도도 높아질 것입니다. 이런 신체적 변화로 인해 추후 한화 푸디스트에 대한 만족도도 높아져 위탁체결에 큰 도움이 될 것으로 생각됩니다.

자기소개서를 보며 나는 흔히들 말하는 8대 스펙을 자랑하지 않았다. 8대 스펙보다 더 중요한 것은 직무경험이라고 본다. 영양사라는 직무에 대해서 우리는 '건강'이라는 키워드로 접근해 볼 수 있다. 내 경험은 한결같이 그 키워드와 통하고 있었다. 하지만 그 경험이 남들도 다 하는 영양사 직무의 경험은 아니었다. 반면에 퍼스널 트레이너의 경험을 표현하며 운동과 영양학의 전문성으로 스포츠 영양사에 대한 어필을 했다. 그리고 실제 보디빌딩 스포츠에 대해 실패와 포기하지 않고 도전하는 모습을 보였다. 절대 자기소개서에 쓰면 안 되는 군대 이야기도 해병대에서의 특별한 경험으로 공감을 이끌었다. 그리고 이러한 나의 역량을 통해 미래에 대한 계획까지 구체적으로 세운 자기소개서였다.

우리는 흔히들 뽑히는 자기소개서는 고스펙으로 뽐내는 내용일 것이라는 생각을 가지고 있다. 그러나 이제는 스토리가 스펙을 이기는 시대이다. 뻔하지 않은 나만의 스토리를 만들었다면 그 경험들을 녹여서 채용 담당자와 면접관들을 감동시켜보자. 회사는 정으로 일하는 곳이 아니다. 시스템으로 움직이는 회사에서 시간은 금이다. 특별하지 않은 자기소개서는 버려진다. 버려지는 자기소개서를 쓸 것인가, 빛나는 자기소개서를 쓸 것인가? 명문대, 고스펙을 가진 사람만 대기업에 취업할 것이라는 고정 관념을 버려라. 나를 사랑하는 믿음과 도전하는 습관이 갖추어지면 우리는 취업할 수 있다.

6
이력서용 '스펙 경쟁'은 하지 마라

금메달을 땄다고 인생이 금메달이 되지 않아.
매 순간 끝까지 최선을 다한다면 그 자체가 금메달이야.
– 드라마 〈킹콩을 들다〉 중에서

취업에 가장 도움이 되는 영어 성적은 무엇이라고 생각하는가? 나를 포함해 대다수의 대학생들은 '토익'이라고 생각할 것이다. 나는 대학교에 들어갔을 때 1학년 때부터 주변 친구들이 국제교육원이라는 곳에서 토익 수업을 듣는 것을 보았다. 그리고 내가 대학을 다닐 때 주변에는 토익학원이 엄청나게 많았다. 사실 토익이라는 시험은 굉장히 좋은 의미의 시험이다. 뭐든지 본질을 알기 위해서는 단어의 정의를 알아볼 필요가 있다. 'TOEIC'이란 Test of English for International Communication을 뜻한다. 영어가 모국어가 아닌 사람들을 대상으로 언어 본래의 기능인 커뮤니케이션 능력에 중점을 두고 일상생활 또는 국제 업무 등에 필요한 실용영어 능력을 평가하는 시험이다. 1979년 미국에서 개발된 이래 전 세계 150개 국가 14,000개의 기관에서 승진 또는 해외 파견 인원 선발 등의 목적으로 널리 활용되고 있으며 우리나라에는 1982년에 도입되었다.

여기서 우리가 눈여겨보아야 할 키워드가 있다. 1982년이다. 우리 부모님들이 고등학교 또는 대학교에서 공부했을 시기이다. 그때의 교육방식은 단순 암기 방식이다. 특히나 Listening과 Reading 분야로 7가지 파트로 구성된 토익은 말하기 시험은 보지 않는다. 커뮤니케이션이라는 목적이 있는 시험에서 듣고, 읽기만 해서는 안 된다. 토익학원에서는 시험을 잘 보기 위한 스킬을 가르쳐준다. 나 또한 대학생 때는 이 시험이 최고라고 생각하고 열심히 스킬을 배우고, 적용하려 했다. 토익이라는 시험은 진정한 소통능력을 키울 수 없는 시험이라고 생각한다.

요즘 대기업에서는 '토익'이 아닌 '오픽' 시험이 필수이다. 대학생들은 오픽이 조금은 생소할 수 있다. 1982년부터 우리나라에 도입된 토익이란 친구가 2007년에 우리나라에서 태어난 오픽이란 친구보다는 익숙하기 때문이다. Opic은 Oral Proficiency Interview를 뜻하며 최대한 실제 인터뷰와 가깝게 만든 iBT 기반의 응시자 친화형 외국어 말하기 평가를 말한다. 단순히 문법이나 어휘 등을 얼마나 많이 알고 있는가를 측정하는 시험이 아니라 실제 생활에서 효과적이고 적절하게 언어를 사용할 수 있는가를 측정하는 객관적인 언어 평가 도구이다. 토익 시험은 영어만을 다루는 시험이지만, 오픽은 영어에서부터 중국어, 러시아어, 스페인어, 일본어, 한국어 등 총 7개 어종에 대한 평가를 제공한다. 이 시험이 진정한 글로벌 어학 능력을 키우는 시험으로 보이지 않는가?

오픽은 점수가 아닌 9개 등급으로 평가된다. 컴퓨터가 채점을 하는 것은 아니고, 질문에 대한 대답을 녹음해서 사람인 채점자가 채점하며 등급을 나눈다. 얼마나 인간적인가? 나는 20대 때 취업을 준비하며 오픽 어학능력을 갖추지 못했던 것이 굉장히 아쉬움으로 남는다. 하지만 C사에서는 대리 승진을 위해서는 최소 오픽 성적이 필요하다. 다른 기업들도 승진뿐만 아니라, 입사 시에도 오픽 성적의 기준이 필요할 수 있으니 꼭 알아보길 바란다.

오픽 시험에서 나는 처음에 IL이라는 등급에서 시작을 했다. 오픽 등급은 밑에서부터 'NH, IL, IM(1,2,3), IH, AL'이다. IL은 9개 등급에서 거의 제일 아래에 해당하는 등급이다. 하지만, 본사로 올라오며 글로벌 업무를 하게 되면서 영어의 중요성은 더욱 커졌다. 나는 IH라는 오픽 성적을 목표로 공부를 했다. 회사에서 지원되는 전화영어를 활용해서 평일에 매일 10분씩 외국인 선생님과 대화를 했다. 외국인과 실제 대화를 하는 것에 두려움이 컸다. 수업 첫날, 전화가 울리는데 가슴이 너무 크게 뛰어서 그냥 전화를 안 받고 싶었다. 하지만 이것 또한 도전이기에 통화 버튼을 눌렀다. 그렇게 자기소개를 영어로 하는 것을 시작으로, 취미생활, 오늘 뭐 했는지 등 일상에 관한 이야기를 나누었다.

오픽은 실제 일상생활에서 있을 법한 질문들이 시험에 나온다. 그래서 오히려 편하게 내 이야기를 영어로 하는 사람이 성적도 잘 받는다. 그렇게 꾸준히 실제로 입 밖으로 영어를 내뱉으며 성적은 조금씩 올라갔다. 2번째 시험에서 IM1이라는 성적을 받았고, 그 다음은 IM2라는 성적을 받았다. 점차 해내고 있다는 뿌듯함을 느꼈다. 하지만 IH 등급까지 가지 못하고, IM2에서 멈추게 되었다. 앞으로 부족했던 부분을 개선해서 원하는 등급까지 받을 것이다!

오픽 시험을 잘 보기 위한 노하우가 있다. 디테일과 심플에 집중하는 것이다. 디테일=팩트+생각을 뜻한다. 구체적으로 설명을 하기 위해서는 실제 일어난 사실을 먼저 설명한 후 그 실제 경험 속에서 내가 느낀 생각들을 표현하는 것이다. 한 가지 예를 들어보자.

— 팩트 : 나는 책 쓰기를 하는 데 1달이라는 시간이 걸렸다.
— 생각 : 1달이라는 시간 동안 나의 과거를 돌아보며 스스로를 사랑하

게 되었다. 나의 멋진 과거는 지금의 나를 더욱 행복하게 했고 그 의식 속에서 자존감도 높아졌다. 왜냐하면 나는 책 쓰기란 도전을 해내지 못할 거라고 생각했다. 부정적인 마인드가 가득했지만 글쓰기를 시작하면서 나의 마음을 치유할 수 있어서 행복한 과정이었다. 그렇게 나만이 가지고 있는 기록을 남기니 뿌듯하고 행복한 경험이었다.

이 공식은 자기소개서에도 똑같이 적용될 수 있다. 추가적으로 오픽을 잘볼 수 있는 노하우가 있다. 요즘 오픽 분야에서 최고의 인싸로 통하는 유튜버 '오픽노잼'이라는 선생님이 있다. 그분이 유튜브 컨텐츠로 소개해 주었던 오픽 시험에 대한 룰(Rule)을 소개해본다. 내가 오픽 시험을 준비하는 데 아주 큰 도움을 받았다.

1. Never ask Ava a question. If you must, ask a rhetorical question.

(Ava라는 Interviewer에게 질문하지 않는다. 만약 해야 한다면 수사학적 질문을 한다.)

2. Do not use difficult words that you are uncomfortable with. Use simple words you are totally confident in using!

(불편하고 어려운 단어를 사용하지 않고, 사용하기 편하고 자신감 있는 간단한 단어를 사용하라)

3. Try not to repeat the same word in the same sentence.

(한 문장에서 같은 단어 반복하지 않기)

4. Don't use 2 descriptive or feeling words using "and"!

(무언가를 묘사하거나 감정 단어 2개를 말할 때, "and" 사용하지 말기)

—Comfy and cozy (x)

5. Talk about one thing, and one thing only!

(한 가지에 대해서만 말하기!)

6. If you get nervous and have nothing to say, go right to the conclusion!

(긴장이 되고 할 말이 없을 땐, 바로 결론으로 간다!)

7. Make "honest excuses" later. Not in the beginning!

("솔직한 변명"은 나중에 하기. 처음 부분에서 하지 않기!)

위에서 말한 룰은 실제 자기소개서나 면접에서도 굉장히 큰 도움이 된다. 특히나 5번, 6번은 정말 중요하다. 자기소개서에서 하나의 질문에 대해 우리는 한 가지 주제에 대해서만 말을 해야 한다. 그에 관한 경험을 2~3개를 넣어 말하면 머릿속에서 정리도 안 되며 무슨 말을 하려는지 의중을 파악하기도 어렵다. 한 가지에 대해서만 말해야 한다. 그리고 자기소개서와 면접 때 우리는 두괄식으로 대답해야 한다. 가장 중요한 핵심 문장을 맨 앞에 먼저 말하고 시작을 한다. 그렇게 되면 말이 술술 풀리게 된다. 말하다가 머릿속에 떠오르지 않을 때는 중간에 마무리하면 된다. 논리적인 글과 말을 구사하기 위해서는 심플하게 말해야 한다. 군더더기가 없이 핵심과 본질에만 집중해야 한다.

우리는 주입식 교육에 익숙해진 어른들 세대의 취업 준비를 따라가서는 안 된다. 지금의 취업의 트렌드를 항상 민감하게 확인해보아야 한다. 글로벌 시대인 지금 영어에 대한 중요성은 더욱 커지고 있다. 주입식 영어 공부 중 하나인 토익 시험을 준비하지 말고, 실제 소통 능력을 키울 수 있는 오픽 시험을 준비하는 것이 제대로 된 스펙에 도움이 될 것이다. 취업을 위한 이력서용 영어 스펙이 목적이 되어서는 안 된다. 세계적인 꿈을 꾸는 청년들은 진짜 스펙이 될 수 있는 어학 공부를 해야 한다. 글로벌 인재가 되어야 하는 당신은 더 큰 물에서 헤엄치길 바란다. 토익이 답이 아니다. 오픽이 답이다. 나 또한 계속해서 글로벌 인재가 되기 위한 노력을 같이 하겠다. 함께 달려가자.

7

연봉만 보며 취업하지 않는다

스스로를 위태롭게 하고 과감하게 삶의 실험에 참여할 때
변화와 성장이 일어난다.
– 허버트 오토

　나의 대학생 시절은 가난했다. 가난의 의미는 직장인과 비교해서 수입
이 없어서 부모님께 용돈을 받아 한 달을 보내야 한다는 의미이다. 대학
생활 동안 열심히 아르바이트를 하며 등록금과 용돈을 모으는 대단한 대
학생들도 많다. 하지만, 정직원이 아닌 아르바이트로 버는 돈은 크지 않
다. 그래서 20대 대학생 때 학생들은 돈 잘 버는 일을 하고 싶어 한다. 그
리고 돈 많이 주는 회사에 가고 싶어 한다. 우리나라 20대는 그렇게 연봉
을 목표로 취업을 준비한다. 우리가 일한 대가로 받는 연봉이 높고, 퇴근
후의 내 시간이 보장되는 공기업과 대기업에 가고 싶어한다. 물론 그런

회사에 가면 주위에서 부러워하는 시선도 느낄 수 있고 뿌듯함을 경험한다. 하지만 우리는 연봉 외에 고려해야 할 회사의 기준이 있다.

첫 번째, 목표와 비전이 있어야 한다. 미래에 대한 장기적, 단기적인 목표가 있으며 비전이 있는 회사를 찾아보아야 한다. 내가 업무를 하고 있는 C그룹을 소개하겠다. C사의 비전은 '건강, 즐거움, 편리를 창조하는 글로벌 생활문화기업'이다. J라는 계열사에서 건강한 한식의 세계화를 위해 힘쓰고 있다. 최고의 인기를 누리고 있는 비*고 왕교자, 비*고 김치, 해찬* 고추장과 양념장 등이 있다. 그리고 C사 E계열사에서 *쇼핑 계열사와 E&M 계열사에서 일상에서 편리한 쇼핑을 즐길 수 있도록 도와주며 참신한 콘텐츠의 방송을 한다.

대한민국의 즐거움을 넘어 전 세계 사람들에게 즐거움을 전해주고 있다. 특히 최근 '기생충'이라는 영화가 한국 영화 역사상 최초로 아카데미 주요 4개 부문에서 수상을 하게 되었다.

C사 엔터테인먼트(C사 E&M)에서 기생충의 투자 제작을 맡았다. 기생충은 세계 영화 산업의 본산인 할리우드에서 자막의 장벽과 오스카의 오랜 전통을 딛고 작품상을 포함해 총 4개 트로피를 받았다. 기생충의 주된 주제는 계급 투쟁, 사회적 불평등, 경제적 불평등이다. 이 영화는 2010년대 말 대한민국에서의 삶의 어려움을 나타내고자 했다. 이렇듯 C사는 영

화를 통해 문화를 이끄는 기업이다. 그리고 올*브영을 통해서 생필품을 편리하게 구매를 하고 20대의 트렌드를 파악하여 다양한 행사를 진행하기도 한다.

다음으로 C그룹의 미션을 알아보자. 미션은 아래와 같다.

"OnlyOne 제품과 서비스로 최고의 가치를 창출하여 국가사회에 기여한다."

OnlyOne은 최초로 하거나, 최고가 되어 차별화를 준다는 뜻이다. 그런 제품과 서비스를 제공하여 최고의 가치를 창출하여 글로벌 No.1이 되고 이 사회에 도움을 주는 기업이 되는 것이 미션이다.

두 번째, 인재 양성에 대한 투자이다. 미션과 비전을 가지며 C사는 인재 양성에 힘쓴다. 내가 특히 감동을 받았던 것은 신입사원을 일류 인재라고 생각하며 아낌없는 투자를 하는 것이다. 나는 2016년 하반기에 입사하여 2017년 1월 2일 신입사원 입문 교육을 받게 되었다. 제주도 나인브릿지라는 리조트에서 연수를 받게 되었다. 2주 동안 교육을 받았다. 100명이 넘는 동기들은 클래스를 나누어 교육이 진행되었다. 나는 G클래스에서 동기들을 만났다. C그룹의 모든 계열사가 모여 함께 교육을 듣는 처음이자 마지막 교육의 기회였다. 우리를 지도해주는 지도 선배님들은 C그룹 내 좋은 고과를 받은 대리급 선배님들이었다. 비즈니스 매너부터 회사의 역사, 인사, 영업, 품질 등에 관한 직무 교육도 듣게 된다. 탄탄한 커리큘럼으로 2주를 마칠 때에는 시험을 본다. 매일 오전에 새벽 구보를 함께 뛰고, 식사를 같이하면서 동기들과 더욱 친해졌다. 그리고 교육의 마지막 즈음에는 30km를 동기들과 함께 걸으며 힘든 여정을 서로를 의지하며 도전하는 JOP(Journey Of Passion)라는 행사도 진행했다. 사실 교육을 받는 동안 같은 클래스에서 옆 짝꿍이었던 친구와 나는 지금 결혼해서 행복하게 살고 있다. C그룹 덕분에 유익한 교육도 받고 평생의 짝도 만나서 참으로 감사하다.

입문 교육 이후에도 우리는 수많은 교육을 받는다. 직접 현장에 부딪히며 계열사의 현장을 이해했다. 대한통운에서 직접 택배 일을 돕기도 했고, 빕스에서 설거지와 요리를 돕기도 했다. 그리고 C그룹의 대표 사회공헌그룹인 C도너스캠프에서 공부방 아이들을 교육하며 사회적인 공헌도 하였다. 이렇게 부문 입문 교육을 마쳤다. 또한 온리원페어라고 계열사별 조별로 나누어서 C그룹의 사업에 직접 기여를 할 수 있는 창의적인 아이디어들을 발표하는 행사도 경험하게 되었다. 그렇게 기나긴 교육을 마치고 현업에 배치된다. 그곳에서도 직무수행과 병행하는 교육 훈련을 뜻하는 OJT(On the Job Training)라는 교육을 받게 된다. 그리고 업무를 진행하며, 직무에 관한 엄청난 교육의 지원이 있다. 이렇듯 인재 양성에 진심으로 많은 투자를 하는 기업인가 확인해보아야 한다.

세 번째, 발전 가능성이다. 회사를 선택하는 데 중요한 요소이다. 회사가 인재를 채용하는 데 집중하는 부분도 이와 비슷하다. 발전 가능성이 뛰어난 인재일수록 회사의 성장에 기여할 수 있다고 생각한다. 그런 인재가 오랫동안 함께 일하고 싶은 직원이 될 수 있다. 이런 직원들이 모여 구성된 회사에서는 더욱 시너지를 일으켜 매년 성장한다. 회사에서는 KPI(Key Performance Indicator)라는 핵심성과지표를 매년 계획한다. 작년의 실수는 반성하고, 내년에 집중하고 성과를 낼 수 있는 핵심지표를 고민한다. 그러한 과정은 몇 개월 동안 계속된다. 1년의 농사를 짓기 위해서는 밭을 잘 갈아야 한다. 작년의 1년을 철저하게 분석하여 성과를 도출하고 Best와 Worst를 비교한다. 점진적인 사업의 성장을 위해서 과제를 정해 정진한다. 중간 점검도 거치고, 마지막에는 1년간의 고생한 노력들을 평가 받는다. 이런 시스템이 정말 중요하다.

하지만 취업 준비를 하는 20대는 사실 회사 입사 후의 시스템을 전해 듣기란 정말 어렵다. 나도 그렇고 취업을 준비하는 지원자의 입장에서는 그 회사의 작은 트렌드와 동향마저 엄청난 도움이 될 수 있다. 가장 좋은 방법은 그 회사에서 일하는 선배가 있으면 질문을 하는 것이다. 하지만 그런 인맥이 없다면 DART 전자공시시스템을 활용하길 바란다. 정보는 무료이지만 가치는 100만 원 이상이다. 자세한 내용은 4장에서 한번 더 확인해보자.

네 번째, 꾸준한 변화이다. 변화되지 않고 현재에 안주하는 기업은 미래가 보이지 않는다.

C그룹 J계열사는 한국 기업 성장 50년을 재조명한 1955년과 2004년 모두 100대 기업에 속한 7대 기업의 중심에 서 있었다. 트렌드에 민감해야만 소비자가 원하는 식품의 유형을 알 수 있다. 요즘은 Vegan이라는 채식주의자가 유행이다. 건강이라는 키워드로 육제품이 아닌 야채로 이루어진 식품을 섭취하길 원한다. 과잉 영양이 만연한 사회에서 건강한 식재료를 통해 만들어진 음식을 좋아한다. 그래서 C사에서는 고기가 전혀 들어가지 않은 만두를 개발하기도 한다. 세상의 음식 트렌드와 문화 트렌드에 민감한 회사가 성공한다.

회사뿐만 아니라 인재도 꾸준히 변화해야 취업에 성공한다. 하지만 변화를 하기 위해서는 에너지를 써야 한다. 에너지를 쓰는 과정에서는 힘이 들어가고 지친다. 그런 변화에 도전하기 위해서는 꿈과 목표가 있어야 한다. 목표는 높을수록 좋다. 나를 위한 꿈이, 내 옆의 사랑하는 사람들을 위해서, 그리고 전 세계의 사람들을 위해 도움이 되는 꿈을 꾸어야 한다. 이룰 수 없을 것 같다는 주위의 우려와 비난에도 꿋꿋하게 내 길을 가는 소신이 필요하다. 취업을 해서 회사에서 일을 하게 되면서 변화가 얼마나 힘든지 새삼 느끼게 될 것이다. 회사 입장에서는 매년 새로운 목표를 설정하고 그것을 도달하기 위해 직원들이 힘써주어야 한다. 목표에 대한 도전에는 변화가 필요하다. 그래서 자주 변화를 주기 위해 도전하는 회사는 이 열정을 따라갈 수 있는 인재가 필요하다. 항상 초심을 기억하면서 회사에 기여할 수 있다는 믿음을 갖도록 하자.

마지막 다섯 번째, 나의 '꿈'과 같은 길을 가는지 확인해본다. 내가 정말 건강 전도사가 되고 싶다는 꿈을 갖고 있는데 술을 만드는 식품회사에 입사할 수는 없지 않은가? 이 책을 통해 꿈을 갖는 법과 남들과 차별화되는 법을 배웠다. 그걸 활용해서 나만의 꿈을 한 번 찾아보길 바란다. 그 꿈으로 꿈맥을 이어갈 수 있는 회사를 선택해보라. 나의 경우 세계 최고의 건강 전도사가 된다는 꿈을 가졌다. 세계 최고가 되기 위해서는 글로벌 인재가 되어야 한다. 나는 처음 입사를 진천공장의 품질보증 업무로 시작을 했지만 기회가 되어 본사에 있는 글로벌품질팀에서 일을 하게되었다. 내가 원하는 꿈의 길은 온 우주에서 기억하고 있다. 긍정적인 마음과 될 수 있고 할 수 있다는 믿음으로 원하는 곳, 되고자 하는 꿈을 이야기한다면 이루어진다. 나는 지금 일하고 있는 팀에서 더욱 글로벌 역량을 쌓아 성장할 것이다.

우리는 회사를 고르는 기준을 연봉으로만 한정지어서는 절대 안 된다. 하나의 기준으로 연봉만을 생각했다면 어렵게 취업한 당신은 쉽게 퇴사하고 싶을 것이다. 내가 알려주는 5가지 회사를 보는 기준에 대해 한 번 더 고민해보라. 전 세계에는 수많은 회사들이 많다. 그중 내게 맞는 회사도 분명히 있다. 회사를 보는 눈을 키우고 도전해라. 편협한 사고에서 벗어나 넓은 시야에서 독수리처럼 내려다보길 바란다. 기준을 가진 인재는 회사가 알아본다. 조금 더 힘내서 취업하자.

\<취업 성공을 위한 핵심 노트\>

당신이 취업에 실패하는 진짜 이유!

총 3가지의 이유 때문에 실패하게 된다.

첫 번째, 실행을 하지 않는다.

두 번째, 부정적인 마인드를 가지고 있다.

세 번째, 핑계와 변명으로 자기 위안을 삼는다.

꿈을 이루는 3단계

1단계: 좋아하는 것 찾기

2단계: 잘하는 것으로 발전시키기

3단계: 역량을 꾸준히 높이기 위해 도전하며 꿈을 이루기

좋아하지 않지만 잘하는 것이 있을 수 있다. 그렇다면 2단계로 Jump up을 하면 된다. 하지만, 좋아하는 것이 뒷받침되지 않고 잘하는 것은 쉽게 무너질 수 있다. 행복함을 느끼기 어려운 도전은 꾸준히 이어가기가

쉽지 않다. 그래서 나는 좋아하는 일부터 시작하여 적성을 찾고 취업 준비를 하기를 조언한다.

취업 진로 정하는 5단계 전략

1단계: 가슴 뛰는 비전 수립하기

2단계: 나 자신을 탐색하기

3단계: 다양한 직업 정보와 업종 정보 탐색

4단계: 최소한의 자격 요건 구축해두기

5단계: 안락한 울타리에서 벗어나 다양한 경험 쌓기

회사 고르는 5가지 기준

1. 목표와 비전이 있는 회사인가

2. 인재 양성에 대한 투자를 하는가

3. 발전 가능성이 있는가

4. 꾸준히 변화하는 회사인가

5. 나의 '꿈'과 같은 길을 가는가

CHAPTER 4

대기업 3관왕의 8가지 취업 전략

1

지원하는 업계와 직무 정보를 꼼꼼히 분석하라

얼핏 보기에 작은 일이라도 전력으로 임해야 한다는 사실을 잊지 마라.
작은 일을 성취할 때마다 인간은 성장한다.
작은 일을 하나씩 정확하게 처리하면 큰일은 저절로 따라오는 법이다.
– 데일 카네기

나는 처음 취업 준비를 할 때 어떠한 전략도 없었다. 전략 없이 취업 준비를 해보니, 눈앞의 과제들만 헤쳐 나가기 급급했다. 취업 준비할 때 가장 먼저 하는 것은 이력서를 정리하고, 자기소개서를 쓰는 것이다. 자기소개서를 쓸 때에도 전략이 필요함을 몰랐고, 면접 때에도 면접관이 원하는 대답을 알지 못했다. 대기업 3곳에 합격을 하고 나의 취업 준비 시절을 뒤돌아보며 추억해보았다. 취업 준비에서 가장 먼저 해야 할 것은 내가 합격하고 싶은 회사의 업계 정보와 트렌드 그리고 직무 정보를 무엇보다 훤히 알아야 한다는 것이다.

취업에서 중요한 핵심이 3가지 있다.

첫 번째, 내가 원하는 '회사'에 대한 정보이다.

두 번째, 회사에서 커리어를 쌓고 싶은 '직무'를 잘 선택하기 위해 준비를 해야 한다.

세 번째, 취업의 주인공인 '나'를 파악해야 한다. 취업을 준비하는 주체가 누구인가? 나에 대해 가장 먼저 어떠한 삶을 살았는지 이해하며, 무엇을 잘하고 좋아하는지 파악해야 한다.

'나'라는 상품을 회사에 판매를 한다고 생각을 해야 한다. 조금은 정 없어 보일지 모르지만, 우리는 매력적인 인재로 보이며 회사에 필요한 사람임을 증명해야 한다. 내가 말한 중요한 핵심 3가지 키워드는 서로 유기적인 관계를 맺고 있다. '나', '회사', '직무'가 어우러진 비빔밥처럼 쓱쓱 잘 비벼져야 완전한 인재로 태어나게 된다. 이 교집합이 나를 회사에 매력적으로 판매할 수 있는 판매 포인트가 된다.

보통의 취업 준비생들은 위 3가지 중에 공통점을 뽑아내기 어려워한다. 취업 준비할 때 내 눈앞의 급한 불부터 끄기 위해 급급하다. 그러면서 조급한 마음에 자기소개서를 준비할 때, 그 회사의 합격한 사람들의 빈출 질문들을 스크랩한다. 조금 열심히 하는 사람들은 그 회사에서 원하는 '직무'에 합격한 합격자의 자기소개서 족보를 확보하게 된다. 하지만 '나'에 대한 본질적인 이해 없이는 기출문제를 모은다고 채용 담당자를 감동시킬 만한 자기소개서를 절대 쓸 수 없다. 그렇게 자기소개서를 작성한 취준생들은 무엇이 부족해서 불합격을 했는지 신세한탄을 하기 바쁘다. 원인은 본인 스스로에 대한 이해가 선행되지 않는 준비에 있다.

우리는 3가지의 핵심 요소의 교집합을 찾아보는 여행을 떠나보자. 내가 정말 취업 준비할 때 가장 도움이 되었던 고급 정보를 하나 주겠다. 이 부분은 꼭 밑줄을 치면서 반드시 취업 준비할 때 참고를 하기 바란다.

첫 번째, '회사'를 제대로 한번 파악해보자.

내가 원하는 회사를 제대로 분석하기 위해서는 'DART' 사이트를 반드시 활용해야 한다. 처음 듣는 생소한 용어에 궁금증이 생길 것이다. DART란, 대한민국 기업 정보의 창이라고 불리는 전자공시시스템을 뜻한다. 우리가 입사하기를 꿈꾸는 회사들은 DART 사이트에 정기적으로 올리는 사업보고서를 통해 지원 회사의 산업 특성과 경영 현황 등을 파악할 수 있다. '사업보고서'라는 항목을 꼭 확인해서 지원하는 회사를 파악해야 한다. 자세하게 그 항목을 볼 수 있는 방법을 알려주겠다.

1) 검색사이트에 'DART 전자공시시스템'을 검색

2) 원하는 회사명 입력

3) '정기공시' 항목 체크

4) '사업보고서' 체크

5) 검색 기간은 전체 혹은 3년으로 체크

6) 가장 최근의 사업보고서를 확인

이제 우리는 사업보고서라는 취업 준비의 핵심 자료들을 무료로 확보를 했다. 사업보고서는 회사의 산업과 그 산업의 사업들에 대해 확실한 이해를 돕는다. 우리가 원하는 회사가 실제 매출은 어떻게 되는지, 영업이익률은 얼마나 되는지, 그 회사가 집중하는 연구개발(R&D) 분야는 무엇인지 모두 파악할 수 있다.

이 사업보고서에서 이것 하나만은 반드시 보기를 추천하는 항목이 있다. 꼭 밑줄을 한 번 그어 달라. 문서목차에 'II. 사업의 내용'을 확인한다. 이 사업의 내용에서 가장 앞부분에 나오는 '업계의 현황'과 '사업의 현황' 내용이 가장 중요한 포인트이다. 이 사업의 개요 부분은 사업에 대한 핵심적인 키워드를 뽑을 수 있는 기회가 된다. 이 키워드를 활용해 자기소개서에 나의 스토리와 연결하여 적어본다면 큰 도움이 될 것이다.

우리는 이 자료를 통해 취업하고자 하는 회사가 어떠한 사업에 집중하고 있으며, 시장 환경 변화에 어떻게 대응하는지 트렌드를 확인할 수 있다. 그리고 회사가 어떠한 성장 전략을 통해 시장에서 성장하려고 계획하는지도 볼 수 있다. 회사가 예상하는 내년의 리스크도 파악하며, 어떤 전략을 펼칠지까지 사업보고서를 통해 확인해볼 수 있다.

그리고 한 가지 더 추천하는 기업 분석 방법이 있다. 각 회사의 채용 홈페이지를 활용하는 것이다. C그룹을 예로 들어보겠다. C그룹 채용 홈페이지에 들어가서, 회사에 대한 중요한 정보를 확인할 수 있다. 특히, 회사마다의 인재상을 꼭 확인해보자. 인재상은 그 회사의 중심이다. 인재상을 파악해야 회사에 들어가기 위한 나의 모습을 연결시킬 수 있다.

나는 이런 고급 정보를 혼자 취업 준비를 하며 얻을 수 없었다. 1장에서 다루었듯이, 돈을 주고서 그 노하우를 산 것이다. 취업 준비를 위해 전문가에게 자기소개서, 면접 합격 전략에 관한 강의를 듣게 되었다. 취업 준비생이었던 나는 그 금액이 부담이 되었다. 하지만 직장인의 신분에서 보면 미래를 위한 최소한의 투자였다. 나에 대한 그때의 투자가 있었기 때문에 지금의 내가 있다. 여러분도 그 노하우를 자세히 알고자 한다면 찾고 또 투자하라.

두 번째, '직무'를 파헤쳐보자.

기업이 채용하고 싶어 하는 인재가 어떻게 될까? 정답은 비즈니스에 지속적으로 기여할 수 있는 인재이다. 즉, 돈을 많이 벌어올 수 있는 가능성이 있는 사람을 뽑는다. 여기서 기억해야 할 포인트는 '지속적'이라는 키워드이다. 예전에는 스펙이 좋은 사람이 취업률이 좋았다. 하지만 회사는 그러한 고스펙자들이 1년 내 많이 퇴사한다는 통계 자료를 가지고 있다. 회사 입장에서는 1명의 인재를 채용하기 위해 몇 천만 원이나 들어간다고 한다. 그렇기 때문에 회사는 Best People보다는 Right People을 채용하기 원한다. 우리 직무와 회사 비즈니스를 잘 이해하고 함께 나아갈 수 있는 인재를 찾는다는 것이다.

직무를 제대로 분석하기 위해서는 각 회사의 채용 홈페이지에 들어가서 꼭 확인해봐야 한다. 직무 분석을 제대로 하게 된다면 면접 때 빈출되는 질문에 대답할 수 있게 된다.

'지원자가 생각하는 품질관리 직무에 대해 이야기해보세요.'

이런 질문에 막힘없이 대답하기 위해서는 나의 팁을 따라 공부해보기 바란다. 내가 처음부터 끝까지 꼼꼼히 준비했던 C그룹을 설명하겠다.

1) C그룹 채용사이트에 먼저 들어간다.
2) '인재 채용' 탭을 클릭한다.
3) 채용 정보-직무 정보를 선택한다.
4) 본인이 지원하고자 하는 직무를 클릭한다.

원하는 직무를 클릭하는 순간 '면접 기출문제' 노다지가 나온다. 우리가 자기소개서에 참고할 키워드를 모두 뽑아갈 수 있다. 그리고 면접 때

면접관들의 평가 시트를 몰래 훔쳐볼 수 있다. 여기서 보이는 직무의 역할(Role), 직무 역량 (Qualification), 커리어&비전에 대한 내용은 처음부터 끝까지 단어 하나하나 꼼꼼히 읽어보고 분석하라. 이 직무에 대한 모든 기출문제가 들어 있다. 그리고 그 직무에서 일을 하고 있는 선배 인터뷰는 미리 직무 체험을 할 수 있는 기회다. 이런 Q&A를 활용하여 면접에 대비할 수 있다. 이렇게 채용 홈페이지를 잘 활용하면 직무 분석을 완벽히 할 수 있다.

세 번째, '나'에 대한 이해가 필요하다.

내가 어떤 경험을 할 때 행복했는지, 즐거웠는지 가장 잘 아는 사람은 바로 나이다. 내 심장이 이끄는 대로 꿈을 꾸고 목표를 향해 나아갈 주체도 나다. 나를 온전히 이해하고 꿈을 꾸는 모습이 선행이 되면 취업은 문제없다. 앞서, 이 책의 1장에서 취업하기 전에 꿈을 먼저 확인하는 법을 확인해보았다. 그리고 2장에서는 나에 대한 이해를 바탕으로 평범한 나를 남과 차별화할 수 있는 노하우를 알아보았다. 나에 대한 이해를 더욱 집중하고 싶다면 1장과 2장을 여러 번 반복해서 읽어보자.

내가 대기업 3곳에 합격할 수 있었던 비밀 노하우는 '회사'와 '직무'에 대한 정확한 이해였다. 이와 함께 '나'에 대한 이해가 필요하다. 지원하는 업계에 대한 정보는 Dart를 통해 얻고 기반을 다질 수 있다. 그리고 직무에 대한 정보는 회사의 채용 홈페이지에서 꼭 확인하길 바란다. 합격할 수 있는 비법의 가장 중요한 핵심을 전달해주었다. 이것만 제대로 파악하고 있으면 내 스스로 자기소개서와 면접에 대한 평가시트를 만들어볼 수도 있다. 원하는 회사에서 평가시트를 제대로 만들어보고 싶다면 내게 연락을 달라. 우리는 모두 취업할 수 있다. 내가 추천하는 방법으로 최선을 다해 취업 준비를 하게 된다면 반드시 합격한다. 언제나 여러분을 응원한다.

2

면접관을 감동시키는 자기소개서를 적어라

우리는 보이는 대로 믿는 것이 아니라, 이미 믿고 있는 대로 본다.
우리 삶에 놓인 모든 것은 내가 끌어당긴 것이다.
– 브라이언 트레이시

지금까지 인생을 살면서 많은 면접관들을 만나서 면접을 보게 되었다. 그러면 언제 면접관들은 우리를 합격의 길로 인도할까? 면접 합격의 중요한 키(Key)가 여기에 있다. 나를 합격으로 인도하는 핵심은 면접관이 아닌, 나에게 있다고 말하고 싶다. 면접장에서 면접관의 마음을 움직였는가에 따라서 합격과 불합격이 결정된다.

내가 태어나 처음 본 면접은 대학교 수시면접이었고, 1분 자기소개에서부터 너무 형식적이고 특징이 없었다. 무척이나 평범한 면접이었다.

그렇게 나는 면접관의 마음을 사로잡지 못하고 불합격을 했다. 언제나 처음은 넘어지고, 실패하는 법이다. 지금까지의 면접을 잘 보는 노하우를 이해하기까지 많은 시행착오가 있었다. 하지만 여러분들은 이 책을 읽음으로써 그러한 과정의 시간들을 아껴서 그 시간에 꿈을 위한 시간에 투자하고, 빠른 시일 내 취업에 성공함으로써 인생의 한 가지 목표를 이루기를 응원한다. 내가 처음으로 면접관을 감동시키며 면접에 합격한 경험이 있다. 뉴트리라이트 대학생 기자단 활동에서 수많은 고스펙을 가진 지원자들 사이에서 합격을 할 수 있었다. 그러한 과정들이 쌓이고 쌓여 대기업 면접을 보게 되었다.

기업 면접이라고 해서 특별한 것은 아니다. '면접'이라는 의미를 잘 파악해서 임하면 합격할 수 있다. 기업 면접도 대외 활동 면접이나 대학교 입학을 위한 면접과도 같다. 똑같이 면접에 임하는 데 있어서 1분간 자기소개로 시작을 한다. 면접은 그 사람이 우리가 뽑고자 하는 곳에서 맞는 사람인지, 오랫동안 함께 하고 싶은 사람인지 평가하는 자리이다. 나는 종합식품기업 C사, 제과기업 O사, H리조트에서 나를 당당히 표현했다. 그 중 한 가지 에피소드로 면접관을 감동시킨 적이 있다. 앞서 말한 뉴트리라이트 대학생 기자단이라는 대외 활동에 대해 이야기를 했다. 30명 정도의 합격자가 있었다. 합격한 동기들은 모두들 서울에 거주하고 있으며, 학교를 다니고 있는 멋진 사람들이었다. 열정은 대단하였고, 그 사람들과 함께 활동을 하며 나도 좋은 에너지를 받았다. 그런데 나 홀로 지방에서 대학교를 다니는 지방대생이었다. 2주에 한 번씩 서울에서 모임이 있는 날이면 왕복 4시간의 거리를 열심히 오갔다. 그런 경험을 하면서 더욱이 내게 이런 기회를 준 하나님에게 감사한 마음이 들었다.

내가 진정으로 원하는 경험을 할 수 있다는 것에 감사했다. 대외 활동을 하며 "건강이 진짜 스펙이다."라는 슬로건에 맞게 뉴트리라이트에서는 활동이 끝나는 행사에서 건강 기자상을 수여한다. 활동기간 동안 건강관리를 열심히 한, 단 1명에게 이 상을 수여하는 것이다. 나는 매일매일 '건강일지'를 작성하여 블로그에 포스팅을 했다. 그렇게 건강일지를 166일 동안 단 하루도 빠짐없이 작성했다. 하루 동안 먹었던 식단과 함께 하루 동안 했던 운동들을 기록했다. 그리고 일기와 겸해서 그 날 느꼈던 감정과 감사한 일들을 적었다. 기록하는 동안 내 블로그를 찾는 분들이 많아졌고 나를 응원해주시는 분들도 한두 분씩 생겨났다. 역시 정답은 진심에서 우러나오는 경험이 중요했다. 그렇게 나는 수료하는 날 건강 기자상을 받았다.

또 하나의 경험이 있다. 뉴트리라이트에서는 활동 기간 동안 해외취재단을 6명 정도 뽑는다. 대외 활동을 시작할 때 해외취재단이 있다는 사실은 우리들을 가슴 뛰게 했다. 활동비 전액을 지원하면서 우리가 직접 뉴트리라이트를 홍보하는 홍보대사가 되어 모든 활동을 기획하고 경험을 할 수 있는 최고의 기회이다. 나는 활동을 시작하면서 LA해외취재단이 될 것이라는 목표를 가졌다. 활동하는 6개월 동안 나는 기획기자의 직책으로 활동을 했다. LA해외취재단을 준비하며 진심어린 홍보 방법을 기획했고, 합격했다. LA해외취재단이 됨으로써 부족한 내 능력을 조금 더 성장할 수 있는 기회를 주기 위한 하늘의 뜻이라고 생각하고 감사히 활동했다.

LA해외취재단 콘셉트는 'LA에서 뉴트리라이트 80주년을 홍보하라!'였다. 처음 PPT 기획안을 작성할 때 키워드에 대해서 어떤 것들을 하는 것이 연관성이 있는지, 마케팅 홍보 효과는 얼마나 많을지 막막했다. 3일 동안 머리를 쥐어짜도 백지 상태에서 진전이 없었다. 그래서 더욱 포기하고 싶을 때가 너무 많았다. 1~2명씩 기획안을 벌써 생각해서 발표 자료까지 만들어간다는 이야기를 들으니 더 조급해지고 짧은 기간 안에 내가 할 수 있을지 걱정되고 자신감이 떨어졌다. 정말 중요한 것은 포기만 하지 않으면 해낸다는 사실이다. 포기하고 싶을 때 나보다 더 노력하는 기자단 동기들을 보며 '그들을 본받아서 따라 해보자!'라는 생각으로 그냥 했었다.

생각나는 대로 노트에 적고, 브레인스토밍을 하면서 키워드를 마구 적었다. 그런 키워드가 홍보와 어떤 연관성이 있을까 고민하고 인터넷 검색을 통해 정보를 찾아보았다. 그리고 그 기획안들을 자료로 구성하게 되었다. 이 귀한 정보들은 나 혼자 창조할 수 있는 컨텐츠가 아니었다. 그때 이후로 더욱 겸손하게 나의 역할에 충실하고 긍정의 에너지를 많은 분들에게 전할 수 있는 사람이 되었다.

그 당시 뉴트리라이트를 홍보하기 위해 생각했던 키워드는 5가지였다. '물, 자연, 어린이, 건강 전도사, 위생'이었다. 이 5가지 키워드를 설명할 주제가 되는 제목은 'Here We go! 80!' 이었다.

– Here: 우리가 현재 여기에 있음을 감사해하고 모든 순간을 소중히 여기며 최선을 다할 것

– We: 우리는 항상 혼자가 아니라 함께하는 존재임을 잊지 말고 사람을 소중히 여길 것

– Go: 앞으로 나아가며 끊임없이 노력하고 달려갈 것

이런 경험들은 모두 대기업 면접 때 실제 많이 활용하게 되었다. 꿈을 위한 도전 속에 부딪히며 배우는 경험들은 결국 결과로 보답을 해준다. 그 당시에는 미래에 어떤 영향을 미칠지 기대하기 어려울 수 있다. 하지만 무작정 아무 경험이나 쌓는다고 좋은 것은 아니다. 직무와 그 회사의 산업이라는 큰 줄기에 키워드와 연결고리를 만들어야 한다. 실제 C그룹 J계열사 1차 직무면접에서 이런 질문을 받았다.

"뉴트리라이트 대학생 기자단이라는 대외 활동을 했네요? 미국 LA라는 곳에서 해외취재를 했다고 이력서에 나와 있는데 정확히 어떤 것들을 하셨나요?"

이런 질문을 듣게 된 나는 앞서 말했던 해외 취재를 준비하며 느꼈던 교훈과 해외에 가면서 실제로 뉴트리라이트 80주년을 어떻게 효율적으로 홍보했는지 자세히 설명을 할 수 있었다.

그리고 내게 질문하는 단골 질문이 있었다. 평범한 대학생이 하기 어려운 경험을 궁금해 하셨다. 그건 바로 부모님을 설득하기 위해 PPT까지 만들었던 경험이다. 나는 건강 전도사가 될 거라는 꿈을 이루기 위해 식품영양학과로 전과를 계획하고, 퍼스널 트레이너의 직업을 위해 1년간 휴학을 하여 서울에서 경험을 쌓겠다는 진심을 부모님께 전했었다. 반대하는 부모님 앞에서 두 분을 설득하는 그 분위기는 살얼음판과 같았다. 하지만 나는 목표와 꿈이 있었기에 심장이 터질 듯 긴장이 되었지만 꿋꿋하게 발표를 하게 되었다. 그렇게 부모님은 나에 대한 도전을 이해해 주셨고 허락해주셨다. 그때의 경험에 대해 면접관은 질문을 했다. 그리고 연관해서 이런 질문도 하셨다.

"부모님을 설득하기 위해 PPT자료를 만들었는데, 뛰어난 발표 자료를 만드는 능력이 있나요?"

나는 이렇게 대답했다.

"사실 저는 파워포인트 자료를 예쁘고 아름답게 꾸미지 못합니다. 하지만 그 자료 안에 들어갈 데이터는 확실하게 뽑아낼 자신이 있습니다. 외면적인 꾸밈보다 중요한 것은 그 자료에 들어갈 컨텐츠라고 생각합니다. 그 핵심을 잘 뽑아낼 자신이 있습니다."

면접관님은 그 당시 나의 대답을 듣고, 고개를 끄덕여주셨다. 이렇게 직접 경험하며 느꼈던 감정들은 면접 때 면접관을 감동시키기에 충분하다. 그리고 면접관을 감동시킬 수 있는 또 한 가지 비법을 공개한다. 그것은 바로 어떠한 면접이든 끝나는 마지막에 이런 질문을 한다.

"마지막으로 하고 싶은 말이 있는 지원자 있으실까요?"

대부분의 지원자들은 면접을 보는 동안 이미 많은 에너지를 쓰며 지쳐있는 상황이다. 어떤 지원자는 면접을 보며 많은 부분 챌린지 받으며 반포기 상태가 된 사람도 있을 것이다. 그렇지만 절대 포기하면 안 된다! 끝까지 포기하지 않는 모습에서 면접관은 근성을 볼 수 있을 것이다. 나는 가장 먼저 손을 들었다. 그리고 그 회사에서 내가 기여할 수 있는 나의 역량을 한 문장으로 표현하며 면접을 마치게 되었다.

이 모든 것은 실제 면접 시 활용되었던 나의 자기소개서에서 뽑아낸 에피소드이다. 면접관을 감동시키는 실제 자기소개서를 적는 방법이 궁금한가? 이 책을 끝까지 보면 나의 모든 노하우들을 담아갈 수 있다. 사실 면접 합격의 가장 중요한 부분은 회사와 직무에 적합한 인재를 찾는 것이다. 회사와 직무에 그 사람의 스토리를 하나의 연결고리로 연결하는 능력이 필요하다. 지금 우린 면접관을 감동시키는 자기소개서를 작성해야 하는 필요성을 알아보았다. 앞으로는 더욱 구조적으로 설득력 있는 자기소개서를 쓰는 노하우를 공개하겠다. 모두 집중해서 따라오길 바란다.

3

자기소개서는 첫 문장에 핵심을 담자

심장이 뛰는 것보다 행동을 더 빨리 하고
그것에 대해 생각하는 것 대신 무엇인가를 그냥 하라.
– 마윈

소개팅에서 만나는 두 사람이 있다. 이때, 처음 인사하는 순간 반짝이는 바로 그 3초에서 서로의 첫인상이 결정된다. 3초 안에 눈이 맞는 것이다. 첫인상이 좋으면 좋은 인연으로 이어질 확률이 그만큼 높아진다. 그래서 누구나 첫인상이 좋은 사람이 되고 싶어 한다. 그렇게 되기 위해서 사람들은 자기관리를 하고 외모관리에 힘쓰는 것이다.

그렇다면 자신에게 투자하는 것만큼 자기소개서의 첫인상에도 한 번 관심을 가져보자. 이 책을 읽는 이유가 소개팅에서 성공하는 법을 배우기 위한 것은 아니기에, 취업 준비에서 성공하는 법을 함께 알아가보자.

보통의 취준생들은 자기소개서를 적을 때 짜임새 있는 글을 잘 쓰지 못한다. 문단과 체계적인 문장 구성에 미흡하다. 기본적인 글쓰기의 방법을 간과하고 있는 것이다. 구조적인 글을 만드는 핵심은 가장 먼저 보이는 첫 문장에 있다. 첫 문장이 자기소개서에서 가장 중요한 핵심이 되는 것이다. 결국에는 자기소개서는 제목을 잘 정해야 한다. 평가자를 사로잡을 제목은 무엇이 있을까? 여러분이 입장을 바꿔 채용 담당자라고 생각해보자. 어떤 제목에 매력이 있다고 느끼고, 그 다음 글들을 읽어볼 것인가? 수천 명의 지원자 중에 기본적인 최소 지원 자격을 충족하는 인원은 제외하더라도 읽어야 할 자기소개서만 해도 무궁무진하다. 채용 담당자의 인원은 한정되어 있기에 제목만 보고 자기소개서를 계속해서 읽을지를 결정하게 된다. 즉, 내용은 정말 좋은데 내용을 대표하는 제목이 형편없으면 읽지 않게 된다. 그래서 우리는 제목을 매력적으로 만드는 카피라이터 혹은 광고기획자를 대단하다고 생각한다.

문장을 창조하는 것은 정말 어렵다. 문장을 새로 만든다고 하더라도 어색하고, 매력을 이끌기가 힘들다. 그래서 한 가지 팁을 주고 싶다. 자기소개서에서 표현하고 싶은 가장 중요한 키워드를 2~3개 뽑아본다. 그 이후에 인터넷 서점에 들어가 본다. 검색창에 원하는 키워드를 입력한다. 그리고 가장 많이 팔리는 책을 선택해본다. 그 책에 대해서 아주 많은 설명들이 있을 것이다. 감동을 이끌 문장들을 쇼핑해보자! 여기서 중요한 것은 그 매력적인 문장에서 '단어'만 바꾸게 된다면 나에게 딱 맞는 매력적인 제목이 될 수 있다는 것이다. 실제로 이 방법은 책을 쓰는 작가들도 활용을 많이 하는 노하우다. 똑같이 취업 준비하는 자기소개서에도 적용할 수 있다는 점을 꼭 기억해라. 책에 대한 정보에서 활용하기 좋은 컨텐츠를 소개하겠다. 가장 먼저 '제목'이다. 제목은 이 책이 말하고자 하는 전체 내용을 함축하고 함축해서 가장 중요하게 모아놓은 문장이다. 남자라면 기억할 『드래곤볼』이라는 만화에 비유해보자. 『드래곤볼』의 주인공은 모든 기를 단전에서부터 끌어 모아서 '에너지파'를 쓰며 모든 나쁜 악당들을 물리친다. 책의 제목도 모든 내용의 중요한 부분을 끌어 모아서 한 번에 뽑내는 핵심이다.

예를 들어보자. 김현수 작가의 『전교 꼴찌, 270일 만에 의대생이 된 공부 비법』이라는 책 제목을 참고해보자. 우리가 자기소개서에서 쓰고 싶은 주요 내용의 키워드가 '도전', '습관', '보디빌더'라고 해보자. 그렇다면 이런 제목을 만들어볼 수 있다.

"마른멸치 몸매, 100일 만에 보디빌더가 된 습관의 힘"

책 제목 뿐만 아니라, 출판사 서평, 책의 목차, 책 소개에서 감동을 주는 문장들을 스스로 뽑아서 실습해보면 많은 도움이 될 것이다.

김도윤, 제갈현열 작가의 『인사담당자 100명의 비밀녹취록』에 매력적인 글들이 많다. 이 책을 통해 많은 참고가 되었다. 그중 내가 가장 기억에 남는 문구가 하나 있다.

"머리 위로 별이 뜨다. 두괄식과 STAR를 기억하라"

앞서 말했듯이 책에서 제목이 중요하듯 자기소개서에서는 제목은 나머지를 읽게 만드는 힘을 갖게 된다. 그리고 그 힘이 글 전체에 일관성을 가지기 위해서는 제목이 나머지 전체를 대변하는 결론의 이야기가 나와야 한다. 그것이 곧 두괄식을 뜻하게 된다. 사람에게도 머리가 가장 중요하듯 제목을 기억하자. 우리는 채용 담당자의 이목을 집중시킬 매력적인 문구가 필요하다.

그리고 STAR는 무슨 뜻을 의미할까? 자기소개서 내용에서 S(Situation), T(Task), A(Action), R(Result) 4가지를 상황에 맞추어 순서대로 작성을 해야 하는 원칙이다. S는 상황을 의미한다. 이야기를 시작하는 그 상황을 설명하는 것이다. T는 임무로, 그 상황에서 나에게 주어진 역할이나 행동을 뜻한다. A는 액션을 의미한다. 어떤 것을 실제로 하게 된 경험을 말한다. 그리고 마지막 R은 결과를 말한다. 어떠한 상황에서 나에게 주어진 역할은 무엇이었는지 확인하고, 행동으로 옮김으로써 성취한 결과를 작성해야 한다. 결과는 성공에 대한 내용도 좋지만, 실패 경험담에서 얻게 된 결론을 서술하는 것도 추천한다. 자기소개서에서 우리에게 바라는 점은 남의 경험들이 아닌, 지원자만의 경험이다. 어렵게 생각 말고 STAR의 원칙에 맞추어 나의 과거들을 돌아보고 작성해보자.

이제 내가 실제로 기업에 지원하며 합격했던 자기소개서 항목 중에 개인적으로 매력적인 제목으로 이목을 이끌었던 글을 소개해보겠다. 대한민국 1위 제과기업 O사에 지원했던 자소서 항목 예시이다.

질문) 최근에 이룬 업적 중에서 가장 열정적으로 에너지를 기울였던 경험에 대해서 구체적으로 기술해주시기 바랍니다.

〈죽음의 위기 속의 기회, 간절한 노력〉
2010년 11월 23일을 혹시 기억하시나요? 북한과 연평도 포격전이 있었던 날입니다. 저는 군대 중에서 몸과 마음이 아주 힘들기로 유명한 해병대에 지원해서 입대했습니다. 그 후 일병 때 발생했던 충격적인 사건이 있었습니다. 그 당시 하나와 같았던 전우의 죽음을 본 경험으로 인해 제가 사랑하는 사람들의 건강을 지켜주기 위해 힘쓰는 꿈을 갖게 되었습니다. 저는 군 전역 후 전자공학과에서 식품영양학과로의 전과를 희망했지만, 사랑하는 부모님의 반대가 매우 심했습니다. 안정적 취업이 보장된 학과에서 불투명한 미래를 보이는 '건강'이라는 분야를 공부하려는 아들이 걱정되셨던 것입니다. 하지만 저는 제 꿈에 대한 간절함이 컸습니다. 제가 꿈을 갖게 된 계기와 앞으로의 큰 목표를 PPT 자료로 정리하여 부모님 앞에서 직접 발표를 했습니다. 그런 간절함과 진심을 보시고 감사히도 전과에 대한 허락을 받았습니다.

전과에 합격 후 1년간 휴학을 하며, 100일간 무료로 보디빌딩을 트레이너 김진 선생님께 배우게 되었습니다. 매일 하루 두 번 1시간 30분씩 운동하고, 공부했습니다. 블로그에 매일 운동일지를 기록하며 노력하는 모습을 보며 부모님께서 하루씩 응원의 댓글을 달아주셨습니다. 이 세상에서 가장 사랑하는 부모님께서 가장 반대를 심하게 하시며 제게 실망을 하셨지만, 지금은 가장 큰 팬이 되셨습니다. 당시 저는 100일간의 철저하고 혹독한 훈련을 마무리하며 보디빌딩 대회를 출전하게 되었습니다. 시합에서는 비록 예선 탈락을 했지만, 살면서 미치도록 노력하며 뿌듯했던 유일한 순간이었습니다. 복학 후 학과 공부는 어려웠지만, 어렵게 선택한 저의 꿈의 도전에 포기할 순 없었습니다. 해병대의 '안 되면 될 때까지 하자!'라는 문구를 가슴에 되새기며 원했던 자격증 공부에 여러 번 불합격을 맞이해도 계속 도전해서 결국엔 모두 취득한 성과를 얻어냈습니다. 이 경험으로 O사에서 더욱 건강한 대한민국을 만드는 데 작은 도움을 주는 꿈을 이루고 싶습니다.

나는 해병대를 가면서 죽음의 고비를 넘기고 나만의 꿈을 키웠다. 그런 꿈의 도전 속에서 포기하지 않고, 여러 기회들을 잡으려 간절히 노력했다. 그렇게 직무에 관련된 자격증도 취득하고 대기업에 입사를 하게 되었다. 여기서도 제목이 이 글의 슬로건이 되었다. 실제 기자들이 기사를 쓸 때 중요한 법칙을 많이 활용한다고 한다. '3/30/3'이라는 법칙인데, 헤드라인에 3초간 눈이 머무르게 해야, 사람들은 해당 기사의 요약 내용을 30초 동안 읽고, 30초 동안 마음을 뺏어야 전체 기사를 읽는 데 3분이란 시간을 할애한다는 뜻이다. 중요하니 밑줄치고 곰곰이 되새겨보자.

자기소개는 취업뿐만 아니라 결혼 준비에도 필요하다. 결혼에 앞서 아내가 될 여자 친구의 부모님께 나를 잘 소개해야 한다. 또한 회사에 입사를 하면 근무 첫 날 자기소개를 하게 된다. 이처럼 우리는 자기소개를 할 일들이 앞으로도 많다. 자기소개서에는 첫 문장에 핵심을 담아야 한다는 사실을 꼭 기억하자. 앞으로의 인생을 사는 데 활용할 일이 굉장히 많아질 것이다.

4

'잘 쓴 자기소개서' vs '못 쓴 자기소개서'

실패의 원인을 마음에 잘 새기고 앞을 내다보라.
실패는 지혜의 가르침이다.
과거를 바꿀 수는 없지만 미래는 여전히 당신 손에 달려 있다.
― 휴 화이트

대한민국에서 최고가 된다는 것은 어떤 기분일까? 한국 책 쓰기 1인 창업 코칭협회 대표 김태광 선생님은 35세에 100권의 책을 펴내 〈대한민국 기록 문화대상〉을 수상했다. 그리고 현재 24년간 210권을 출간한 베스트셀러 작가이다. 9년간 1,000명의 작가들을 양성한 대한민국 1등 책 쓰기 코치이다. 나 또한 책 쓰기 수업을 이 선생님에게 배웠다. 김태광 선생님은 자주 이런 말씀을 하셨다. "글쓰기를 어렵게 생각하지 마라. 나의 경험을 편하게 써나가면 된다. 실패한 경험, 실패 속에서 느낀 교훈, 작은 성취의 경험, 일상의 소소한 기록들을 꾸준히 쓰면 필력이 향상된다." 이렇게 내 이야기를 편하게 써 내려가며 글쓰기 실력을 높일 수 있다면, 편하게 나의 경험을 재미있게 써 내려가면 잘 쓴 자기소개서가 되지 않을까?

여기서 중요한 것은 내 경험이 온전히 들어가야 한다는 것이다. 김태광 선생님은 말한다. "한 권의 책은 사례들로 만들어진 집이라고 볼 수 있다. 책의 퀄리티는 사례의 질과 비례한다." 실제 사례 없이 원고를 쓰는 일은 마른 수건을 짜내는 일과 같다. 사례 없이 원고를 쓰는 것은 작가도 고통이 따른다. 읽는 독자를 생각하기 위해서는 사례가 들어가야 한다. 그래야 재미와 감동을 줄 수 있다. 사례들을 씀으로써 저자의 말에 힘이 실리게 되고 독자들의 이해를 돕는 역할을 한다. 하지만 책에 들어가는 사례보다 중요한 것은 나의 생각과 의견이다. 실제 내실 있는 알맹이는 생각이다. 그래서 우리는 생각:사례 비율을 6:4 정도로 가져가야 한다. 이런 책 쓰기의 노하우를 자기소개서에도 적용을 해보자.

잘 쓴 자기소개서에는 지원자의 생각과 사례가 들어가야 한다. 실제 지원자가 경험했던 이야기를 써야 하는데, 남의 생각과 경험들을 쓰게 될수록 나를 홍보할 수 없게 된다. 회사에 지원하기 위해 자기소개서를 쓰는데 남 이야기로 남을 홍보해준다면, 그 사람을 뽑아야 하는 게 맞지 않을까? 그래서 자기소개서는 설명서가 아니라 찌라시가 되어야 한다.

세상에서 제일 재미없는 글이 무엇일까? 바로 설명서이다. 우리는 가전제품을 사게 되면 반드시 설명서가 따라온다. 하지만, 대부분은 설명서를 읽지 않고 혼자 알아서 해결하려고 한다. 왜냐하면 설명서는 정확한 근거와 논리로 지루한 설명만을 한 문서이기 때문이다. 설명서만 제대로 보면 그 물건에 대한 공부는 될 것이다. 하지만 그 속에는 감정이 없다. 감정 없는 로봇에 비유할 수 있다.

하지만 홍보 전단지를 뜻하는 찌라시가 된다면 어떨까? 요즘 우리는 배달음식을 정말 많이 시켜먹는다. 인기 많은 음식점들은 홍보를 정말 기가 막히게 잘한다. 유머와 감동으로 홍보를 하기도 한다. 사람들의 공감을 이끌려고 많은 노력을 한다. 음식점이 홍보하는 이유는 단 하나다. 사람들에게 웃음을 주기 위한 목적도 아니고, 그 식당을 홍보해서 인기를 높여 매출을 높이기 위해서다. 매력적인 문구, 매력적인 식당, 매력적인 사람의 공통점이 있다. 그것 자체의 색깔과 감동이 있다.

이제 자기소개서에도 생각과 경험을 통해 나를 정확히 홍보해야 한다. 홍보하기 위해서는 임팩트가 필요하다. 나를 회사에 판매하기 위해서는 강력한 임팩트로 채용 담당자의 마음을 흔들어야 한다. 자기소개서는 실제로 자기를 소개하는 글로만 읽혀서는 안 된다. 채용 담당자는 지원자가 살아온 성장 배경이 궁금한 것이 아니다. 진짜 궁금한 것은 지원한 직무와 연관된 경험이다. 그 경험에서 느끼는 생각을 함께 넣어 준다면 완벽하다. 자기소개서의 빈출 질문으로 나오는 지원동기, 역경을 극복한 사례 등에 직무와 연관된 경험을 제대로 써야한다. 명문대를 나오지 않고, 고스펙자가 아닌 지원자들이 합격할 수 있는 노하우도 이것 때문이다.

이력서 혹은 자기소개서에 취미, 특기 항목에 대해 쓰는 기회가 있었을 것이다. 그런데 많은 사람들은 이 둘의 차이를 명확히 알지 못한다. 2가지의 차이만 정확히 알더라도 자기소개서 쓰는데 도움이 된다. 잘 쓴 자기소개서가 되기 위해서는 취미를 쓰기보다 특기를 써야 한다. 그 이유가 뭘까? 두 단어의 뜻을 비교해보면 이해가 된다.

두 단어의 차이의 핵심은 결과가 '있다, 없다.'이다.

취미는 말 그대로 순수하게 재미로 즐기는 정도의 일이다. 죽도록 취미활동만 해서는 엄청난 결과를 만들어내지 못한다. 힘들면 안하고, 심심하면 하게 되는 느낌으로 보면 된다. 그래서 결과도 도출하지 않는다. 반면에 특기는 결과가 있다는 것이다. 예를 들어, 내가 자격증이 8개가 있다. 그것도 직무에 관한 자격증만으로 8개다. 그렇다면 자격증 취득하는 것이 내 특기가 될 수 있다. 자격증을 합격해서 증명할 결과가 있다는 것은 그것이 특기가 될 수 있다고 말하는 것과 같다. 그렇다면 여러분의 특기는 무엇인가? 내가 제과기업 O사 품질관리 직무에 대해 취업을 준비할 때 합격한 자기소개서 예시를 보여주겠다.

질문) O사에 입사하기 위해서 준비한 지식이나 스킬, 또는 경험을 기술해 주시기 바랍니다. 구체적으로 어느 분야에서 어떤 전문가로 활동하고 싶은지 설명해주시기 바랍니다.

〈퍼스널 트레이너 출신의 품질관리 전문가〉

O사는 "사람이 먹는 음식만큼은 가장 정직한 마음으로 만들어야 한다."는 신념으로 대한민국의 건강한 식생활 문화에 앞장서고 있는 기업입니다. O사만의 다름의 경쟁력으로 Only ORION을 보여주며, 브랜드의 세계화에 맞는 식품안전의 품질관리에 힘쓰고 있습니다. '원료-제조-물류'과정에 이르는 3단계 식품안전 관리 시스템 구축으로 하절기 품질 관리에 힘쓰며 국내 제과업계 최초로 무선 온습도 모니터링 시스템을 도입합니다. 이는 식품에 대한 전문적인 지식과 고객의 소리에 민감히 반응하며 올바른 소통으로 이루어 낼 수 있었다고 생각합니다. 저는 품질관리에서 가장 중요한 위생관리에 올바른 지식을 확립하고자 '위생사' 면허증을 취득했으며, 식품의 섭취를 통한 신체에 대한 영향을 공부하고자 '영양사, 식품 기사' 자격증을 취득했습니다. 2013년도에는 퍼스널 트레이너로서 회원의 건강관리를 도우며 운동을 지도했습니다. 또한, 건강한 신체의 변화를 돕기 위해 고객의 의문점에 대해서는 따로 전문서적을 공부하고 소통하며 문제 해결을 도울 수 있었습니다.

O사의 '닥터유' 브랜드는 맛과 함께 생애영양을 고려한 매력적인 제품입니다. 이를 바탕으로 저는 비만 인구를 줄이며 건강한 사회에서 즐길 수 있는 닥터유와 같은 신제품 개발에 힘쓰고 싶습니다. 이에 대해 품질관리에 대한 전문적인 이해와 공부가 필요합니다. 품질관리란 최저 비용으로 최고의 품질을 얻을 방법을 연구하는 업무입니다. 불량률을 낮추기 위해 원인을 찾고 해결책을 찾아가는 방법을 의미하는 '6시그마'를 가장 먼저 공부하고 싶습니다. 통계적 품질관리(SQC)와 통계적 공정관리(SPC)에 대한 학습들을 통해 최종적으로 '품질경영관리사' 취득을 위해 힘쓰겠습니다. 이에 대한 경력을 바탕으로 '식품기술사'까지 도전하며 훗날 제조분야의 최고경영자가 될 것입니다. 나무가 아닌 숲을 보는 시야로 바로 앞의 성취가 아닌 과정 속의 보람된 결과를 위해 힘쓰는 오리온의 인재가 되고 싶습니다.

내가 자격증 취득에 대한 특기에 대한 내용을 쓰면서 직무와 연관을 시키려 했다. 자격증 중에 '위생사'라는 면허증으로 품질관리에서 가장 중요한 식품 및 개인위생에 기여할 수 있음을 어필했다. 그리고 '영양사, 퍼스널 트레이너' 자격증을 토대로 O사에서 기여할 수 있는 바를 이야기했다. 그러한 자격증을 기반으로 건강한 식품을 만들 수 있다는 근거를 만들었다. 비만 인구를 줄일 수 있는 건강한 사회를 위해 O사의 건강한 식품을 만들고 품질을 관리하고 싶다고 이야기한다. 품질관리라는 직무에 연관이 될 수 있는 경험과 도전들을 자기소개서에 적게 된다면 채용 담당자의 마음을 사로잡을 수 있을 것이다.

이렇게 우리는 '잘 쓴 자기소개서'가 되기 위한 노하우들을 알아봤다. 나의 생각과 경험이 담긴 자기소개서 되어야 한다. 그리고 나의 취미와 특기가 무엇인지 한번 확인해보자. 취미는 결과를 내지 못하고 단순히 즐기는 활동이며, 특기는 내가 잘하는 일로 뚜렷한 결과를 도출하게 된다. 우리는 특기를 자기소개서에 잘 녹여내야 한다. 반면에 '못 쓴 자기소개서'는 지원자의 생각은 전혀 들어가 있지 않고, 단순한 정보들만 나열한 것을 말한다. 그리고 결과로 내진 못했지만 단순히 좋아서 하는 행동들인 취미만을 녹여낸다. 우리는 이 두 가지 자기소개서가 되는 키워드를 기억하면서 작성해보자. 여러분의 합격을 기원한다.

5

나만의 스펙에 진심과 스토리를 더하라

자기 자신을 믿어라.

모두가 너의 노력을 보아왔고 또 그것을 인정하고 있다.

네가 쌓아온 모든 것이 언젠가 너의 주먹에 깃들 날이 올 것이다.

– 애니메이션 〈더 파이팅〉 중에서

취업에서 성공하기 위해서는 남과 같아서는 안 된다. 남과 다른 나만의 특별함이 있어야 한다. 그 특별함을 찾기 위해서는 진심이 담긴 스토리를 추가하면 금상첨화이다. 우리가 흔히 말하는 스펙이란 무슨 뜻일까? 영어로 Specification을 뜻한다.

영어사전 뜻으로는 (자세한) 설명서, 사양(仕樣)을 뜻한다. 나를 설명하는 문서이다. 내가 일전에 말했듯이 우리의 이야기는 설명서가 되면 안 된다. 감정이 담긴 홍보전단지가 되어야 한다. 감동을 주는 메시지가 있어야 한다.

다시 스펙의 의미를 생각해보자. 그러면 나를 어떻게 설명할 수 있을까? 나를 먼저 제대로 이해해야 한다. 제대로 이해하기 위해서는 어떻게 해야 할까? 나를 알아가는 질문을 스스로에게 던져보아야 한다. 지금까지 살면서 스스로 나의 정체성에 대해 대화를 해본 적은 많이 없을 것이다. 보통 나와의 대화는 일기를 쓰면서 많이 하게 된다. 하루 동안 경험한 일 중에 힘들었던 일들은 무엇이었으며, 그 경험을 통해서 느낀 감정과 앞으로의 계획까지 쓰게 된다. 이런 능력은 사실 초등학교 때부터 키워오고 있었다. 하지만 초등학교 때, 방학숙제로 하던 일기쓰기는 곤욕이었다. 그냥 놀고만 싶었던 그 시절 숙제라고 생각하니 하기 싫었던 것이다. 이제 성인이 된 이 시점에 일기를 써볼 필요가 있다. 일기를 쓰면서 나와 대화를 하게 되고, 내 감정을 컨트롤 할 수 있는 힘이 길러진다. 내 감정을 이해하게 되면 글을 쓸 때에도 진심을 담을 수 있다. 하루를 정리하고 기록으로 남기게 된다면 훗날 취업을 준비할 때에도 좋은 글감으로 쓰일 수 있다. 우리의 인생은 하나의 역사와 같다. 그 역사에 대한 기록이 없다면 그 누구도 기억할 수 없다. 나를 가장 잘 아는 사람이 누구일까? 그건 바로 나다.

이제 나에 대한 이해가 선행되어야 한다는 것을 알았다. 그러면 무엇부터 시작해야 하는 게 좋을까? 가장 좋은 방법은 나에 대한 설문지를 만들어 작성하게 해보는 것이다. 즉, 나만의 생각노트를 만들어보자. 옴스 작가가 쓴 『스펙을 뛰어넘는 자소서』의 인생 기술서 작성 항목을 참고해보자. 이전에 STAR기법을 소개한 사례가 있다. 자기소개서 내용에 대해 S(Situation), T(Task), A(Action), R(Result) 4가지를 상황에 맞추어 순서대로 작성을 해야 하는 원칙이다. 하지만 그 방법은 특정 경험이나 소재를 회사의 인재상 또는 직무역량 기준으로만 해석하는 방식으로 보여질 수 있다. 사건에 대한 분석으로는 좋은 기법이지만, 지원자들의 사고 확장과 응용력을 키우기 위해서는 인생 기술서를 써보는 것을 추천한다.

인생 기술서 작성 항목

1. **성장 과정** (유년시절, 가정교육, 인생의 철학, 지켜온 신념 등)

2. **학창 시절** (중학교, 고등학교 시절 학습 활동, 관심사, 각종 교내외 활동 등)

3. **대학 생활** (교환학생, 프로젝트, 동아리, 대외 활동 등)

4. **연수** (해외어학연수, 교육연수 등)

5. **아르바이트** (음식점, 커피전문점, 창고, 학원 등 각종 아르바이트)

6. **봉사활동**

7. **인턴** (인턴 생활 동안 경험했던 모든 업무와 상황, 프로젝트, 배운 점 등 상세히)

8. **취미와 특기** (개인적인 취미, 특기, 관심사)

9. **그 외** (존경하는 인물, 인생 멘토, 좋아하는 글귀, 재미있게 본 책과 영화 등)

중요하지 않은 인생의 순간은 없다. 나에 대한 모든 기록들을 남겨보는 것이 가장 중요하다. 세세한 부분까지 모두 적어놓으면 진심 있는 스토리를 연결하는 데 확실한 글감이 된다. 이 인생 기술서를 작성하기 전에는 취업에 대한 인풋(Input)만이 머릿속에 들어갔을 것이다. 합격자에 대한 스펙과 합격자들에게 참고할 만한 자소서, 면접기출문제 등 에너지를 빼앗는 과정이었다. 나와는 전혀 관련 없는 딱딱한 정보만을 집어넣느라 머리가 딱딱해졌다. 하지만, 인생 기술서를 작성함으로써 나의 가치관이나 장점들을 파악할 수 있고 자존감이 높아질 수 있게 된다. 우리는 머리를 유연하게 할 필요가 있다. 나를 잘 파악하면 머리는 맑아지게 되고, 자신감이 넘치게 된다. 이것을 작성하면서 부담을 전혀 갖지 말기를 바란다. 머릿속에 떠오르는 모든 것들을 편히 모두 적어보아라.

나는 식품영양학과를 졸업했다. 미래 전망이 가득한 전자공학과를 포기하고 식품영양학과를 가게 된 계기는 앞서 많이 언급을 하였다. 나는 무엇보다 꿈이 간절했고, 건강의 가치를 전하는 사람이 되고 싶었다. 무모해보였지만 누구보다 간절한 진심이 있었다. 3학년 때 전과를 하게 된 나는 사실 2학년 성적이 너무 안 좋아서, 전과에 합격하기 어려울 정도였다. 그 현실을 직시하였기에 나는 간절한 마음으로 식품영양학과 모든 교수님께 개별적으로 메일을 드렸다. 이 메일의 전문을 소개하겠다.

제목: 마지막이라고 생각하는 간절함

안녕하세요? 저는 충북대학교 전자공학부 09학번 김수민이라고 합니다. 저는 전자공학부에서 식품영양학과로 전과를 계획하고 있어 교수님께 저의 간절함을 전해드리고자 메일을 적게 되었습니다.

혹시 교수님은 어떠한 일을 할 때 간절함으로 임했을 때 결과는 어떠셨나요? 간절함이라는 감정이 얼마나 큰 힘을 발휘하는지 경험해보신적이 있으신가요? 저는 지금 '전과'를 해야 하는 간절한 꿈이 있습니다. 저는 '세계 최고의 건강 전도사'라는 꿈을 가지고 있습니다. 부모님께서는 제가 안정성이 보장된 직업을 갖기를 원하셨고 저의 꿈이 구체적이지 않다는 이유로 반대를 많이 하셨습니다. 하지만, 부모님의 반대에 저는 진심을 담아 설득시켜드렸습니다. 식품영양학과로 전과를 하여, 건강한 식습관과 건강한 운동법으로 건강을 전해주는 직업을 꿈꾸고 있습니다. 이제 목표가 정해졌습니다. 이것이 아니면 절대 안 된다는 생각으로 전과를 준비하고 있습니다.

저는 항상 겸손한 마음으로 꿈에 도전을 하고 그 결과를 하나님께 맡기며 기다리기로 마음먹었습니다. 평범한 일상에서 도전할 무언가가 있다는 것은 정말 행복한 인생을 사는 원동력이 됩니다. 어떠한 정상의 궤도에 올라가 성공한 사람일지라도 도전하고 발전하지 않는다면 결코 행복한 인생을 살았다고 할 수 없습니다. 성공을 위해서 실패하는 경험들은 좋은 교훈이 됩니다. 그렇지만 이번에 전과를 도전하는 일에서는 결코 실패하고 싶지 않습니다.

어떠한 결과가 돌아오든지 하늘의 뜻으로 믿고 결과에 승복할 것입니다. 후회 없는 인생에 있어서 도전이 중요하듯 이런 경험들은 저만 가질 수 있는 멋진 인생스토리가 될 거라고 생각합니다. 앞으로의 꿈을 위한 모든 도전들은 제가 식품영양학과로 전과에 합격함으로써 펼쳐질 수 있습니다. 저의 23년 인생에 있어서 단 한 가지 소원을 이뤄지도록 해준다고 하면 저는 식품영양학과로의 전과에 대한 합격을 말할 것입니다.

제가 원하는 꿈인 '세계 최고의 건강 전도사'가 되기 위해서는 웨이트 트레이닝의 운동법만으로 이룰 수 없습니다. 다양한 식이조절을 통해 몸을 만드는 과정이 필요합니다. '건강'이라는 키워드를 위해 식품과 영양학이라는 분야에 대해서 간절히 공부를 하기 원합니다. 저의 개인적인 꿈을 영상으로 편집해보았습니다. 한 번 감상 부탁드립니다. 교수님은 제 인생에 구세주가 될 것입니다.

전과에 합격한 후 인사드리겠습니다. 항상 감사드립니다.

김수민 드림

그 후 면접을 마치고, 식품영양학과에 합격을 했다. 지금 생각해보면 저 시기에는 정말 간절했다. 그렇게 간절한 꿈으로 식품영양학과에서의 도전은 감동이 있었다. 총 8개의 건강에 관한 자격증을 취득했다. 그리고 경력사항으로는 피트니스 건강잡지 모델, 한국경제매거진 〈캠퍼스 잡앤조이〉 8월호 다이어트 칼럼 기고, 인바디 다이어트 수기공모전 나만의 비법상 1등 등이 있다. 꿈에 대한 꿈맥을 이어가는 도전으로 나의 인생은 행복했고, 진심이었다.

우리는 나 자신을 먼저 잘 알아야 한다. 불필요한 스펙을 위해 시간을 낭비하는 것이 아니라, 나를 이해하는 과정에서 내가 진심으로 원하는 스펙을 위해 힘써야 한다. 그 과정에서 우리는 진심을 갖게 된다. 진심이 담긴 행동과 도전은 분명히 감동할만한 스토리를 만든다. 그러한 스토리는 자기소개서를 비롯해 면접 때에도 빛을 발휘한다. 남과 차별화되는 나만의 스펙에 진심과 스토리를 더하라. 그러한 노력으로 우리는 취업에 반드시 성공할 수 있다. 언제나 나는 당신을 응원한다.

6

인·적성 준비는 기출문제가 답이다

어떤 일에 대하여 불가능 하다고 생각하고
행하기를 두려워하는 것은
곧 한 가지 일도 이루지 못함을 뜻하는 것이다.
— 영화배우 이소룡

인·적성 시험은 제2의 수능 준비다. 우리는 취업의 1차 관문인 이력서와 자기소개서 테스트에서 합격했다. 한 단계 인정을 받았다는 증거이니 자신감을 가져도 좋다. 이제 인·적성에 대해 준비해볼 차례이다. 우리는 인성과 적성이라는 항목에 대해 공부를 하게 된다. 그런데 실제로 공부를 할 수 있는 부분은 적성 항목밖에 없다. 회사 입장에서 왜 인·적성 시험을 보는지 한번 고민해보자. 회사는 이력서와 자기소개서에서 지원자의 과거를 살펴보았다. 취업 준비를 위해서 회사와 직무에 얼마나 필요한 경험들을 했는지 확인해보는 단계이다. 준비되지 않은 사람들은 탈락시키는 매정한 시스템이기도 하다. 준비된 자에게 복이 있나니, 인 · 적성 시험은 이력서와 면접의 사이에 있다.

우리는 이것을 하나 기억해두자. 이력서와 자기소개서, 그리고 인 · 적성 검사는 떨어지지 않기 위해 싸우는 단계이다. 반면에 면접부터는 붙기 위해 피 터지게 싸우는 단계다. 즉, 면접 전까지는 절대평가로 보면 되고, 면접부터는 상대평가로 비유하면 이해하기 쉬울 것이다. 인 · 적성 은 절대적인 기준점에 의해 지원자를 떨어뜨리게 된다.

회사마다 고유의 인재상을 가지고 있다. 인성항목은 회사의 인재상에 부합되는지를 확인해보는 단계이다. 여기서 정말 중요한 것은 인성항목에서는 거짓말을 절대, 절대 하면 안 된다는 것이다. 보통 5점 척도로 시험을 보게 되는데 문제 수만 200개가 넘을 것이다. 그 개수를 타이트한 시간 안에 모두 풀어야 하는데 생각할 겨를이 없다. 실제로 정해진 시간 안에 문제를 풀지 못하는 사람은 내가 아닌 다른 사람의 마음가짐으로 시험에 임했다고 보면 된다. 그런 사람은 합격할 수 없다. 인성검사는 시스템에 의해 나를 평가하는 항목들의 공통문제들이 곳곳에 흩어져 있다. 예를 들어 10번과 120번의 문제 의도가 동일한데 10번에서는 '1. 전혀 아니다'를 선택했고 120번에서는 '4. 어느 정도 그렇다.'를 선택하면 틀린 답이 된다. 분명히 말할 것은 진실하게 문제를 풀어라. 그렇다면 이런 궁금증이 있을 것이다. '저는 이 회사의 인재상과 전혀 반대되는 사람인데

요? 그럼 어떻게 합격할 수 있나요?' 이 질문에 나는 이렇게 대답하고 싶다. '그 회사에 지원하지마세요.' 매정에 보일 수 있지만, 정말 가고 싶은 꿈의 기업이라고 할지라도 인재상에 부합되지 않다면 회사에 적응하기 어렵다. 회사가 바라는 직원의 모습이 인재상에 담겨 있는데, 그 회사에서 원하는 방향의 업무방식을 따라갈 수 없게 되고 그만 지쳐 포기하게 될 것이다. 한 가지 희망이 되는 말은 '나에게 맞는 회사는 반드시 있다.'라는 것이다. 한 가지 회사에 얽매이기보다는 다양한 회사를 고민하고 나에게 맞는 인재상의 회사가 어디인지 찾아보자. 인성검사는 '하면 된다.'의 영역이 아닌 '나여야 된다.'의 영역이라는 점을 기억하길 바란다. 인성검사는 최고를 뽑는 것이 아니라 최악을 걸러내는 작업이다.

이제 우리가 공부를 해서 결과를 바꿀 수 있는 것은 적성검사 밖에 없다. 적성검사를 재미삼아 한번 훑어보자. 어떤 생각이 드는가? 적성검사는 지식수준이 얼마나 다양한지 알아보는 문항이 20%이고 사고능력이 어떤지 보는 문항이 80%로 이루어진 시험이다. 그래서 더욱이 IQ 테스트를 보는 느낌이 들 것이다. 그렇다면 IQ 테스트를 보는 목적이 무엇일까? 그 사람의 두뇌를 평가하는 것이다. 지능 발달 정도를 나타내는 검사 결과의 수치이다. IQ는 선천적인 요인이 크다. 학창 시절 공부는 하나도 안 하고, 매일 게임만 하는 친구인데 시험을 보면 반에서 1, 2등 하는 아이들이 있다. 우리는 먼저 현실을 인정해야 한다. 머리 똑똑한 친구가 적성검사를 잘 풀 수밖에 없다. 즉, 머리 똑똑한 친구가 문제해결능력이 좋고, 그러한 능력으로 좋은 대학교에 가게 된다. 명문대 학생일수록 적성 문제는 손쉽게 푸는 학생들이 많다.

그런데 나는 지방대 학생이고, 머리가 똑똑하지 않은데 어떻게 경쟁자들을 이길 수 있을까? 정답은 후천적으로 최대한 노력해보는 것이다. 똑똑한 학생들이 적성검사도 잘 본다는 현실을 인정했으면, 우리는 그 공식을 깨버리면 된다. 문제 유형에 익숙해지는 수밖에 없다. 그런데 인 · 적성 시험은 보통 서류전형의 합격자 발표가 난 후 2~3주 정도 뒤에 시험을 보게 된다. 그래서 미리 준비를 하지 않으면 시험을 잘 볼 수가 없다.

나의 경우도 C그룹 인 · 적성 시험이 서류전형 합격하고 2주 후에 보게 되었다. 실제 2주라는 시간은 내게 부족했다. 나는 서류 전형이 발표나기 전부터 준비를 했다. 대략 1달 정도 준비를 했고 뒤늦게 준비한 만큼 많은 양의 문제를 풀며 유형에 익숙해져야 했다. 대개 2달 이상 준비하는 사람들이 많이 합격한다는 이야기를 들어 걱정이 되었다. 하지만 도전하는 마음으로 기출문제들을 보며 연습을 했다. C그룹 적성 문제 유형은 '인문학, 상식, 수 추리, 언어 추리, 공간지각' 등이 있었다. 사실 나는 인문학, 상식 유형이 많이 부족한 편이었기 때문에 기출문제에 나왔던 것만큼은 확실히 이해하고 외우기 위해 노력했다. 처음에 95문항을 시간 재서 풀었을 때 50문항 남짓 풀었던 것으로 기억한다. 조금씩 문제 유형에 익숙해졌고, 문제집을 하나 더 구매해서 풀었다. C그룹 적성 문제들은 대부분 1문제에 30초 남짓을 할애해 풀어야 했다. 그래서 문제를 읽으며 풀 수 있는 것과 풀 수 없는 것을 빠르게 판단해서 포기할 건 포기했다. 그것이 중요한 포인트라고 생각한다. 절대 틀린 답으로 오답률을 높이지 마라. 이렇게 준비한 기출문제 7회 분량을 연습했던 것이 실전에서 굉장히 도움이 많이 되었다. 처음으로 시간 내 95문항 까지 빠르게 한 번 훑어서 풀어볼 수 있었고 뒤에서부터 남은 시간 동안 못 풀었던 문제들을 하나씩 풀어가며 해결했다.

우리는 20년 넘게 인생을 살면서 나라는 사람의 성격과 가치관이 생겼다. 인성은 바꾸기 어려운 항목인 점을 인정하고 솔직하게 대답해야 한다. 그리고 적성검사는 사실 자기가 올라갈 수 있는 능력이 정해져 있다. 즉, 개인마다 최고 성적에 도달할 임계점이 존재한다. 우리는 매번 그 한계까지 능력을 끌어 올릴 수 없다. 그 임계점은 최고의 컨디션일 때 올라갈 수 있는 목표이다. 그래서 우리는 한계점에 멈추어 포기하기보다는 악조건의 컨디션에도 잘 할 수 있도록 부지런히 연습을 해야 한다는 점이다. 적성 검사는 잘 치기 위한 싸움이 아니라 못 치지 않기 위한 싸움인 것이다.

지금까지 나는 너무도 현실적인 이야기를 해주었다. 그렇다고 너무 좌절하지 마라. 초등학교 때 쟀던 기억으로 나의 IQ는 100 초반 정도였었다. 그런 나도 인·적성 시험에서 합격을 했다. 나는 사실 인·적성 시험이라는 것을 대학교 졸업할 때까지 단 한 번도 유형을 본적이 없다. 문제집을 열어본 적이 없었다. 처음으로 C그룹을 준비하며 시작한 것이다. 나는 사실 서류전형에 합격할 거라는 확신은 없었다. 취업 준비라는 것을 처음 해보는데, 대한민국에서 1등 식품회사라는 기업에 지원을 했다. 처음부터 가장 높은 꼭대기를 바라본 것이다. 취업 준비를 하는 동안 나는 무척이나 서툴렀다. 하지만 어느 때와 같이 나는 목표가 생겼고, 중간에 절대 포기하지 않았다. 서류전형을 준비하면서 나에 대한 이해를 먼저 하고자 노력했다. 나의 경험과 스토리를 정리했고, 나의 경력들을 나열해보았다. 이 회사, 이 직무에 대해서 어떠한 관련을 지을 수 있을지 고민했다. 사실 가장 이상적인 취업 방법이란, 대학교 1학년 때부터 이 회사만을 위해 준비한 사람일 것이다. 하지만 많은 사람들은 취업 준비를 4학년 시점에 할 것이다. 나 또한 그랬다.

　처음에는 누구나 부족하다. 그렇지만 겸손함 속에 자신감을 가졌다. 그리고 그 자신감은 근거가 있어야 했다. 내가 그 동안 살아온 스토리는 근거를 찾기에 충분했다. 나는 C그룹 한 곳의 자기소개서만 작성하는 데 1주일이 넘게 걸렸다. 보고 또 보고, 누락된 것은 없나 확인했다. 자기소개서는 요구하는 글자 수를 모두 정확히 맞춰서 제출했다. 그렇게 서류 전형을 마쳤고 결과를 기다렸다. 나는 서류합격 통보를 받았을 때 너무 행복했다.

'안녕하십니까 김수민님, C그룹 인사팀입니다. 2016년 하반기 C그룹 신입 서류전형에 합격하신 것을 진심으로 축하드립니다. 금번 서류전형은 지원하여 주신 각 직무의 전문가로 구성된 심사위원들이 직무에 대한 이해도와 열정 등을 종합적으로 고려하여 실시하였으며, 그 결과 김수민님이 우수한 인재로 판단되어 C그룹 종합적성검사에 모시게 되었습니다.'

한 단계씩 합격으로 인해 성장하는 내 모습을 보며 스스로 정말 행복함을 느꼈다. 그 이후 인·적성 준비도 나에 대한 확신과 노력으로 합격할 수 있었다. 인·적성 준비로 막막할 20대는 이 글을 읽으며 전략적으로 해나가길 바란다. 인·적성 준비는 기출문제가 답이다. 기출문제집을 구매해서 2권이든, 3권이든 풀며 익숙해지자. 기출문제에 익숙한 자가 실전에서 성공한다. 모든 시험은 다 똑같다. 여러분의 인·적성 시험 합격을 기원한다.

7

면접관을 감동시키는 1분 스피치는 따로 있다

인생은 1인치를 전진하기 위한 싸움이야.

운은 자신이 만드는 거지.

– 영화 〈애니 기븐 선데이〉 중에서

면접을 보게 되면 1문제당 통상적으로 1분~2분 사이에 답을 하게 된다. 그 시간을 넘어가버리면 면접관의 집중력이 떨어지게 되고, 지원자는 말하는 내용에 깊이가 없어지게 된다. 짧은 시간 안에 많은 걸 보여주기보다는 임팩트 있는 표현이 중요하다. 앞서 말했던 것처럼 우리는 두괄식을 활용해야 한다. 1분 동안 말하는 스피치에서 내가 말하고자 하는 바를 가장 먼저 서두에 두어야 한다. 면접에서 가장 먼저 1분 자기소개를 시작하게 된다. 1분 자기소개는 떨리는 지원자를 본격적인 질문에 앞서 입이 풀리도록 도와주는 의미가 있다. 하지만 이때도 우리의 전략은 필요하다. 면접관들이 궁금해할 질문의 보물을 넣어둔다. 1분 자기소개에 관해서는 4장의 목차 '02. 면접관을 감동시키는 자기소개서를 적어라'에 자세한 설명이 있으니 참고하기 바란다.

면접은 시작이 있으면 끝이 있는 법이다. 모든 면접에는 마무리를 하기에 앞서 지원자에게 반드시 하는 질문이 있다.

"마지막으로 하고 싶은 질문이 있나요?"

면접을 끝내는 아름다운 마무리 멘트로 면접관들의 마음에 나를 각인시켜야 한다. 마지막 한마디 또한 1분 내외로 하는 것이 좋다. 보통의 지원자들이 우물쭈물 거리는 동안에 가장 먼저 내가 할 수 있다고 외쳐보자. 전혀 아무것도 준비되지 않았다고 하더라도 외쳐보자. 우리는 이 시간에 간절한 마음을 표현하면 된다. 지푸라기라도 잡는 마음으로 나를 도와달라고 하면 조금은 마음이 움직이지 않겠는가? 하지만 애걸복걸하듯 무의미한 1분을 흘려보낸다면 면접관들은 오히려 좋지 않은 점수로 이미지가 깎일 수가 있다. 그렇다면 어떻게 말하는 것이 좋은 마지막 한마디가 될까?

우리는 솔직히 회사 입장에서 마지막에 하고 싶은 말을 요청하거나 질문을 해보라는 말에 할 이야기가 없을 수 있다. 도대체 무슨 질문을 하라는 것인지 의아할 수 있다. "괜찮습니다. 이미 면접관님을 통해 제가 궁금해 했던 부분은 해결되었습니다."라고 하면 면접에 마이너스가 된다. 회사와 직무에 관심이 없어 보이는 지원자로 낙인찍힐 수 있는 것이다. 그리고 그 질문에는 회사의 외부적인 이미지를 활용해서 나를 표현하면 안 된다. 예를 들어 회사의 연봉이 높다든가, 많은 복리후생 혜택이나, 휴가제도 등에 대해 이야기를 하면 안 된다. 어느 면접관이 '이 회사는 연봉이 높아서 꼭 오고 싶습니다! 저를 뽑아주신다면 매일 야근을 하더라도 열심히 일할 자신이 있습니다!'라고 말하는 사람을 뽑고 싶겠는가? 회사의 이익이 되는 이야기가 아닌 내가 개인적으로 필요한 질문이나 이야기는 안 하느니만 못하다.

그러면 어떤 질문을 하는 것이 가장 매력적으로 보일까? 우지은 작가의 『면접 합격 시크릿』을 참고해보자. 우리는 면접하는 동안에 내게 말해주었던 내용을 활용해서 질문을 해보자. 면접하는 동안 면접관이 대화 속에서 회사의 올해 목표에 대해 간단히 말해주었다고 해보자. 그렇다면 마지막으로 하는 질문에서 회사에서 올해 집중하는 사업과 구체적인 방향에 대해서 다시 한 번 질문을 할 수가 있다. 혹은 마지막으로 하고 싶은 말을 할 때 집중하는 사업을 나의 경험에 맞출 수도 있다.

이런 질문들이 좋은 이유는 한 가지로 표현할 수 있다. 대화에 집중하며 키워드를 뽑아내는 능력을 면접관은 선호한다. 그들의 말에 경청을 하여 대화를 이끄는 소통 능력이 회사 생활에 있어서는 굉장히 중요하다.

이 외 가장 쉽게 해볼 수 있는 질문은 해당 업무와 팀에 관한 질문이다. 이미 합격했다는 자신감으로 이런 질문을 하게 되면 열정적인 사람으로 비추어질 수도 있다. 몇 가지 예시를 통해 알아보자.

'이 직무를 수행하는 데 가장 필요한 자질은 무엇일까요?'

'미래의 발전과 함께 구성원들에게 앞으로 어떤 다양한 업무를 할 기회가 주어질까요?'

이처럼 회사의 미래에 대한 구체적인 질문으로 면접관에게 나의 애정을 보여줄 수 있다. 절대로 우리는 면접관을 당황하게 하는 질문은 하지 않도록 주의하자.

그리고 우리는 면접을 끝내는 아름다운 멘트를 할 때 꼭 기억해야 할 한 가지가 있다. 마지막까지 입사 의지와 열정을 보여주는 것이 핵심이다. 단지 "감사합니다."라는 표현으로 마지막의 소중한 기회를 날려 버릴 수 없다. 우리는 나의 마지막 인상을 결정하는 아름다운 마무리 멘트를 표현해야 한다.

우선 면접 기회를 준 감사함을 표현하자. 그리고 나의 열정을 보여주는 것이 중요하다. 열정과 간절함으로 면접 마지막까지 임하는 지원자는 기억될 수밖에 없다. 사실 면접 처음부터 도전적인 경험과 아주 꼭 필요한 인재라고 면접관들의 마음에 쏙 드는 사람도 있다. 하지만 마지막까지 애매한 평가를 받은 지원자들에게 이 기회는 절호의 찬스가 된다. 그렇다고 너무 뻔한 멘트로 이 기회를 날려버리지 마라. 남들이 모두 할 수 있는 뻔한 멘트는 안 하는 것과 같다.

"뽑아만 주시면 최선을 다하겠습니다. 열심히 하겠습니다."

회사는 마지막 1분의 한마디에서 회사의 미래에 기여할 사람을 다시 한 번 보고 싶어 한다. 어떠한 지원자에게 절실함을 보고 기회를 주고 싶게 만들어야 한다. 간혹 감정을 주체하지 못해 그 자리에서 울어버리는 사람이 있다. 면접관의 입장에서 그런 사람들은 일을 할 때에도 본인의 감정을 주체하지 못해 툭 하면 울어버리거나 주변 사람들을 당황하게 만들 수 있다고 느낄 수 있다.

나는 취업을 준비할 때 모든 면접에서 마지막으로 하고 싶은 질문을 받았다. 그리고 나의 간절함을 표현했다. 마지막으로 하고 싶은 말을 묻는 면접에서 내가 끝까지 페이스를 유지할 수 있는 원동력은 무엇이 있을까? 마지막 1분 스피치를 잘하기 위해서 면접부터 잘 봐야 한다. 잘 보는 면접을 위해서 나는 해답을 알고 있다. 우리는 면접의 비밀 평가시트를 잘 활용하여 준비를 해야 한다. 면접관의 비밀 평가시트는 2가지로 나누어 볼 수 있다. '인재상'과 '직무역량'이다.

[인재상]은 지원하고자 하는 회사의 채용 홈페이지에서 확인해볼 수 있다. 그 키워드를 토대로 5점 척도의 평가표를 만들어본다. C그룹은 내가 입사 당시 인재상은 3가지였다. '정직, 열정, 창의'이다. 그렇다면 이 3가지의 의미를 알아보자.

- 정직 : 기본이 되는 윤리에 벗어나지 않으며, 비효율을 용납하지 않는 행동을 뜻한다.
- 열정 : 도전, 성취 지향, 진취성을 뜻한다.
- 창의 : 독창적인 의견과 새로운 시도를 통한 창의성을 의미한다.

이와 더불어 많은 대기업은 '전문성, 글로벌'을 강조한다. 그렇게 5가지의 체크시트를 만들 수 있다. 회사는 단순한 자기 어필을 하는 사람을 믿지 못한다. "저는 책임감이 강합니다! 그리고 리더십이 강합니다!" 하지만, 지금의 면접관들은 Best People보다 Right People을 뽑고 싶어한다.

[직무역량] 또한 각 회사의 채용 홈페이지에서 참고할 수 있다. 각 직무별 요구되는 Qualification의 키워드를 각각 뽑아내보자. 그리고 각 항목에 대해 5점 척도의 평가표를 만들어보자. 이에 대한 대답으로 1분 스피치를 해야 한다. 강한 의지와 소망은 필요가 없다. 우리에게 기대하는 것은 관련 경험이다. 사람은 변하지 않는다. 과거에 특정한 상황에서 어떤 행동을 했다면 미래에 비슷한 상황에서도 그렇게 행동할 가능성이 크다. 과거에 창의적인 행동을 했다면, 미래에도 창의성을 발휘할 역량이 충분하다고 느낄 것이다.

면접관은 우리를 BBSI(Behavior Based Structured Inquiry) 방식으로 평가한다. BBSI 방식이란 무엇인지 간단히 알아보자. BB는 '행동 기반'의 평가를 뜻하며, SI는 '구조적인 질문'을 말한다. 따라서 우리는 실제 경험 사례를 이에 맞추어 정리를 해야 한다. 지원자는 화두를 가장 먼저 말하고, 배경, 행동, 그에 따른 결과를 표현해야 한다. 더듬더듬 말해도 괜찮다. 평가 항목에 연관된 구조로 이야기하면 점수를 좋게 줄 수밖에 없다. 면접에서도 STAR를 기억하자. 'ST(상황, 임무) A(액션) R(결과)' 평가시트를 만들어보았다면 경험 사례를 이야기해야 하는 데 절대 문장으로 외우지 마라. 일단 문장은 정리하되 면접실에 갈 때에는 '키워드'만 가져가야 한다.

경청과 열정을 잘 표현함으로써 면접관을 감동시킬 수 있다는 것을 알게 되었다. 마지막의 한마디를 위해 우리는 면접 전체에 대해 집중해야 한다. 면접관의 질문하고자 하는 의도를 먼저 파악하는 것이 중요하다. 내가 직접 면접관의 평가시트를 작성해보고 면접 준비를 해보자. 내가 만든 평가시트가 면접 족집게 강의가 되는 것이다. 면접을 감동시키는 1분 스피치는 준비, 열정, 경청이라고 말하고 싶다. 준비된 자에게 기회가 있다. 여러분도 그 기회를 잡기 위해 최선을 다하길 바란다.

8

분기별로 나만의 이력서를 업데이트한다

진정한 너로 거듭나는 과정을 멈춰선 안 돼.
얼마나 강한 펀치를 치느냐가 중요한 게 아니야.
얼마나 강한 펀치를 맞고도 다시 일어나느냐가 중요한 거지.
― 영화 〈록키 발보아〉 중에서

'당신의 컴퓨터를 업데이트 하시겠습니까?'

우리는 컴퓨터를 정기적으로 업데이트를 하게 된다. 최근에는 Window10으로 대대적으로 업그레이드를 하게 되었다. 시스템이나 기술처럼 우리의 인생도 업데이트 되어야 한다. 그럼 업데이트의 사전적 의미가 무엇일까? 말 그대로 기존 정보를 최신 정보로 바꾸는 것이다. 업데이트를 하지 않으면 그 자리에 머물게 된다. 더 이상의 발전은 없고, 정체된 인생을 살게 된다. 인생처럼 우리의 취업을 준비하는 데 있어서도 업데이트는 반드시 필요하다. 그렇다면 업데이트의 주기는 어떻게 정하는 것이 좋을까? 나는 개인적으로 분기별로 업데이트 하는 것을 추천한다. 우리가 취업 준비하는 기간을 생각해보자. 1년을 보내면서 대부분의 공채 준비는 상반기, 하반기 2번에 나누어 진행된다. 6개월의 주기라고 생각해보자. 만약 상반기 취업을 준비하며 성공하지 못했다면 다시 하반기를 준비해야 한다. 6개월마다 우리는 오직 직진이다. 중간의 내 커리어를 정리할 시간이 없게 된다. 상반기 끝나고 잘못된 점을 반성하고 다시 나아간다. 하지만 하반기 때에도 실패하게 된다. 원인은 무엇일까?

중간 점검은 중요하다. 꿈을 위해 도전하는 동안에도 우리는 중간중간 내가 올바른 방향으로 가고 있는지 점검을 해야 한다. 취업 준비도 동일하다. 채용 기간의 주기인 6개월마다 이력서를 업데이트 하는 것이 아닌 분기별로 해보라. 우리는 중간 점검의 시간이 필요하다. 분기별 점검이 아닌, 매주 매일 점검을 하게 되면 사람은 지치게 된다. 우리의 취업 준비는 체력을 비축하고, 정신적으로 버틸 힘이 필요하다. 그런 점에서 더욱 분기가 적당하다.

우리 아버지는 나와 목욕탕에 자주 가는 것을 좋아하신다. 아들을 둔 아버지의 로망이라고 할까? 이 세상의 아버지는 아들과 목욕탕에 함께 가서 따뜻한 탕에서 몸을 녹이며, 세상사는 이야기를 하고 싶어 한다. 그리고 서로 등을 밀어주면서 부자지간의 애정이 매우 높아진다. 그런 1~2시간의 시간 동안 우리는 많은 이야기를 한다. 나의 고민거리, 친구들의 이야기, 취업 준비에 대한 진행 단계, 앞으로의 계획, 연애 이야기 등. 하지만, 대부분의 20대 아들은 아버지와 목욕탕에 가기를 좋아하진 않는다. 남사스럽다고 느끼고 부끄러워한다. 왠지 친구랑 가면 시시콜콜한 이야기를 편하게 하면 될 텐데, 아버지랑 가면 굉장히 어색할 것 같다는 의견이 많다. 나도 사실 처음에 아버지와 목욕탕에 갔을 때 굉장히 어색했다. 그때 당시에는 아마 사춘기 혹은 수능 준비로 인해 힘들었을 때였던 것으로 기억난다. 그리고 어렸을 때는 아버지와의 관계가 어색한 편이었다. 하지만 한두 번 가게 되면서 아버지의 인생 이야기도 듣고, 알지 못했던 아버지의 상처들도 알게 되었다. 사실 집에 있으면 그렇게 둘만의 시간을 오랫동안 가지기가 힘들다. 하지만 목욕탕에서는 온전히 두 사람의 공간이다. 서로의 힘들었던 이야기들을 하며 끄덕여주고 경청해주었다. 우리가 정말 힘들 때에는 누군가에게 나에 대해 말만 하고 싶을 때가 있다. 충고나 조언 따위는 듣기 싫고 온전히 내 이야기를 듣길 원한다. 그런 것처럼 아버지와 나는 경청을 하며 이야기를 나누었다.

우리는 목욕탕을 분기별로 간다. 분기별로 한 번씩 갈 때마다 목욕을 마치고 바나나 우유와 맥반석 계란을 먹으며 행복한 추억을 만든다. 그렇게 분기마다 가면서 그 동안의 못다 한 이야기들을 하고 더욱이 나를 돌아보는 시간이 된다. 아들이라면 아버지와 목욕탕에 가길 추천하고, 딸은 어머니와 목욕탕에 한번 가보아라. 사랑도 키울 수 있고, 나를 더욱 사랑하는 계기가 된다.

이제 내가 실제 취업을 준비했던 2016년을 말해주겠다. 2016년의 해는 다사다난 했다. 1학기에 졸업 유예를 했다. 졸업 유예를 한 목적은 사실 취업 준비보다는 내가 취득하기 원했던 자격증의 자격 요건을 맞추기 위함이었다. 식품영양학과에서 1과목의 이수가 부족해서 하게 된 것이다. 하지만, 후에 필수과목에 대해 학과에서 잘못 전달하는 바람에 시험 볼 수 있는 조건에 충족이 되지 않았다. 그래서 나의 유예의 목표는 그렇게 사라졌다. 하지만 그 시간 동안 이루었던 도전으로 지금의 나를 만들었다. 6개 이상의 자격증을 취득했고, 많은 경험을 했다. 이런 도전들은 취업할 때 고스란히 나의 진짜 스토리가 되었다. 간략히 나만의 이력서를 소개해주겠다.

2016년 이전

- NSCA 스포츠영양코치 자격증 (2013.7.7.)
- 생활체육지도자 '보디빌딩 3급' 자격증 (2013.8.17.)
- Kinesi-Therapy Specialist Level 1(운동처방사) (2014.1.5.)

– 한국보건의료인 '위생사' 면허 (2015.12.17.)

2016년 1분기
– 한국보건의료인 '영양사' 면허 (2016.2.24.)

2016년 3분기
– 대한영양사협회 '스포츠 영양사' 자격증 (2016.7.2.)

– 국제퍼스널 트레이너자격증 'NSCA-CPT' (2016.8.4.)

– 국가기술자격증 '식품기사' (2016.8.5.)

– 국가기술자격증 '한식조리기능사' (2016.8.17.)

– 컴퓨터활용능력 2급 (2016.9.9.)

2018년 3분기 (2년차 직장인)
– 식품안전경영시스템 국제 심사원자격증 (FSSC 22000 국제심사원) (2018.7.25.)

– 식품안전경영시스템 국내 심사원자격증 (ISO 22000 인증 심사원) (2018.8.10.)

위의 예시로 나의 자격증 취득의 이력서를 보여주었다. 분기마다 많은 역량을 보이진 못했지만 하나씩 목표를 정하고, 도전하는 과정에서 우리의 이력서는 업데이트가 된다. 결과가 나오지 않아도 걱정마라. 분기별로 나의 활동들을 정리하면 된다. 분기별 계획을 잘 지키고 있는지 확인하면 된다. 그러한 기록들을 글로 편하게 정리해도 되고 위의 예시처럼 결과물로 정리해도 된다. 업데이트란 성장을 의미한다. 우리는 취업을 준비하면서 성장을 해야 한다.

여기서 내가 짧은 기간 안에 자격증들을 여러 개 취득할 수 있었던 노하우를 알려주겠다. 정답은 두 개씩 겹쳐서 준비하는 것이다. 사실 취업 준비를 많이 하는 4학년의 마지막 학기 때에는 시간적으로 여유가 있다. 하지만 한 가지 자격증만을 준비하기보다는 2개씩 준비하는 것을 추천한다. 우리의 집중력은 한계가 있다. 1개를 빠르게 취득하고, 다음 것을 준비하기엔 우리는 시간을 효율적으로 써야 한다. 하루 종일 1개의 자격증만 계속 공부하게 되면 지칠 수가 있다. 하지만 다른 자격증과 함께 준비하게 되면 새로운 변화를 주어서 뇌를 깨어나게 한다. 그래서 나는 2개 이상씩 준비하며 단기간 안에 자격증들을 취득할 수 있었다. 한 가지만 올인 하기에는 리스크가 크다. 하나가 끝날 때까지 불합격하면서 또 계속 도전하고 합격을 기다리는 시간이 취업 준비생에게는 오히려 독이다. 나의 조언을 참고해서 도전해보길 추천한다. 사실, 그 시간 동안 정말 많이 힘들다. 하나도 끝내기 힘든데 2개를 어떻게 공부하냐고 나에게 따질 수 있다. 하지만 우리는 할 수 있다. 용기를 가지고 도전해보라.

나는 원래 2가지 일을 함께 하지 못한다. 멀티플레이가 안 되는 사람이다. 1가지 일을 하다가 다른 사람이 말을 걸면 듣지 못할 때가 많다. 2가지를 한 번에 하면 시간도 아끼고 좋을 텐데 그걸 못한다. 하지만, 자격증이나 직무에 대한 경험을 준비하는 데 있어서는 동시의 개념이 다르다. 자격증을 준비하는 동안은 2~3개월의 긴 시간을 뜻하는 것이고, 멀티플레이는 짧은 몇 초의 시간 동안의 일을 말한다. 시간적인 개념 자체가 다르다. 일상에서 멀티플레이가 안 되는 여러분도 자격증만큼은 멀티플레이를 할 수 있다.

내가 가장 좋아하는 문구가 있다. '안 되면 될 때까지!' 이 문구는 해병대 정신을 뜻한다. 해병대에서 군복무 하는 동안 훈련소에서 교관님들께 정신교육을 받는다. 훈련소 때에는 육체적으로 힘든 부분이 굉장히 많다. 육체적인 훈련이 굉장히 많지만, 식사량은 한없이 적다. 잠을 자지 않고 행군을 하기도 하며, 극기주라는 훈련 기간에는 훈련은 2배가 되지만 식사량은 1/2로 줄어든다. 우리의 한계 끝까지 밀어 넣는다. 하지만 해병대를 전역한 사람은 느낄 수 있다. 그때는 죽을 것 같았지만 다녀오고 나서는 추억이 되었다. 그렇게 '안 되면 될 때까지!'는 내 마음속에 평생 동안 기억되는 문구가 되었다.

이렇듯 나는 내 한계를 끝까지 밀어 넣으면서 취업 준비를 했다. 정말 머리에 쥐날 것 같고, 잠도 부족했으며 체력은 바닥이 났다. 하지만 해병대의 나를 기억하며 '안 되면 될 때까지'의 정신으로 버텼다.

여러분도 해병대의 '안 되면 될 때까지' 정신을 한번 느껴보며 취업 준비를 하길 바란다. 분기별로 나만의 이력서를 업데이트하는 것은 체력적으로 지칠 수 있다. 보이지 않는 미래에 막막할 수 있다. 하지만 이 책에서 내가 여러분들에게 조언했듯이 꿈을 가지고, 계획적으로 취업을 준비하면 해낼 수 있다. 취업 준비는 혼자 하는 싸움이 될 수 있다. 하지만 항상 사랑하는 가족과 친구들을 기억해주길 바란다. 우리가 힘든 이 시기를 버티면 곧 웃는 날이 반드시 온다.

<취업 성공을 위한 핵심 노트>

자기소개서 쓰는 요령

"머리 위로 별이 뜨다. 두괄식과 STAR를 기억하라"

김도윤, 제갈현열, 『인사담당자 100명의 비밀녹취록』 중에서

※ 제목이 나머지 전체를 대변하는 결론의 이야기가 나오게 쓰라.

S(Situation): 이야기를 시작하는 그 상황을 설명

T(Task): 그 상황에서 나에게 주어진 역할이나 행동

A(Action): 어떤 것을 실제로 하게 된 경험

R(Result): 나에게 주어진 역할은 무엇이었는지 확인하고, 행동으로 옮김으로써 성취한 결과

CHAPTER 5

오랫동안 함께 일하고 싶은 사람이 되라

1

나만의 업무 철학을 가져라

인정하지 말고 다시 도전하라. 인정할 때가 끝나는 때야.
한 번 더 일어설 것이면, 남자한테는 변명이 필요해.
변명이 없는 남자는 일단락지어졌다는 증거야.
– 애니메이션 〈더 파이팅〉 중에서

여러분은 자신만의 인생철학이 있는가? 나에게도 인생철학이 있다. 그건 바로 "불합격으로 실패했더라도, 주저앉지 않고 반드시 도전해서 해낸다!"이다. 나는 어느 것 하나를 하더라도 조금 더딘 사람이다. 남들은 그에 대한 재능을 가지고 있어서 무얼 해도 척척 해내는 것 같았다. 고등학교 때 수능을 준비할 때 나는 제자리걸음을 하는 것 같지만, 다른 친구들은 좋은 성적을 받아 언제나 당당한 것 같다. 지금 돌아보면 똑똑한 머리도 중요하지만 공부를 잘하는 친구들은 잘하는 방법을 알고 있었다. 그때의 나는 단순히 암기하며 익숙해지는 것으로 나의 공부에 만족해했다. 인터넷 강의를 들으며 많은 강의를 들었다는 것에 만족감을 느끼며 그 지식들을 내 머릿속에 다 넣은 것 같은 느낌이었다. 반면에 공부를 잘하는 친구들은 인강을 많이 듣기보다는 스스로 문제를 풀어보며 해결법을 이해하는 데 집중했다. 그리고 기본을 중요하게 생각했다. 옛날 수능 만점자들이 인터뷰를 할 때 항상 말하는 것이 있는데 교과서로만 공부를 했다는 것이다. 어릴 때에는 '교과서에 도대체 어떤 고급 정보들이 있기에 저렇게 말하지? 수능 만점 받았다고 거짓말 하는 것 같아!'라고 생각했었다. 하지만 정말 중요한 것은 교과서에는 원리가 담겨 있었다. 어떠한 단어에 대한 정의부터 알아보는 것에서 시작한다. 그리고 그 기본을 이해하기 위해 스스로 질문에 대한 답을 해보라고 한다.

첫 번째 나의 철학은 일을 할 때 기본을 지키는 것이다. 학생일 때에 교과서는 가장 중요한 수험서였다. 하지만, 나는 기본을 등한시하고 스스로 지식을 이해하는 게 아니라 머릿속에 지식을 넣으려고만 했다. 그런 잘못된 공부법을 이해하게 되었던 건 식품영양학과로 전과를 하고 난 후였다. 실제로 내가 좋아하는 '건강'이라는 분야를 공부하려 했다. 남들이 시켜서, 우리나라의 사회적인 통념상 필요한 공부가 아니었다. 대학교라는 곳은 억지로 공부하는 것이 아니다. 정말 자유롭게 원하는 공부를 할 수 있는 교육의 장이다. 식품영양학과에서 공부를 하면서, 건강한 다이어트를 위한 식품에 대한 이해가 중요했다. 식품화학과 생화학, 생리학에 대한 학문에 대한 지식이 필요했다. 호기심이 가득한 시기에 배우는 기본 개념이 너무 재밌었다. 대학교재는 굉장히 두껍다. 하지만 고등학교 시절의 교과서와 비슷한 면이 많다. 원리를 설명하고, 직접 문제를 풀어보며 스스로 고민하고 탐구할 수 있게 구성해놓았다. 실제로 공부하면서 알아가는 재미가 있었다. 대학교 때에는 오히려 인터넷 강의라는 제도가 없어서 참 다행이었던 것 같다. 스스로 공부하지 않으면 절대로 시험을 잘 볼 수 없는 구조였다. 시험들도 직접 문제에 대한 답을 서술로 논리적으로 풀어써야 했다. 온전히 학문에 대한 이해가 되지 않는다면 좋은 성적을 받을 수 없는 것이다. 그런 공부 습관으로 나는 식품영양학과에서 관련 자격증을 공부했고, 도전했던 모든 자격증을 취득하게 되었다. 물론 불합격의 시간들도 있었다. 하지만, 그런 시간들도 모두 이유가 있었다. 컨디션이 좋지 않아서, 긴장을 해서 불합격을 할 수도 있겠지만 그런 이유는 극히 드물다. 거의 내 노력이 부족했던 것이다. 그리고 원리에 대한 핵심을 잘 이해하지 못했던 것이다. 공부라는 것은 마음속에서 우러나오게 하는 것이 가장 최고의 성과를 낼 수 있다. 그래서 나는 실패하더라도 다시 도전하고 성취하는 인생철학을 가졌다.

두 번째 철학은 다음 문장과 같다. '나보다 좋은 성과를 내는 사람들과 절대 비교하지 않기. 어제보다 한 발씩 나아가는 나에 대해 수고했다고 말해주기.' 사람들은 비교를 하는 순간 스스로의 자존감은 낮아지게 되

어 있다. 남과 비교를 해서 높아지는 건 딱 하나 있다. 자존심이다. 자존
심은 스스로를 인정하지 않고, 남을 비난하고 무시하면서 나를 돋보이게
하려는 감정이다. 인생을 사는 기준이 내가 아닌 남에게 달려 있는 것이
다. 그래서 남이 잘 되기를 배 아파하고 질투를 하게 된다. 우리가 행복
한 인생을 살기 위해서는 남과의 비교를 그만해야 한다.

　이런 인생철학은 회사에서의 업무 철학에도 동일하게 다가간다. 나는
내가 갈 수 있는 최대의 역량을 끌어올려 C그룹이라는 회사에 취업을 하
게 되었다. 뛰어난 역량을 가진 동기와 선후배들이 굉장히 많다. 해외 대
학교를 나오기도 하고, 국내 명문대를 졸업한 뛰어난 분들이 많다. 업무
적으로 일 머리가 좋다보니 상사가 말하는 지시사항을 곧장 이해하고 실
천한다. 그런 반면에 나는 이해력이 다소 부족한 편이다. 행동을 하기까
지 신중한 편이라서 일의 진행속도가 느리다. 처음에 입사를 할 때에는
일을 잘하는 주위 동료들과 나를 비교했다. 비교하는 순간 내 능력을 스
스로가 깎아내리게 되었다. 이렇게 부족한 역량으로 어떻게 이 회사에
입사를 했는지 심각하게 고민한 적이 있었다. 그러면서 퇴사를 하고 싶
다는 감정까지 느끼게 되었었다. 하지만 어느 때와 같이 내가 고민하고
힘들어할 때 내게 힘이 되어주는 사람들이 있었다. 우리 부모님은 언제
나 나를 믿어주고 용기를 주셨다. 덕분에 나는 잘 극복하게 되었다. 그
이후 스스로 남과 비교하지 않으려는 노력을 많이 했다. 실수를 하더라

도 그럴 수 있다고 다독이며 나 자신을 사랑하려고 했다. 조금씩 변화되는 내 모습에서 오늘 하루도 잘 마무리하여 고생했다고 말해주었다.

세 번째는 사소한 약속부터 반드시 지키는 것이다. 나는 초등학교 때부터 항상 친구들과 약속을 하면 30분 일찍 약속장소에 나간다. 일찍 도착하면 조금 심심하기도 하지만 여유가 있다. 그 동안 마음의 안정을 되찾고 기다린다. 마음가짐에서 이미 성실한 사람임을 느끼게 된다. 취업을 하고 업무를 하는 데 있어서도 나는 항상 30분 일찍 회사에 도착해서 업무를 준비하곤 한다. 요즘 업무 경향은 출근시간에 거의 맞춰 가서 일을 시작하는 것이다. 하지만 나는 그 모습을 보면서 조금 준비되지 않은 하루를 시작하는 것 같아 보였다. 출근하면서 예상치 못한 일이 생길 수 있다. 지하철이 파업을 해서 제시간에 갈 수 없는 경우가 있거나, 비가 너무 많이 내려서 걸음이 느려져서 회사에 늦게 도착하는 경우도 있다. 그래서 더욱이 우리 마음속에는 30분 일찍 도착하는 철학을 가질 필요가 있다. 성공자들은 인생에 지각이란 없다. 누구보다 빨리 앞서가는 사람들이다. 신뢰를 가장 중요한 커뮤니케이션의 조건이라고 생각한다. 신뢰를 잃게 되면 10년간 쌓은 성과도 무너질 수 있다. 일을 하면서 우리는 회사 동료들뿐만 아니라 협력사 직원분들도 만나게 된다. 우리 회사의 직원으로만 일을 해서는 목표하는 것들을 이룰 수 없다. 외부 업체에 도움을 받아 일을 효율적으로 해야 한다. 그 분들과 업무적인 계약을 하고,

계획에 대해 사업을 추진한다. 만약에 회사와 회사의 약속을 어기게 된다면 어떻게 될까? 협력사의 동종업계의 회사들에게 입소문이 나고 부정적인 이미지를 가진 회사로 낙인찍힐 수 있다. 우리는 사소한 약속부터 지키면서 앞으로 신뢰감이 높은 사람이 되어야 한다.

네 번째는 메모하고 기록을 남기는 것이다. 창의력을 키우기 위해서 많은 가수들은 평상시 메모장과 볼펜을 가지고 다닌다. 길을 가다가도 영감이 떠오르면 메모해서 그 순간의 감동을 느끼기 위해서이다. 이런 과정이 없다면 그 순간에 기억을 잊어버리고 영감은 사라지게 된다. 천재적인 아티스트들은 보고, 듣고, 느끼는 많은 감정들을 기록으로 남긴다. 그러한 기록을 예술로 승화시키기도 한다. 업무적으로도 메모는 굉장히 중요하다. 회사에서 상사가 말하는 바를 적지 않고 이해하는 것만으로 끝내버리면 오래 기억할 수 없다. 그 순간에는 약간의 긴장감으로 이해를 했지만 돌아서면 잊어버리는 것이 업무에 대한 이야기이다. 그 순간 어떠한 메모장에라도 꼭 반드시 적어보자. 그리고 이 습관은 꿈을 이루는 데에도 굉장한 효과가 있다. 우리는 상상하고 바라는 대로 반드시 이루어진다. 나의 꿈을 기록으로 남기게 된다면 시각화되어 이루어짐을 끌어당기게 된다. 우주의 끌어당김 법칙으로 우리는 인생도, 업무도 꽃피울 수가 있다.

마지막으로 모르는 것이 있으면 혼나더라도 물어봐야 한다는 것이다. 나는 지금도 잘 지키진 못하고 있다. 하지만, 마음속에는 언제나 위 문장을 새겨놓고 있다. 모르고 실수한 것에 대해 제대로 확인받기를 두려워하면 안 된다. 그 순간은 넘어갈 수 있지만, 큰 눈덩이로 쌓여 내게 돌아올 수 있기 때문이다. 내가 손쓰기 어려운 상황이 되었다면 더욱이 빠르게 선배들한테 보고하는 게 맞다. 조금 혼날 수도 있다. 하지만 위에 두 번째 철학에서 말했듯이 내 스스로를 다독이며 사랑하게 된다면 극복할 수 있다. 실수는 누구나 할 수 있다는 것을 꼭 알도록 하자. 내 옆에 그 업무를 통달해 최고가 된 선배들도 처음 입사했을 때부터 잘하는 사람은 아니었다.

우리는 스스로의 인생철학이 있을 것이다. 철학이란 스스로에 대한 기준으로 업무에도 한 번 적용해보자. 나는 다섯 가지 업무철학을 가지며 지금도 업무를 하고 있다. 내가 말한 업무철학만 잘 따라 하더라도 인정받는 회사생활을 할 것이다. 업무적으로 실수를 한 것은 인간적으로 내가 잘못한 것이 아니다. 업무는 업무일 뿐임을 기억하자. 우리의 멘탈을 강하게 하는 스스로의 철학을 한번 적어보자. 철학과 소신을 가진 사람은 중심을 잡을 수 있는 사람이다. 취업의 중심에서 흔들리지 말고 굳게 버텨보자.

2

회사에서 나의 평판을 관리하라

우리는 늘 무명이었어.

우리가 진짜 우스운 놈이 아니란 걸 보여줘.

– 다큐 영화 〈비상〉 중에서

사랑하는 가족 사이에서 당신은 철부지라는 이야기를 주로 듣는가? 아니면 '우리 OO는 뭐든지 최선을 다하니까, 잘할 수 있어!'라는 이야기를 듣는가? 우리는 태어나서부터 부모님과 오래도록 동고동락을 한다. 나와 가장 오랫동안 알고 지낸 유일한 분들이다. 유아기, 초등학생일수록 더욱 부모님과 함께하는 시간이 길다. 그러다가 초등학교, 중학교, 고등학교에 다니면서 점점 학교에 있는 시간들이 늘어나게 되고 친구들을 만난다. 그리고 좋은 대학교에 가기 위해서 공부를 하게 되고, 학원을 다니며 더욱 가족들과 함께 있는 시간들은 줄어든다. 하지만 우리의 인성과

예의범절은 어릴 때 부모님을 통해 배울 수 있다. '자녀를 보면 그 부모님을 알 수 있다.'라는 이야기가 있다.

나의 부모님은 어릴 때부터 사랑으로 나를 키우셨다. 한없이 사랑해주시지만, 예의와 약속에 대해서는 엄하도록 교육시키셨다. 아버지는 직업이 소방공무원이시다. 내가 태어나기 전 1989년도부터 소방공무원을 30년 넘는 세월동안 하고 계신다. 그런 아버지는 하나의 일을 끈기 있게 하시는 능력이 있으시다. 그리고 현실에 안주하시지 않고, 새로운 취미생활을 가지려고 노력하신다. 내가 스트레스를 받으면 보디빌딩 운동을 하며 긍정적인 해소를 하는 것처럼, 나의 아버지 또한 수영을 하러 가시거나 산책을 하시는 습관을 가지고 계신다. 긍정적인 스트레스 관리법을 나는 아버지께 배웠다. 내가 취업 준비를 하며 자격증과 같은 시험에 준비를 할 때였다. 나는 오래도록 자리에 앉아서 끈기 있게 공부를 해야 했다. 아버지는 늦은 연세에도 새로운 직무 관련된 자격증을 공부하셨다. 내가 새벽까지 공부를 할 때면 지치지 않도록 나의 페이스를 맞추어주는 페이스메이커가 되셨다.

그렇게 나는 오래도록 한 가지를 끈기 있게 하는 근성을 아버지께 배웠다. 사실 아버지께서 그때 공부하셨던 자격증은 필수적으로 취득해야 하는 자격증이 아니셨다. 20년, 30년 넘는 기간 동안 일을 하게 되면 보통 현실에 안주하고 싶은 감정이 커질 것이다. 하지만 아버지는 언제나 도전하셨다. 도전을 함으로써 본인이 더욱 살아있는 활력을 찾을 수 있다고 하신다.

그런 아버지의 도전적인 삶은 어릴 때에는 다소 부담이 되기도 했다. 초등학교 고학년일 때의 나는 과체중의 몸을 가지고 있었다. 집에서 컴퓨터 게임하기를 좋아하고, 책읽기를 싫어했으며 건강하지 않은 살찌는 음식들을 먹는 것들을 좋아했다. 그렇게 체중이 조금씩 늘면서 비만이 되었다. 그런 아들의 모습을 보는 아버지는 내게 함께 운동하기를 제안하셨다. 초등학교 당시에 나는 운동을 싫어했다. 힘들어 땀을 흘리고, 숨이 턱 밑까지 차오르는 느낌이 너무 싫었다. 굳이 왜 그렇게까지 힘들게 하면서 운동을 하는지 이해가 되지 않았다. 그렇게 아버지는 나와 저녁 8시가 되면 집 밖으로 런닝을 하러 갔다. 운동복을 갈아입고 런닝화를 신고 밖으로 뛰었다.

아버지는 이때부터 내게 페이스메이커이셨던 것 같다. 집에서 나와 근처 김수녕 양궁장이라는 목표지점까지 왕복 5km를 뛰어갔다. 나는 특히나 알레르기성 비염으로 코로 숨을 잘 쉬지 못한다. 항상 입으로 숨 쉬었다. 런닝을 하는 동안 숨은 더욱 빠르게 차오르고, 코로 숨을 못 쉬니 입으로만 숨을 쉬어야 했다. 아버지는 호흡법을 내게 알려주셨다. 코로 두 번 빠르게 들이마시고, 입으로 두 번 내쉬는 방법이다. 이 방법은 지금

러닝머신을 뛰며 운동하는 내게 아직까지 중요한 호흡법이 되었다. 그렇게 5km를 가는 동안 처음에는 한 번도 안 쉬고 절대 갈 수 없었다. 아버지는 나의 페이스에 맞추어서 중간에 잠시 멈추어 스트레칭도 하고, 호흡도 가다듬기를 몇 번 반복하셨다. 그렇게 매일 꾸준히 운동을 하면서 나는 건강 체중에 들어섰다. 그 당시 나는 너무 힘들어서 운동하는 동안 눈물을 흘리기도 했다. 아버지의 입장에서도 얼마나 안쓰러웠을 것인가. 하지만, 아버지는 내가 남자답고 끈기 있는 아들이 되기를 원하셨을 것이다. 집에 돌아올 때면 난 울상을 지으며 거친 호흡을 내뱉었다. 그런 아들을 보는 어머니는 마음이 오죽하셨을까? 안쓰러운 마음에 힘들면 나가지 말라고 하셨다. 어머니는 나를 그렇게 사랑으로 키우신 분이다.

어머니의 직업은 주부이시다. 나는 이 세상의 모든 직업을 통틀어서 주부라는 직업이 가장 힘들다고 생각한다. 어떤 사람들은 '집에서만 집안일 하면서 애 키우는 게 뭐가 그렇게 힘들어?'라고 말할 것이다. 하지만, 그 일을 20년, 30년 당신은 잘 해낼 자신이 있는가 물어보고 싶다. 매일 새벽 5시 40분에 일어나서 가족을 위해서 아침밥을 준비할 수 있는지 물어보고 싶다. 그렇게 어머니는 가족에게 건강한 음식을 대접하기 위해서 20년 넘는 시간 동안 매일 새벽 5시 40분 알람소리에 맞추어 일어나신다. 해가 뜨기 전 어두운 새벽시간에 쌀을 씻고, 찌개를 끓이셨다. 학교를 다니는 나는 아침에 일어나기 힘들어 잠투정을 하기도 했다. 가족을 위해 그런 헌신을 하시는 어머니의 역할이 당연하다고 생각했다. 정말 못난 아들이었다. 지금 직장을 다니는 나는 아침에 일어나기도 힘들다.

어머니는 내게 항상 가장 중요한 덕목을 가르쳐주셨다. 밖에 함께 나갈 때면 쓰레기는 절대 땅 바닥에 버리면 안 되고, 꼭 쓰레기통에 버려야 한다고 교육하셨다. 그리고 약속시간이 있으면 반드시 30분 전에는 도착하라고 하셨다. 그 약속이 대단한 사람이든, 친구든 모든 사람의 약속은 소중하게 생각하라고 말씀하셨다. 우리 집 엘리베이터에서 어른들을 만나 뵈면 꼭 인사를 해야 한다고 교육하셨다. 이런 교육은 말씀으로만 하는 것이 아니라 어머니 스스로 솔선수범을 항상 보이셨다. 자녀가 항상 부모님의 행동 하나하나를 직접 배우며 그들의 성격과 인생의 가치관을 만들곤 한다.

나의 끈기 있게 도전하는 모습과 예의 있고 약속을 중요시하는 성격은 부모님에게서 배웠다. 이 모습은 회사에서도 동일하게 적용된다. 처음 입사했을 때부터 지금까지 나는 회사의 선배들에게는 당연하고, 후배들에게도 한 명도 빠짐없이 인사하려고 노력한다. C그룹에서는 '님' 문화가 있다. 임원분들, 팀장님, 사원할 것 없이 모든 이름 뒤에 '님'을 붙이는 존중문화가 있다. 그래서 선배들은 후배들을 존중하고, 후배 역시 선배들을 존중하는 문화가 있다. 누구나 입사할 때는 처음의 설렘과 잘 보여야 한다는 생각으로 인사를 한다. 하지만 점점 회사 생활에 익숙해지면서 인사하는 습관은 사라지게 된다. 화장실이든, 사무실 복도에서든, 현장에서든 꼭 인사를 드렸다. 처음에는 매일 인사하는 나를 경계하는 사람들도 있었지만 꾸준히 하는 내 모습을 보면서 나의 인사성을 인정해주시는 분들도 많았다. 사람들은 초심을 그대로 유지하는 모습이 정말 중요하다. 사소한 것부터 처음 마음 그대로 유지하는 습관은 앞으로의 성공의 인생을 사는 초석이 된다.

처음으로 배치된 C사 J계열사 진천공장에서 난 언제나 예의바른 직원이라는 평판을 갖게 되었다. 그 이후 본사 글로벌 품질팀으로 전배되어서 일을 하게 되었다. 그곳에서는 사실 다시 처음부터 새로운 직원과 일을 하는 환경이었다. 설렘과 낯선 느낌이 공존했다. 2019년 5월에 전배되어 일을 시작했다. 언제나 그랬듯이 회사 선후배님들한테 항상 인사로 하루를 시작했다. 그리고 맡은 일에 항상 최선을 다했다. 잘 하지 못하여 때론 혼나기도 했지만, 그러면서 배우는 게 많다고 다독이며 힘을 냈다. 그렇게 1년이 지나고 고과 평가를 받는 날이었다. 1년의 성과들을 평가하는 평가지에 이렇게 적혀 있었다.

"5월에 진천공장 기술팀에서 전배되어 지금까지 한 번도 해보지 않았던 업무영역에서 성실하고 차분하게 잘 대응하였습니다."
"업무에 접근하는 방법이 매우 신중하며, 주변 사람들에게 예의가 바릅니다. 정직과 원칙에 준한 업무수행을 하는 편이어서 향후 업무에 따른 유연한 접근을 할 수 있도록 지원하겠습니다."

아직 글로벌 업무를 잘하는 실력은 부족하다. 하지만 모든 일에 있어서 중요한 덕목이 기본을 갖추는 것은 중요하다. 그 기반이 되는 평판으로 일에 대한 실력까지 쌓아가는 노력을 할 것이다. 그래서 일을 열심히 하는 것이 아닌 잘하는 사람이 돼서 회사에 이로움이 되는 사람이 될 것이다.

내가 공장에서 일을 할 때 평판 관리를 잘하지 못해 퇴사를 한 선배가 있다. A라는 선배는 매사 일을 열심히 하는 사람이었다. 거의 매일 저녁 9시까지 야근을 하면서까지 본인의 일들을 열심히 했다. 하지만 자기만의 업무하는 방식에 갇혀 있었다. 선배들이 업무 코칭을 할 때면 앞에서는 그렇게 한다고 했지만, 한 귀로 흘려들었다. 본인만의 방법대로 업무를 처리했다. 경청을 제대로 하지 못했던 것이다. 그런 코칭에 피드백은 없고 업무의 속도는 느린 편이었다. 업무를 하는 데 있어서 문제가 생겨도 공론화하지 않고 혼자 끙끙 앓다가 이슈가 생기기도 했다. 그러면서 결국에는 다른 직무로 전배되면서 스스로 자존감이 많이 떨어졌다. 업무적으로 겉돌기 시작했고 결국에는 퇴사를 결정했다.

나중에 취업한 후 일을 할 때 이 사실을 기억해주길 바란다. 처음부터 남들보다 뛰어난 업무능력으로 돋보이면 가장 좋겠지만, 그런 사람은 많지 않다. 사람 됨됨이부터 제대로 된 사람인지 돌아보길 바란다. 예의 있는 모습과 초심을 기억하는 사람의 미래는 밝다. 그리고 처음부터 잘하는 사람이 없기에 여러 가지 실수를 하기 마련이다. 그 실수에 좌절하지는 말라. 나 또한 매일매일 실수투성이로 후회하는 일이 많다. 하지만 그 실수에 대해서 자세하게 조언해주는 선배들의 말을 꼭 귀담아 듣고 자산화해라. 이런 모습으로 회사에서 나의 평판을 잘 관리하게 된다면 다른 기회들이 찾아온다. 취업하기 전에 먼저 나는 함께 일하기 좋은 사람인지 고민해보라.

3

취업 이후의 회사 근무 노하우

결과가 어떻든 오늘 여러분은 생애 최고의 순간을 보여줬습니다.

– 영화 〈우리 생애 최고의 순간〉 중에서

자의이든 타의이든 진짜 하기 싫은 일을 해본 적이 한번쯤은 있을 것이다. 대한민국 남자의 대다수는 태어나서 한번은 군대에 가게 된다. 군대 이야기로 벌써부터 지루해보이겠지만, 한 번만 들어보길 부탁한다. 우리는 군대에 가서 계급사회를 경험하게 된다. 가장 밑의 직급인 훈련병에서부터, 이병, 일병, 상병을 거쳐 병장까지 경험한다. 우리는 군대에서 회사생활의 신입사원부터 사장까지 다 경험해봤다고 이해해도 좋다. 20대 대한민국 남자들은 군대를 다녀오는 건 남자들만의 특혜라고 위안을 삼아보자.

우리는 사회에서 대학교에 자유로운 1학년을 마치고 보통 2학년을 올라갈 때 쯤 입대를 하게 된다. 자기가 하고 싶은 것, 먹고 싶은 것, 실컷 즐기면서 아쉬운 것 없이 자유분방하게 살다가 이제는 하지 말라는 게 더 많고, 통제까지 받는 1년 10개월 남짓의 시간을 갖게 된다. 군대를 가면 기본적으로 최소 1달 동안 훈련소에서 훈련을 받는다.

전혀 다른 세상 속에서 살다오는 동기들과 동고동락하면서 옆자리에서 자고, 훈련받고, 밥을 먹는다. 친해지기 어려워보이던 동기들도 하루 종일 함께 지내면서 친해진다. 힘든 걸 같이 공유하니까 전우애가 생긴다. 우리를 훈련시키는 교관님들은 정말 카리스마가 넘치고 무서운 편이다. 아침에 일어나면 구보를 뛰고 아침식사를 하러 또 뛰어간다. 밥을 손톱만큼 먹고 다시 뛰어서 생활관에 돌아온다. 그러면 소화가 벌써 다 되어서 1시간 뒤 또 배가 고프다. 그렇게 먹는 욕구를 억누르고 견디면서 훈련을 받는다. 자연스럽게 체중은 빠지고 1달 뒤가 되면 가족들의 면회를 하게 된다. 부모님은 그런 아들을 보면서 안쓰러워한다. 얼굴은 새까맣게 변했고, 민머리로 치아만 하얗게 웃는다. 그때 부모님은 처음으로 아들이 멋진 남자가 되었다고 느끼셨을 것이다. 그렇게 군대에서 자대에 배치가 되어 밑에서부터 군 생활은 시작된다.

나는 해병대에 입대를 했다. 그리고 연평부대라는 섬에서 군복무를 했다. 처음부터 나는 그곳에 갈 것이라고 예상할 수 없었다. 해병대에 입대한 해병들은 훈련소를 마치고, 무작위 추첨에 의해 부대를 배치 받게 된다. 지역적으로 가까운 곳에 배치를 해준다고 하지만, 나는 우리 집인 충북 청주와 멀리 떨어져 있는 인천광역시 옹진군 연평도에 배치가 되었다. 1사단인 포항, 2사단인 김포에 배치되는 인원을 제외하고는 2번에 걸쳐서 최종적으로 가는 곳이 결정된다. 700명 정도의 동기 중에서 6명 남짓 연평도에 입도하게 되었다. 대부분의 동기들은 서해 5도 바다의 북한과 가까운 연평도라는 섬에 정말 가기 싫어했다. 가면 휴가는 6개월 만에 1번밖에 나오지 못한다. 그리고 인천광역시에서 배를 타고 4시간이나 타고 가야 연평도라는 섬에 도착한다.

하지만, 나는 생각을 바꾸기로 했다. 연평부대에 합격한 것은 700:6 즉, 100:1의 확률로 당첨이 된 것이다. 대기업에 취업하는 것과 같은 확률로 내가 특별한 곳에서 군 생활을 할 수 있다니 얼마나 행복한 일인가? 그렇게 긍정적으로 생각했다. 내 인생에 예상치 못한 일이 생길 때마다 나는 긍정적으로 생각하려고 노력한다. 부정적으로 생각해서 이득이 될 건 전혀 없다. 내 감정만 소모하게 되고, 부정적인 생각으로 기분만 안 좋아진다. 하지만, 반대로 예상치 못한 일로 생기는 신선함은 정말 인생에 있어서 큰 도움이 된다. 이야기할 거리가 생기는 것이다. 나만의 스토리를 그렇게 찾고 싶어 한다면 여러분은 더욱 이런 경험을 좋아해야 한다. 그래야 취업 준비도 잘할 수 있다. 나는 연평부대에 입대해서 열악

한 환경에서 군복무를 했다. 눅눅한 천막 안에서 6명이서 붙어서 자고 생활을 해야 했다. 막내로써 시작한 나는 매일 6시 기상 15분 전에 빨래 바구니를 들고 세탁기로 향한다. 일찍 빨래를 돌려놓아야 선임들 입을 옷을 준비할 수 있기 때문이다. 그리고 아침, 점심, 저녁식사 시간을 맞추면 방송 소리와 함께 식당으로 달려간다. 대형 밥솥과 국통, 식판을 손이 보이지 않을 정도의 속도로 빨래하듯 설거지를 한다. 그러다가 밥솥에 밥풀 하나라도 붙어 있으면 그날은 죽는 날이었다. 하나를 하더라도 확실하게 하지 않는다면 확실하게 혼나는 곳이었다. 화장실 청소를 매일하며, 바닥은 빛이 날 정도로 빡빡 밀어야만 했다. 그리고 하루 일과를 마치며 청소를 하는 시간이 되면 빗자루와 손걸레를 준비한다. 우리는 침상에서 잠을 잤는데, 그 침상을 걸레로 엄청난 속도로 닦아야 했다. 일명 침상타기이다. 오와 열을 맞춰서 각을 잡아 생활관 청소를 했다. 그리고 잠을 잘 때에도 두 손을 모아 배에 올려 잤다. 잠꼬대나 코를 골지 않기 위해서 항상 긴장하며 잠을 잤다. 해병대에 다녀온 사람들은 모두 이해하는 이야기들일 것이다. 하지만 처음 듣는 이들은 이상해 보일 수도 있다. 이 이야기를 듣고 이런 질문을 하는 분들도 있을 것이다.

'그래서 이 이야기에서 말하고 싶은 게 뭔데?'

나는 스스로 맡은 바에 최선을 다하길 말하고 싶었다. 회사에 가면 우리가 기대하고 꿈꾸어왔던 것처럼 남부러운 일만 하는 것이 아니다. 남들이 하기 싫은 업무를 맡기도 해야 한다. 하지만 그런 업무에 대해서 이런저런 이유를 만들면서 하기 싫어한다고 말하면, 상사들이 뭐라고 생각할까? 편한 것만 찾는 사원은 끈기가 없다고 생각할 것이다. 조금만이라도 어려운 일을 시켜도 어렵다고 포기할 것이라고 생각할 것이다. 우리는 누군가 해야 하는 일인데 남들은 정말 하기 싫은 일이라고 하면, 먼저 솔선수범해보는 노력을 해보자.

신입사원이 되어 할 일이 많이 있다. 회의 일정이 있다면 먼저 회의실을 예약하는 센스를 가져야 한다. 그리고 어떤 미팅이 있다면 그 시간이 다가오기 전에 회의실에 먼저 가서 빔프로젝트를 켜놓고, 회의실의 불이라도 켜놓자. 그리고 상사가 회의를 잊어버렸다면 말씀드리는 모습도 좋다. 신입의 덕목은 성실성과 얼마나 서포트를 잘하는지가 중요하다. 처음부터 일을 잘할 수는 없기에 배우는 과정에서 선배들을 얼마나 잘 돕는지에 집중해보자. 회사 선배들도 다 똑같은 사람이기에 열심히 하는 후배들을 좋아할 수밖에 없다. 하지만 너무 예의바르다 보면 선배들이 부담스러워할 수 있으니 어느 정도의 유연함도 필요하다.

일을 본격적으로 시작하게 되면 새로운 회사 시스템에 적응을 해야 한다. 대학교를 다닐 때 배웠던 것 같은 개념의 단어들을 들어보기도 한다.

처음에는 정말 낯설다. 거의 몇 달 동안은 어떠한 업무를 주기보다는 교육을 하는 시기가 있을 것이다. 그때 업무에 필요한 문서들을 읽어보고 학습하는 시간이 있다. 그 시기는 지루할 수도 있고 아무 성장이 없는 시간이라고 생각할 수 있다. 하지만 그 시간에 의미 있는 배움을 갖기 위해서 가져야 할 중요한 습관이 있다. 그것은 바로 우리가 학습하는 지식들에 'Why?'라는 물음을 가져야 한다. 회사에서 당연하게 이렇게 해야 한다는 프로세스이지만 처음 경험하는 나에게는 이해가 안 되는 과정일 수 있다. 항상 '왜 그렇지?'라는 궁금증을 가지며 일에 접근하게 되면 확실히 업무를 이해하는 속도가 빨라진다.

나는 C사의 진천공장에 가장 처음 배치가 되었다. 직무는 Quality Assurance(이하, QA)로 시작했다. 품질보증이라는 직무인데, 식품회사에서 정확한 법적 품질기준을 충족하는 식품이 출고가 되는지 보증하는 일이다. 그 일을 하기 위해서는 여러 품질 관련된 문서들을 보고 이해해야 한다. 전사적으로 관리하는 문서도 20~30개 정도 되고, 그 하위 단계에 있는 사업장의 표준문서도 30개 정도가 된다. 하지만 이런 문서들이 막무가내로 섞여 있는 것이 아니라 Level에 따라 나뉘게 되고, 모두 구조가 있다. 그런 많은 문서들을 QMS 문서라고 한다. Quality Management System Document를 말한다. 항상 이런 지침과 규정은 왜 만들어졌을까? 무엇이 필요하며, 이렇게 관리하면 좋은 점은 무엇일까? 왜 이런 법적 제한사항이 생겼을까 등 수많은 질문들은 업무를 이해하는 가장 빠른 지름길을 제공한다. 꼭 참고해서 입사하면 실천해보길 바란다.

　품질보증 일은 위에 말했던 품질문서를 관리하는 업무 외에도 품질보증심사에 대응하기도 하며, 방충방서라는 업무도 하게 된다. 그 중 나는 방충방서의 업무를 큰 비중으로 맡게 되었다. 여러분은 방충방서라는 단어를 보면 무슨 일이라고 생각이 되는가? 방충방서란 해로운 벌레가 침범하여 해를 끼치지 못하도록 막는 것을 말한다. 이 일을 하기 위해서는 해충이 들어오는 것을 막아야 하고, 먹이가 될 유기물을 제거하고, 서식지를 없애야 한다. 그런 활동을 위해서는 하수구와 지하비트, 혹은 여러 배관들이 들어 있는 밀폐된 공간을 기어가야 한다. 동기들은 이 일을 내가 담당하게 된다고 했을 때 걱정이 많았다. 이렇게 힘들고 더러운 일은 그냥 하기 싫다고 말하라고 조언해주었다. 하지만 나는 남들의 이야기는 귀담아 듣지 않고, 누군가 해야 한다면 내가 열심히 하기로 다짐했다. 맡은 바 최선을 다하는 노력이 언젠가는 기회를 줄 거라고 믿었다. 그 동안 해결 못했던 고질적인 문제들을 해결하는 쾌거도 있었다. 근본적인 원인을 궁금해하고 원인을 파악하여, 개선을 시도해보기 위해 노력했다. 직접 지하에 내려가서 서식지를 제거했다. 그때마다 내 작업복은 먼지에 뒤덮이고 땀범벅이 되었다. 하지만 그런 부딪히는 노력에서 성과지표도 좋아졌다.

이런 노력으로 인해 기회가 되어 전체 사업장의 방충방서 담당자를 대상으로 방충방서 업무에 관리 시스템을 도입하여 성과를 이룬 과정을 발표하기도 했다. 그리고 그해 고과도 잘 받아 인정받기도 했다. 이것이 또 기회가 되어 진천공장에서 본사에 있는 글로벌 품질팀에 갈 수 있는 기회가 생겼다. 때마침 서울에 살고 있는 여자 친구와 결혼을 계획하고 있어서 감사하게도 서울에 전배되어 일을 하게 되었다. 지금은 서울에 집을 구해 행복한 신혼생활을 즐기고 있다.

회사 일을 하는데 있어서 노하우라는 것은 엄청난 것이 아니다. 분명 입사를 하게 되면 내 의지와는 다른 업무를 맡게 될 것이다. 그 업무에 만족스럽지 않을 수 있다. 하지만 우리는 그 순간 어떤 마인드를 가지는지에 따라 미래가 결정된다. 하기 싫은 일을 억지로 한다고 생각하면 회사생활에서 함께 일하기 싫은 사람이 된다. 하지만, 어렵고 힘든 일이라도 긍정적으로 웃으며 하게 된다면 훗날 인정받아 기회가 오는 날이 올 것이다. 여러분도 맡은 바 최선을 다하는 신입사원이 되길 바란다.

4

일에 대한 전문성을 갖추어라

인생의 막바지에 도달해서, 뒤를 돌아보고는 이런 결론을 내렸어.
자신이 고통 받았던 날들이 자기 인생의 최고의 날들이었다고,
그때의 자신을 만들어 낸 시간이었으니까.
– 영화 〈미스 리틀 선샤인〉 중에서

회사가 인재를 채용을 할 때 스펙보다 더욱 중요하게 보는 것이 무엇일까? 그건 바로 '직무경험'이다. 여러분은 원하는 회사의 직무에 합격하기 위해 어떤 직무경험을 가졌는가? 그렇다면 회사에서는 왜 이런 지원자들을 뽑고 싶어 하는 것일까? 회사는 생각보다 직무경험을 가진 지원자가 흔치 않다고 말한다. 그런 지원자가 가장 좋지만, 거의 없는 것이 현실이다. 그렇기 때문에 조금만 노력해서 경험을 쌓는다면 남들과 다른 차별성을 가질 수 있다. 취업을 목표로 가는 길에 지름길로 가야 한다. 지름길이 아닌 여러 갈래 길로 헤매면서 도착하게 된다면 우리는 시간을

잃게 된다. 시간은 금이다. 가장 빨리 가는 길을 안다면 그걸 실천하면 되는 것이다. 직무의 경험을 가진 지원자를 채용한 회사가 있다고 해보자. 합격자는 신입사원으로써 일을 하게 된다. 그 전에 직무경험이 있기 때문에 어떤 일을 하는 직무인지 이미 파악이 되어있다. 선배들이 업무적인 교육을 하게 되면 경험의 실력으로 이해력이 좋다. 업무적으로 빠르게 적응해서 회사가 나가고자 하는 비전과 목표를 함께 갈 수 있다. 그렇게 직무경험으로 그 사람을 채용한 회사는 시간을 벌게 되었다. 회사 입장에서도 시간은 무엇보다 소중하기에 일에 빨리 적응하는 직원은 소중한 인재라고 생각한다.

이렇게 직무에 대한 경험 혹은 직무에 관한 자격증의 취득이 중요하다. 회사에 입사하게 된다면 배우게 되는 지식들을 먼저 입사 전에 체험해라. 그게 취업에 대한 지름길이다. 나 또한 입사 전에 직무에 필요한 자격증을 취득했다. 식품회사의 품질관리에 가장 도움이 되는 자격증은 식품기사라는 자격증이다. 총 5과목이 있다. 식품위생학, 식품화학, 식품가공학, 식품미생물학, 생화학 및 발효학이 있다. 실제 품질관리 업무에 모두 많은 도움이 된다. 그 중에서 내가 근무했던 진천공장 품질업무를 하며 도움이 되었던 과목은 '식품미생물학, 식품위생학, 식품가공학'이었다. 우리가 일하며 적용해야 하는 전문 지식이 모두 들어가 있다. 진천공장은 육가공 식품과 두부를 만드는 공장이다. 육가공 식품으로는 스팸 같은 캔햄 제품과 소시지, 후랑크, 김밥햄 등이 있다. 그리고 두부와 콩비지, 콩국물, 순두부를 만든다. 하나의 제품을 만드는 데에 정말 많은 공정상의 조건들이 있다. 그리고 모든 제조 생산에는 순서가 있다.

이 중에서 '식품가공학'이 현업에서 어떻게 전문성에 기여하는지 알아보자. 육가공 제품 중에 스팸이라는 캔햄 제품을 만들어보자. 우리는 우선 원재료가 공장에 들어와야 한다. 원재료들은 원료육, 식품첨가물 등이 필요하다. 가장 대표적으로 고기가 들어와야 하는데 그 고기라는 것도 여러 부위가 함께 혼합되어야 한다. 지방, 앞다리살, 뒷다리살 등이 있다. 또 이 부위의 고기들은 수입산과 국산이 나뉜다. 요즘 중국 원료육에서 문제가 되었던 아프리카돼지열병 같은 질병이 세계적으로 이슈가 될 때에는 그 나라의 원료육의 원가가 떨어지게 된다. 세계적으로도 그 이슈에 대응을 한다.

세계동물보건기구(OIE)에서도 그런 국가들의 원료육을 사용한 제품의 수출을 금지하게 된다. 그래서 수급에 대한 이슈가 있을 때마다 원산지에 대해서도 비율을 조절해야 한다. 또한 부위별로 과학적인 비율로 혼합을 해야 한다. 그렇게 약 400kg 정도의 고기를 모아놓는다. 이제 물과 여러 부재료와 고기를 날카로운 칼에 자르는 '커팅' 공정이 필요하다. 그 과정을 거치고 '믹싱' 공정으로 한 번 더 부재료와 섬세한 혼합을 하게 된다. 이후 냉장실에서 일정 시간 동안 숙성을 시킨다. 그 이후, 준비된 캔에 믹싱된 육을 충전하게 된다. 충전하고 그 다음은 무엇을 해야 할까? 밀폐를 해야 한다. 엔드라는 뚜껑을 '시밍'이라는 공정으로 완전밀폐를 한다. 안에는 진공상태여서 공기가 전혀 들어가 있지 않다. 산소가 들어간다면 고기가 산화되어 부패될 수 있기에 굉장히 중요한 공정이다. 그 다음은 유통기한이 찍히고, X-ray 검사기를 통해 누락되지 않도록 확실하게 검사하게 된다. 이렇게 완전하게 밀폐되어 충전된 캔햄은 '열처리'라는 필수 공정을 거치게 된다. 대부분의 육제품은 레토르트 혹은 고온의 열을 가하는 열처리 공정이 가장 중요한 공정이 된다. 121도, 4분 이상의 열처리가 이루어지게 된다면 모든 균들을 사멸시킬 수 있다. Clostridium이라는 균이 사라지게 된다. 이런 균들이 제품에 살아 있게 되면 사람들이 섭취하고 식중독을 일으키게 된다. 이런 열처리를 마치고 최종적으로 완제품에 라벨을 포장하게 되고, 출고가 되어 고객들이 구매해서 먹게 된다.

여러분은 이 과정을 설명하면서 모든 것들이 이해가 되었는가? 조금이라도 이해하기 어렵다고 한다면 직무경험 혹은 직무에 관한 전공지식이 부족해서 그렇다. 이처럼 식품가공학이라는 과목에 대해서만 연결시켜 설명을 해보았는데 얼마나 적용이 잘 되는가? 이 과목에서는 육가공 제품의 생산 과정에 대해 배울 뿐만 아니라, 식품유형에 대한 거의 모든 제품의 가공학을 학습하게 된다.

다음으로 '식품미생물학'에 대해 간단히 설명해주겠다. 여러분은 호빵맨을 알고 있나? 호빵맨 만화영화를 보면 악당으로 세균맨이 나온다. 세균맨의 이 세균이 식품에서 굉장히 중요한 미생물이다. 식품에서 사용되는 미생물로는 '일반세균'이 있다. 그리고 우리가 흔히들 아는 먼지와 곰팡이도 미생물에 있어서 굉장히 중요한 지표가 되는 균이다. 식품학적으로 '진균'이라고 부른다. 우리나라 식품은 식품의약품안전처의 '식품공전'이라는 법적 사항을 반드시 지켜야 한다. 앞서 말한 육제품은 '식육가공품 및 포장육' 식품유형으로 볼 수 있다. 그 제품별로 법적으로 지켜야 하는 '규격'이라는 것이 식품공전에 나와 있다. 그걸 기준을 초과한 제품이 생산된다면 폐기해야 하며, 그런 제품들이 출고가 되어 소비자가 먹게 된다면 그 회사는 행정처분을 받게 된다. 며칠 동안 공장을 운영할 수 없게 만들기도 하고, 영업을 정지시킬 수도 있다.

대기업의 입장에서는 이런 행정처분을 1일이라도 받게 된다면 생산량에 차질을 갖게 되고 매출액에 엄청난 손실을 일으킨다. 회사 입장에서는 엄청난 무서움이다. 그래서 더욱이 식품미생물학적인 법적사항을 지킬 수 있도록 하는 '품질관리'라는 직무의 역할이 굉장히 책임감이 크다. 이런 위험성을 예방하고자 대부분의 식품회사들은 제품이 생산되는

Batch 혹은 Lot별로 미생물 분석을 하게 된다. 그 분석의 결과를 확인해서 기준 안에 충족이 된 제품에 한해서만 소비자가 먹을 수 있도록 출고가 된다. 하나의 제품이 나와 고객에게 가기까지 엄청나게 꼼꼼하고 깐깐한 품질관리를 마치게 된다. 소비자가 안전하게 먹을 수 있는 식품을 만드는 것은 반드시 해야 하는 의무사항이다. 그걸 지키지 않는다면 범죄가 될 수 있다. 대부분의 미생물이 살기 어려운 환경을 만드는 것이 좋다. 이 과목은 미생물의 생육 조건을 배우게 되는데 이 조건을 벗어나야 미생물이 죽게 된다. 품질관리에 직무에 왜 직무경험이 중요한지 조금 이해가 되는가?

그리고 '식품위생학'이 실무에서 어떻게 도움이 되는지 알아보자. 이 과목에 기본적으로 포함되는 소주제로는 식중독, 식품첨가물, 식품안전관리인증기준(HACCP)이라는 것이 포함된다. 식중독은 앞서 식품가공학에서 열처리를 하는 이유를 설명하면서 이야기를 했다. 이 식중독 원인균을 죽이기 위해서 고온의 열처리를 한다고 배웠다. 또한 식품첨가물도 우리가 익숙하게 볼 수 있다. 우리가 흔히 말하는 라면스프는 MSG이다. Monosodium Glutamate라는 식품첨가물이다. 향미증진제로 맛을 가미시키는 첨가물이다. 무조건적으로 이 원료가 사람들은 나쁘다고 말하지만, 그렇지 않다. 현재 유해성에 대해서 입증할 수 없다고 한다. 그렇게 식품안전관리 기관들은 안전하다고 인정하고 있다. 하지만 과유불급이니 너무 많이 먹진 말자.

그 다음으로 식품안전관리인증기준(HACCP)이라는 것을 알아보자. 식품회사에서는 거의 모든 회사에서 취득해야 하는 식품회사 국가인증이다. HACCP의 정의는 식품의 원재료 생산부터 최종 소비자가 섭취하기 전까지 각 단계에서 생물학적, 화학적, 물리적인 위해 요소가 해당 식품에 혼입되거나 오염되는 것을 방지하기 위한 위생관리 시스템을 뜻한다. 식품가공할 때 이야기했던 캔햄을 만드는 공정을 모두 거치면 HACCP을 모두 충족했다고 볼 수 있다. 실제로 소비자들이 음식을 섭취하는 데 안전하게 생산하고 있는지 식품회사의 관리 상태를 심사하는 것이다. 우리나라는 식품의 안전성을 위해 굉장히 많이 집중하고 있다. 여러분은 믿고 먹어도 된다. 이런 품질관리라는 직무로서 경험하는 지식들을 미리 경험해볼 수 있다. 하지만 자격증 취득도 좋지만, 실제로 현장에서 직무 경험을 쌓는 경험이 있다면 최고라 생각한다.

이렇게 우리는 일에 대한 전문성을 갖추는 것의 중요성을 알아보았다. 나는 식품기사라는 직무 관련 자격증으로 입사 전에 전문성을 미리 갖추게 되었다. 세상에 수많은 직업들이 있듯이 여러분 개개인별 직무에 관한 전문성을 갖출 경험들이 있을 것이다. 스스로 고민하고 찾아보는 노력이 필요하다. 일에 대한 전문성이 갖추게 된다면 취업에도 굉장한 장점이 있다는 것을 꼭 기억하길 바란다.

5

취업 후, 자신만의 브랜드를 구축해라

평생 남을 위해 달려왔어요.
이제 마지막 완주는 날 위해 뛰어야겠습니다.
– 영화 〈페이스 메이커〉 중에서

많은 취업 준비생들은 취업을 하게 되면 '고생 끝 행복 시작'이라고 생
각한다. 미안하지만, 그 생각은 틀렸다. 취업 준비하는 기간이 최고로 고
생하는 시간인데 취업을 하고서도 고생이 있다니 너무 우울하다. 하지만
계속 고생이 이어지는 것은 아니다. 고생 끝 행복 시작을 실천하는 방법
은 나에게 달려 있다. 취업까지 정말 고생한 여러분들은 행복해질 자격
이 충분하다. 행복한 직장생활을 위해서는 우리가 해야 할 일이 있다. 취
업한 이후에도 스스로 나를 빛낼 수 있는 방법들을 고민해보아야 한다.
우리는 취업을 준비하면서 자기소개서에, 면접에서 많은 채용 담당자에

게 매력적으로 보이기 위해서 엄청난 노력들을 했다. 그리고 우리는 취업을 해서도 우리의 개성으로 나만의 브랜드를 구축해야 한다.

브랜드란 무엇인가? 특별한 제품 및 서비스를 식별하는 데 사용되는 명칭, 기호, 디자인 등의 총칭을 말한다. 우리는 특별한 사람들이다. 이 세상의 모든 사람들은 빛이 나는 존재이다. 브랜드가 되기 위해서 우리는 평범한 남과 다른 능력을 키워야 한다. 그런 능력을 처음부터 내가 가지고 있다면 얼마나 좋겠는가? 하지만 모든 성공의 노하우들은 그에 대한 노력의 대가가 따르는 법이다. 이 브랜드화를 위해 우리가 해야 할 일은 나의 장점이 되는 강점을 잘 표현하는 것이다.

나는 나만의 브랜드를 만들고 있다. 취업을 준비하는 기간 동안 건강 전도사의 꿈으로 지금의 회사에 입사를 하게 되었다. 하지만 입사 초기에는 일을 하면서 나의 본질적인 꿈을 잊고 있었다. 지치고 힘들어서 운동을 하지 않았고, 회식하면서 먹고 싶은 음식들을 건강관리 없이 원 없이 먹었다. 그렇게 회식을 마친 어느 날 집에 걸어가다가 나는 생각하게 되었다. 내가 이 일을 왜 하고 싶어 했을까? 나는 정말 어떤 가치를 가지며 살고 있었던 걸까? 지금 내가 어떠한 행동을 할 때 정말 나답게 살았다고 자부할 수 있을까? 그렇게 나는 여러 고민 속에 밤이 깊어갔다. 일을 시작하면서 나는 건강의 가치를 잃어버리고 있었다. 남들에게 본보기가 되는 생활에서 내가 살아 있다고 느끼고 열정이 생겼었다. 하지만, 그 당시의 나는 나라는 존재의 의문이 들기 시작했다. 그 이후로 운동을 시작했다. 몸이 피곤하고 힘들지만 2013년의 열정으로 도전했던 그 시절을 추억하며 습관을 들였다.

일을 마치고 나면 정말 진이 빠지고 녹초가 된다. 정신적으로 쉴 틈 없이 일을 했기에 머리가 쉬질 못했다. 더욱이 회사를 마치고는 내가 운동하는 습관을 들이기가 너무나도 힘들었다. 나는 운동을 할 수 있는 여러 방법들을 고민했다. 발상의 전환을 했다. 회사를 마치고 운동하기에는 몸이 너무 지친다면, 점심시간에 운동하면 되는 것 아닌가? 그 생각이 머리에 스쳤을 때, 너무 기뻤다. 나는 그렇게 일하는 평일, 매일 점심시간 12시에 회사 헬스장으로 가는 사람이 되었다. 동료들은 지하1층 회사 식당에서 맛있는 식사를 하면서 오후의 에너지를 충전하곤 했다. 하지만 나도 나의 가치관을 키우면서 내가 하고 싶은 운동을 했다. 그 경험들이 나는 에너지가 충전이 되었다. 오히려 운동을 하고, 샤워해서 사무실 자리에 앉으면 정말 개운하다. 운동을 마치고 몇 시간이 되도록 가슴이 뛰고 열정 가득한 내가 된 것처럼 느껴졌다. 식사는 안 하지만 단백질 보충 식품을 섭취함으로써 에너지를 충전했다. 그렇게 점심식사는 안 하지만, 나는 오후가 그 어떤 건강한 음식을 먹은 것보다 활력이 넘친다. 퇴근할 때까지 전혀 쉬지 않아도 힘이 난다. 일하는 데 있어서 체력이 뒤를 받쳐

주니 일도 열심히 하는 장점이 있었다. 그렇게 1달, 2달, 3달이 지나면서 팀에서는 자기 관리를 잘하는 직원이라는 인식이 생겼다.

그렇게 '자기 관리의 아이콘'이라는 나만의 브랜드가 생겼다. 이 글을 읽으면서 이런 생각을 하는 독자도 있을 것이라 생각된다. '취업을 했으면 일을 잘한다는 것에서 브랜드를 만들어야지, 저런 브랜드를 만드는 게 도대체 무엇이 좋은 거지?' 물론, 취업에 대해서 집중해서 업무적인 브랜드를 만드는 것은 정말 좋다. 하지만 나는 이렇게 말하고 싶다. 우리는 하루 24시간을 살면서 9시간 동안 회사에서 일을 한다. 그리고 퇴근하며 개인의 시간을 갖게 된다. 우리가 보내는 9시간을 뒷받침하는 나머지 시간도 굉장히 중요하다. 그런 시간에 행복함을 잠시나마 느끼게 된다면 9시간의 업무시간은 자연스럽게 즐거워지지 않겠는가?

우리는 학교를 다닐 때 친구들에게 놀림을 받거나, 무시를 당하는 친구를 보았을 것이다. 그런 친구들을 보면서 여러분은 무슨 생각을 했는가? 그리고 그 친구에게 어떻게 행동을 했는가? 실제로 그런 아이들은 학교에서 힘이 강한 친구들에게 괴롭힘을 당하거나 무시당하곤 했다. 주변의 학급 친구들도 그 분위기에 휩쓸려 똑같이 행동한다. 그런 모습을 보면서 용기를 내서 손을 건넨 적이 있는가? 모든 사람들은 존중받아야 하는 존재이다. 누구는 우러러보아야 하고, 누구는 깔보며 무시해야 할 존재가 절대 아니다. 그런데 힘이 약하고, 조금 지능적으로 부족하다고 해서 무시하는 사람이 있다. 최소한의 도덕적인 예의가 바닥인 사람들이다. 우리는 그런 나쁜 친구들을 부러워하며 힘이 강해지고 싶다고 생각해선 절대 안 된다. 우리는 어려운 친구들을 먼저 생각해야 한다. 그들을 공감해주고, 힘들었을 그 시기에 옆에 함께 있어주어야 한다. 그러다가 나도 따돌림을 당할지도 모른다는 걱정이 있을 수 있다. 하지만 우리는 용기를 내고, 손을 내밀어야 한다. 나는 그런 친구들이 같은 반에 있다면 먼저 함께 식사하자고 손을 내밀고, 학교를 마치고 함께 떡볶이라도 먹으러 가곤 했다. 항상 존중하며 친구들의 힘든 점들을 들어주고 이해해주었다.

직장인이 된 지금 나에게 친한 친구들은 내게 종종 전화를 건다. 회사생활을 하면서 억울한 일들이 있거나, 회사생활이 너무 힘들어서 내게 전화를 건다. 힘든 이야기를 나에게 이야기하면서 그 친구들은 위로를 받았다고 한다. 나는 단지 진심으로 친구들의 이야기를 경청해주었고, 힘들었던 그 시간에 공감하며 그 자리에 함께 있다고 생각했다. 그런 공감 능력은 내게 큰 장점이 되었다. 학교생활이나 직장생활이나 모두 사회생활은 똑같다. 직장생활에서도 업무적이나 사회생활로 힘들어하는 동료들이 있다. 그들과 함께 있으면 본인의 에너지까지 빠져나가는 느낌이 든다는 이유로 멀리하려 한다. 그래서 그들 주변에는 아무도 없다. 하지만, 나는 그들에게 다가가서 말을 건넨다. 커피 한잔 마시며 힘든 것이 없는지 이야기를 나눈다. 함께하는 티타임 5분으로 그들은 기뻐한다. 이처럼 나는 '공감과 경청의 브랜드'를 만들었다.

주 52시간으로 법적근로시간이 정해지기 전에 나는 주말 출근을 종종 하곤 했다. 주말 출근을 할 때면 굉장히 편하기도 했다. 출근하는 인원이 한정되어 있기 때문에 업무적으로 조금 여유롭게 할 수 있기 때문이다. 하지만, 나는 지켜보는 사람이 없는 그 주말근무시간에도 정직하게 업무를 했다. 나태해지지 않기 위해 마음을 다잡고, 원칙을 지키려고 했다. 남들이 보지 않는다고 생각되지만, 사실상 많은 사람들이 나를 지켜본다. 아무도 안 볼 것이라고 생각하는 행동들이 언젠가 다른 사람들에게 입소문이 퍼져서 나의 귀에 돌아오기도 한다. 그래서 더욱 스스로 정직해야 한다고 생각한다.

이런 점에서 연예인들은 얼마나 힘들까? 많은 사람들의 관심과 사랑을 받으며 더욱 열심히 일을 하고, 어긋나지 않은 행동들을 하려고 노력할 것이다. 온 국민들이 그들을 지켜보고 있기 때문에 힘들 것이다. 주변의 시선과 비난으로 독한 마음을 먹고 하늘나라로 가는 연예인도 있다. 그런 분들을 볼 때면 너무 정직하게 사는 인생도 자기 삶을 너무 힘들게 한다는 생각도 들곤 한다. 그렇기 때문에 나만의 원칙을 세우면서 옳은 길을 가고 있다고 생각하며 나를 사랑해주어야 한다. 정직함을 지키지만,

그것으로 인해 스트레스를 받지 않으며 나를 존중해주는 자아효능감이 있어야 한다. 사소한 경험 속에서 나는 '정직함'의 브랜드를 갖게 되었다.

마지막으로 나는 '에너자이저'라는 브랜드를 갖게 되었다. 한 가지 일에 꽂히게 되면 그 자리에서 2시간이 되어도 자리에 일어나지 않는다. 반드시 해야 할 일이 있으면 끝낼 때까지 그 자리를 지키며 끝까지 해낸다. 다 완료하고 나서야 잠시 숨을 돌린다. 사실 이런 성격으로 인해서 건강을 잘 챙기지 못하기도 한다. 학창 시절에는 목표하는 시험에 합격하기 위해서 새벽 2~3시까지 공부하며 잠을 잘 못자서 대상포진에 걸리기도 했다. 하지만 그런 경험에서 나는 뿌듯함을 느낀다. 열심히 했다는 보람됨이 느껴진다. 이러한 습관이 취업을 해서도 이어지고 있다. 주위 가족들은 걱정을 하지만 내 스스로는 뿌듯하다. 하지만 나도 내 건강을 챙기면서 업무를 해야겠다.

취업을 하고 회사를 다니면서 나만의 브랜드를 구축하면 장점이 있다. 어떠한 개성도 없는 평범한 직원들이 많은 회사에서 나를 대표하는 브랜드가 있다면 나를 홍보하기가 좋다. 어떠한 업무적인 기회가 생겼을 때, 브랜드에 대한 연관성으로 나에게 그 기회가 돌아올 수도 있다. 직장생활이 브랜드를 만드는 것에 목적이 되면 안 되지만, 브랜드를 만드는 과정에서 행복을 느낄 수도 있다. 여러분도 나만의 브랜드를 취업 전에도 준비를 해보길 바란다. 여러분의 인생에 어떤 기회들이 생길지 모른다.

6

자신의 직무에서 인정받아라

원하는 대로 다 가질 거야 / 그게 바로 내 꿈일 테니까
변한 건 없어 버티고 버텨 / 내 꿈은 더 단단해질 테니
다시 시작해
— 드라마 〈이태원클라쓰〉 OST 가호의 '시작' 중에서

내가 하는 일에서 누군가에게 인정받는다는 기분을 느껴본 적이 있는 가? 가장 가까이 있는 가족들로부터 인정받는 일부터 시작하면 된다. 나는 어릴 적 누나보다 한글을 조금 늦게 깨우치게 되었다. 또래의 아이들보다 조금은 늦은 시작이었다. 학교에서 초등학교 때 누나는 공부도 잘하고 부모님께 인정받았다. 나도 그런 누나가 부럽기도 했다. '부모님께 인정받기 위해서 누나는 도대체 어떻게 공부를 하는 걸까?' 궁금한 마음이 들었다. 누나가 실제로 집에서 공부하는 방법들을 살펴보았다. 누나는 집에서 초등학교 때 방에서 주로 공부를 했다. 집에 있는 인형을 앞

에 앉혀놓고 그 인형한테 본인이 공부할 것을 가르치고 있었다. 순간 누나의 공부법이 너무 신기했다. 누군가를 가르친다는 것이 선생님만 하는 일인 줄 알았는데 초등학생인 누나도 그렇게 한다는 게 대단해 보였다. 그런 누나 공부 습관은 계속 이어졌다. 나도 누나의 공부법을 따라 해보려고 했다. 나도 책상에 앉아서 내가 공부해야 할 것을 혼자 중얼중얼 거리면서 누군가를 가르치는 흉내를 내보았다. 그런데 나는 그 당시 수줍음이 많아서 혼자 말하며 가르치는 방법이 익숙하지 않았다. 익숙하지 않으니까 더욱 공부가 재미가 없게 되었다. 그렇게 초등학교는 공부에 흥미를 잃고 공부를 잘하지 못하는 아들이었다.

중학생이 되고나서 부모님의 걱정은 더욱 커졌다. 한글도 초등학교 1학년이 되어서야 제대로 할 수 있는 아들이었다. 중학교에서는 초등학교 때 배운 지식들보다 더 어려운 것들을 해내야 하는데 그런 아들이 잘할 수 있을지 걱정을 하셨다. 하지만 나는 스스로가 걱정되지 않았다. 그냥 하면 될 거라고 생각했다. 초등학교 때 배운 지식들에 엄청난 지식을 더 중학교 때 배우는 것이 아니다. 오히려 초등학교 때 배운 지식들을 다시 한 번 개념을 잡고 중학교 때 배우는 공부들이 많다. 특히나, 사회나 과학 같은 과목들은 더욱이 초등학교 때의 지식을 리뷰해주고 가르쳐준다. 공부의 난이도를 걱정하기보다는 어떻게 공부에 재미를 붙이느냐가 중요한 것이었다. 그런 의미에서 공부를 하는 가장 큰 자극제가 되는 것은 그 시절 선물이었다. MP3 플레이어를 너무 간절히 갖고 싶은 마음으로 공부를 엄청 열심히 했다. 15살 인생에 있어서 가장 열심히 무언가를 해보았던 경험이었다. 나의 목표는 반 10등 이었지만 반 2등을 하였고, 전교 23등까지 하게 되었다. 반 친구들도 놀랐고, 나도 놀랐고, 우리 부모님도 놀랐다. 부모님은 그렇게 남들보다 조금 뒤쳐진 공부 실력을 가진 아들도 해낼 수 있다는 것을 느꼈다. 평소에도 나에 대해 깊은 사랑과 관심을 가져주시는 부모님이다. 하지만 그날 이후 더욱이 내게 큰 용기를 주신다. 여러분들은 남들을 감동시키는 노력을 해본 적이 있는가? 사소한 일에서부터 감동시키는 노력들이 바탕이 되어야만 일에서도 인정받는 사람이 된다고 생각한다.

중학교 때는 짧게 지식들을 머릿속에 넣는 것만으로도 높은 성적을 가질 수 있었다. 벼락치기를 얼마나 오랫동안 잘했고, 얼마나 짧은 시간 안에 많은 것을 외워 시험 날 잘 풀어내는 지가 좋은 성적을 받는 지름길이었다. 하지만 고등학교 때 공부는 달랐다. 고등학교에서는 매월 모의고사라는 시험을 본다. 애초부터 시험 범위라는 게 없는 영어나 언어는 진짜 실력으로 평가받는 과목이었다. 나는 모의고사를 보는 날마다 엄청난 스트레스를 받았다. 매번 내신 성적과 격차가 심하게 날 정도로 시험을 못 봤기 때문이다. 이때의 성적들은 내 스스로도 부끄러워 부모님께는 매번 보여드리지 않았다. 시험을 본다고 이야기도 안 했다. 내 스스로가 나의 실력을 부끄러워하지만 해결해나가려는 노력이 특별하게 없었다. 대한민국 입시 교육에서는 진짜 공부 실력을 쌓기란 참으로 어려웠던 것 같다. 그 시절의 나는 주입식 교육으로 외우는 능력만 발달되어 있었고, 창의력이나 사고하는 능력은 다소 부족했던 것 같다. 책도 1년 동안 단 한 권도 읽지 않았었다. 그때는 언어 과목의 지문에 대해서만 읽는 것만으로도 벅찼기 때문이다. 그런 점들이 나는 대한민국 입시 교육의 폐해라고 생각한다. 미래를 위해 공부를 하는데, 미래를 위한 진짜 사고력을 길러주는 독서 습관을 기를 시간이 없다. 수능만을 위해 달려가는 경기에서 중간에 다른 짓으로 독서를 할 순 없었다. 그 당시 공부하기 아까운 시간에 책을 읽는 친구들이 있으면 안 좋은 시선으로 다들 쳐다보았다. '저런 시간이 있으면 수학문제 1장이라도 더 풀겠다!'라는 생각을 가진 친구들이 많았다. 물론 나도 그랬던 사람 중에 한 명이다. 그렇게 수능을 보았고, 진짜 공부머리가 부족한 나는 수능 성적도 좋지 않았다.

하지만 대학교에 들어가면서부터 나는 내 스스로 생각하는 힘을 기르기로 다짐했다. 1학년 때에는 국토대장정을 하면서 나의 한계를 경험해보고 싶었다. 그런 목적으로 시작했지만 많은 사람들을 알게 되면서 다양한 인생경험들을 이해하게 되었다. 그리고 해병대를 다녀오고 꿈을 키웠다. 꿈을 키우기 위해 부모님의 반대에도 설득하는 노력으로 전과에 대한 허락을 받아 학업에 매진했다. 정말 해보고 싶은 일을 1년 휴학의 기간 동안 해보며 느껴보았으며, 최종적으로는 내가 가길 원했던 회사에서 일을 하게 되었다.

누군가에게 인정받기 위해서는 주도적인 모습이 정말 중요하다. 내 스스로가 목표를 정하고 그걸 위해 도전하는 모습들이 성공한 인생을 사는 지름길을 만들어줄 것이다. 하지만 대부분의 20대들은 남들의 기준에 나의 목표를 정해온다. 우리가 하고자 하는 취업의 길도 다를 것이 없다. 사회가 정해준 시선으로 연봉이 높은 회사와 네임밸류가 뛰어난 회사들을 가고자 한다. 목표가 돈과 시선이 되니 한정된 회사로 모든 사람들이 도전하기에 취업의 문이 좁다고 불평을 하는 것이다. 진짜 자신이 좋아하는 일을 하기 위한 노력에서 인정받을 수 있다.

내가 정말로 좋아하는 일을 한다고 하면 사랑하는 사람들의 마음을 아프게 할 수가 있다. 그래서 나도 불편하니까 그 일을 포기하려고 하는 사람들이 많다. 굳이 사랑하는 가족들의 마음까지 불편해하면서 이 일을 하고 싶은 일인지 자문하기 전에 그냥 마음을 닫아버린다. 진짜 꿈을 꾸는 사람들에게는 스토리가 있다. 그들은 여러 단계의 지점들을 극복하면서 높은 자리에 올라서게 된다.

첫 번째 단계는 내 스스로 무언가를 하고 싶다는 욕구를 높이는 단계이다. 그 시기가 가장 어려운 첫 발이다. 나에게 동기 부여가 될 만한 일들을 해보면서 그 일을 하고 싶다는 마음가짐을 해야 한다. 그런 것들을 찾는데 사람들은 막막해한다. 현실적으로 꿈을 찾는 방법 중에서 가장 빠른 지름길은 '책'이다. 책을 읽으면서 그 사람의 인생을 간접적으로 경험하고 나도 꿈을 갖는 것이다. 처음부터 잘하는 사람은 아무도 없다.

두 번째 단계는 사랑하는 사람을 설득하는 단계이다. 가장 좋은 것은 나의 꿈이 누구에게든 받아들여지는 일이다. 그렇지만, 세상을 혁신하는 사람들은 그 꿈을 인정받기까지 오랜 시간이 걸린다. 남들이 보내는 우려와 걱정의 시선을 극복해야 한다.

세 번째는 꿈을 위한 노력을 시작하는 것이다. 누군가의 인정을 받기 위해 노력하기보다 스스로 성취감을 높이며 해냈다는 자신감을 갖는 단계이다. 꿈에 대해서 먼 상상 속에 묻어만 두고 다시 꺼내지 않는다면 나의 꿈은 사장된다. 특히나 꿈에 대한 열망이 식어버리게 된다. 하지만 꿈을 꾼 그 일에 대해서 첫 시작을 해야 한다. 가장 어려운 첫 발을 내 딛는 순간 힘이 난다. 그런 경험들이 쌓이고 쌓여 진짜 꿈을 성취하게 된다.

회사원이 된 지금 내가 가장 멋있다고 생각하는 선배가 있다. H라는 선배는 팀에서 정말 인정받는 분이다. 일을 하는 데 효율성을 굉장히 중요하게 생각한다. 시간 관리를 정말 잘하며, 업무에 있어서 가장 중요한 핵심 위주로 업무를 진행한다. 글로벌 팀에서는 해외 사업장을 지원하는 파트가 있다. 그 선배는 베트남 국가의 품질 안정화를 위한 일을 담당한다. 글로벌 업무에 가장 기본이 되는 생산현장에서의 실무적인 역량은 이미 진천공장에서 완벽하게 쌓아놓았다. 생산관리라는 직무와 품질관리라는 직무의 오랜 실무경험이 있었다. 현장을 가장 잘 알아야 높은 단계의 HQ(Head Quarter) Control 역할로 중심을 잡고 관리를 할 수가 있다. 이미 공장에서는 레토르트 열처리 분야에 인정받는 인재였다. 글로벌 업무를 하면서 국가를 담당하여 품질관리를 하게 되었고, 그 베트남의 전반적인 품질을 잡아주었다. 생산관리에 필요한 문서를 만들어 배포하고, 품질 안정화에 기여했다.

글로벌 업무에서는 기본적으로 국내 생산제품을 해외 국가로 수출할 때 검증하는 일을 한다. 완제품에 대해서 미생물학적, 화학적으로 법적 규격을 지키는지 확인하고, 그 제품을 만들기 위해 사용되는 원재료들에 있어서 수출이 불가능한 사항들은 어떠한 것들이 있는지 검증을 해야 한다. 그 원재료에 고기, 우유, 난류, 수산물 등이 들어가는 경우에 '검역'이라는 조건으로 수출이 불가능한 국가들이 있다. 그리고 원료 중에 수출이 불가능한 식품첨가물이 들어가는 경우가 있을 수 있다. 글로벌 품질 업무는 그러한 규격검증이라는 업무를 먼저 잘해야 한다. 그리고 우리가 마트에서 식품들을 살 때 표시문안이라는 겉 포장지를 보고 구매를 하게 된다. 그 표시라벨에 대해 필수적으로 들어가야 하는 법적 사항들이 있다. 제품명은 어떻게 써야 하고, 유통기한은 어떻게 기록되어야 하며, 보관조건은 이런 표현으로 써야 한다는 기준들이 있다. 이러한 사항은 국가마다 다르다. 그러한 사항을 검토하는 표시검증이라는 업무가 있다.

이렇게 글로벌 업무에서 수출하고자 하는 국가별 규격검증, 표시검증의 역량이 뒷받침이 되어야 해외 사업장 지원을 갈 수가 있다. 이 H라는 선배는 그러한 과정을 거쳐서 해외지원 업무를 하게 된 것이다. 직무에서 모두에게 인정받을 뿐만 아니라 후배를 대하는 태도에서부터 다르다. 약간은 경직된 업무 환경 속에서 분위기를 부드럽게 만들어주는 대단한 사람이다. 후배들에게는 편한 분위기를 만들어주고, 선배들에게도 친근하게 다가가 많은 소통을 한다. 강단 있고, 유머가 있으며 업무적인 스킬이 뛰어난 핵심 인재다.

자신의 직무에서 인정받기 위해서는 가장 먼저 사랑하는 나의 가족들로부터 인정을 받아보자. 인정받기 위한 목적으로 무슨 일을 시작하는 것은 좋지 않다. 어떠한 하고자 하는 일을 먼저 정하고 나서 그 다음 목표로 누군가에게 인정받을 만한 노력을 보여주라는 것이다. 꿈을 이루는 과정에서 가족들에게 인정받게 된다면 훗날 나의 일에서도 인정받을 수 있는 능력을 키울 수가 있다. 그리고 실제로 자신의 업무에서 인정받는 선배들을 보면서 나의 목표도 키워나가길 바란다. 그런 현재 위치에 있기까지 나는 얼마나의 노력을 어떻게 해야 할지 고민해보아야 한다.

7

직장에서 대체 불가능한 인재가 되라

복싱에 럭키 펀치는 없다.
우연히 맞은 펀치일지라도
그 주먹은 수 천, 수 만 번 반복했던 주먹이다.
마지막까지 포기하지 않는 자야말로
그런 살아있는 주먹을 날릴 수 있는 것이다.
— 애니메이션 〈더 파이팅〉 중에서

"단순히 지금과 다른 미래가 아닌 더 나은 미래를 만들기 위해서 0에서 1을 만들어야 한다."

그냥 사업가가 아닌 스타트업의 성공적인 사례를 보여준 페이팔의 공동 창업자로 알려진 피터 틸이 언급한 말이기에 더 설득력 있는 말로 들려온다. 『Zero to One』이라는 책을 쓴 작가는 "경쟁하지 말고 독점하라."고 말한다. 독보적인 1등으로 남들이 따라올 수 없는 격차를 만드는 것이 혁신이다. 우리는 지금의 미래를 더욱 차별화 시키는 방법은 남들과 경쟁할 수 없는 역량을 쌓아야 한다. 순위에서는 당연한 1등이 되어야 하고, 국내 1등을 넘어서 세계 1등이 되는 야망을 가지고 있어야 한다. 그렇게 되면 경쟁을 할 수도 없는 구조가 된다. 다른 회사들은 초격차 역량에 대해 경쟁을 포기하게 된다. 초격차 역량을 가진 회사들은 글로벌 회사로 Jump Up 하게 된다. 이는 기업 대표 혼자서 할 수 있는 일들이 아니다. 그러한 비전을 함께 가고자 하는 직원들이 필요하다. 그 직원들은 회사의 꿈에 사업적으로 기여할 수 있는 그런 인재가 되어야 한다.

새로운 것을 만들어내는 혁신적인 방법을 통해 창조하고 미래를 이끄는 사람이 되어야 한다. 혁신을 실행하는 방법은 당연하다고 생각하던 일들에 대해 관심을 가져보는 것이다. 나는 고졸 신화 금호그룹 전략경영본부 상무 윤생진의 체험 성공학책을 읽으면서 크게 감동을 받았다. 윤생진 작가는 『미치게 살아라』라는 책에서 이렇게 이야기되고 있다. 고졸 기능직 사원으로 입사해서 한 번도 힘들다는 특진을 무려 일곱 번이나 거듭하면서 20여 년 만에 상무 자리에 오른 분이다. 돈도, 학력도, 배경도 없이 오직 맨주먹으로만 시작했지만 특유의 끓어 넘치는 에너지와 열정으로 자신의 삶을 스스로 세운 목표에 도달한 남자이다. 이 책에서의 에피소드 하나를 들려주겠다.

어느 회사에서나 그렇듯 회사에서 직원들의 제안활동을 장려한다. 책에서 말하길 그 당시 회사에서 지원들의 제안활동을 장려하기 위해 1인당 월 4건, 연 48건의 제안을 의무화했다. 그러나 그가 세운 목표는 연간 2천 건이었다. 이전에 제안왕을 두 번이나 연이어 차지했지만 쉬운 일이 아니었다. 연간 2천 건을 하려면 월 167건, 일요일을 빼면 하루에 평균 7건 정도의 제안을 해야 하는 것이다.

하루 7건을 제안을 해야 했다. 막상 시작해보니 문제점을 찾아내 해결의 아이디어를 짜낸다는 것이 보통이 아니었다. 여기서 한술 더 떠 문제점과 제안거리를 찾아내는 일은 어려움이 따른다. 공장 안을 아무리 둘러봐도 제안거리를 찾지 못했다. 그러던 어느 날 머리를 식히기 위해 휴게실로 나와 음료수를 한 잔 마시고 있었다. 아무 생각 없이 주위를 둘러보다가 깜짝 놀라 자리에서 벌떡 일어났다. 수십 건의 제안거리가 한꺼번에 보였던 것이다. 눈에 들어온 것은 다름 아니라 품질 분임조 현황판에 적힌 내용이었다. 어디서나 흔히 볼 수 있는, 팀별 품질관리 활동의 주제와 개선해야 할 점이 빼곡히 적혀 있는 것 말이다.

'OO 공정에 안전사고 발생 우려 있으니 주의하시오'
'OO 기계는 고장이 잦으니 사용 시 자리를 뜨지 말 것'

이것은 다시 말하면 해당 공정과 기계가 문제가 있으니 개선해야 한다는 뜻이 아닌가? 평소에 너무 익숙한 물건이라 주의를 기울이지 않았기 때문에 이제야 눈에 띈 것이다. 그렇게 아이디어를 얻으며 쉬는 날이 되면 30여 개나 되는 공장 안의 휴게실을 이 잡듯이 누비고 다녔다. 괜히 여기저기 돌아다니면서 시간과 노력을 낭비할 필요가 없었던 것이다. 이제부터는 아이디어를 가지고 해결책만 찾아내면 되니 효율성이 부쩍 높아질 것이었다.

대부분의 동료들이 한 달에 한두 건의 제안을 하는데, 작가 혼자만 200건에 가까운 제안을 하니 다들 놀라했다. 대부분의 직원은 제안서를 내볼 생각조차 하지 않는다. 그들 스스로 자신에게는 창의력이 없다며 포기해버린 탓이다. 하지만 작가는 말한다.

"우리 모두는 태어날 때부터 창의력을 갖고 태어난다. 다만 이 사실을 잊고 개발하지 않을 뿐이다. 그런데 이런 생각의 바탕에는 창의력이 꼭 독창적이어야 한다는 고정 관념이 숨어 있을 때가 많다. 그런 편견이 창의력을 가로막고 있는 것이다."

창의력은 독창성과 전혀 다른 개념이다. 가벼운 마음으로 모방에서부터 시작해서 쉽고 간단한 것부터 개선해나가다 보면 아이디어가 꼬리에 꼬리를 물고 이어진다고 한다. 그 과정에서 때로는 쓸 만한 아이디어가 나오고 커다란 아이디어로 가공, 발전해 나간다고 이야기해주고 있다.

이렇듯 대체 불가능한 인재는 창의력 있는 아이디어가 가득한 사람이다. 나 또한 창의력이라는 것을 두려워하는 사람 중에 한 명이다. 하지만 처음의 시작은 벤치마킹을 하는 데에서부터 시작할 수 있다. 책을 통해서 성공한 사람들의 간접 경험을 배워보자. 그런 사람들은 대부분 안전지대를 벗어나 모험을 감행한 사람들이다. 현실에 안주하지 않고, 나아가는 삶속에서 성공에 가까워진다.

나 또한 특별한 경험이 하나 있다. 2015년도에 '대한민국 인재상'이라는 것에 도전해본 경험이다. 다양한 분야에서 청년 우수인재를 100명을 선정하여, 교육부장관상을 수여하는 것이다. 대한민국 인재상은 자신만의 길을 선택하여 성장해나가는, 다양한 분야의 청년 우수인재들을 발굴하여 격려하고 시상하는 인재 선발 프로그램이다. 2001년 '21세기를 이끌 우수 인재상'으로 시작한 이후 뛰어난 역량과 도전정신, 사회 기여에 대한 의지 등 종합적인 소양을 두루 갖춘 청년 인재들을 매년 선발해왔다. 매해 전국의 교수, 학교장, 그 밖의 인사들의 추천을 받은 여러 분야의 청년 인재들에 대해 약 4개월에 걸친 심사과정을 거쳐 수상자를 최종 선정하는 것이다.

나도 이런 인재가 될 것이라는 믿음으로 서류를 준비하기 위해 힘썼다. 실제로 지인들에 대한 추천서가 2개 필요했다. 나는 식품영양학과 학과장님께 추천서를 요청 드렸다. 내가 전자공학과에서 식품영양학과로의 전과를 위해 직접 메일을 보내며 간절함을 표현했고, 그 마음을 이해해주시며 내가 합격하도록 도와주신 분이다. 내가 그 당시 2년간 학과생활을 하며 꿈을 위해 도전하는 모습을 옆에서 지켜봐주셨기 때문에 부탁드린 건데, 학과장님은 흔쾌히 허락해주셨다. 나를 만난 처음부터 얼마나 도전적인 삶을 살았는지 자세하게 써주셨다. 너무 감사했다. 그리고 2013년 당시 퍼스널 트레이너로 근무를 했던 '더베네핏' 대표님에게 추천서를 요청 드렸다. 트레이너를 하기 위해 갖추어진 능력은 조금 부족했지만 나의 간절함으로 가능성을 봐주셨기에 합격을 시켜주셨던 분이었다.

비록 7개월의 짧은 업무 경험이었지만 온전히 나를 이해해주신 분이었다. 누구보다 진심으로 회원님들을 대하고, 나의 모든 지식들을 전해주려는 모습을 좋아하셨다. 이렇게 나를 가장 잘 이해해줄 수 있는 두 분의 추천서를 받아 남은 서류를 준비했다. 교수님 추천서를 비롯해 지인 추천서, 성적증명서, 자기소개서, 수상기록증명서, 생활기록부 등 준비를 해야 했다. 그 당시 정말 너무 준비를 열심히 했기에 기대도 컸다. 하지만 1차 서류심사에서 탈락을 했다.

대한민국에 나보다 훨씬 뛰어난 분들이 많고, 충북 지역 내에서도 훨

썬 구체적이고 이타적인 꿈을 꾸는 분들이 많다고 느낀 경험이었다. 그 때 당시 9월에 개강하면서 영양사 자격증 공부를 위해 공부를 병행하고 있었다. 그리고 2학기 논문 마무리 작업 때문에 수정을 거듭하는 과정이 필요했다. 대한민국 인재상 준비와 겹쳐서 3가지 일을 하다 보니 잠도 부족하게 되고, 피로가 누적되어서 대상포진에 걸리게 되었다.

근육이 무기력해지고 척추의 오른쪽부터 상체 앞부분까지 대상포진이 퍼져나가면서 육체적으로 너무 힘들었다. 그렇지만 무엇 하나를 몸이 지쳐 쓰러질 때까지 열심히 했다는 순간이어서 내 스스로 기쁨을 느끼게 되었다. 이런 능력이 회사생활을 하는 데에도 큰 도움이 되었다. 일을 하다 보면 분명 지치고 힘들어서 그만 포기하고 싶을 때가 있다. 그렇지만 나는 절대 포기하지 않고 정면으로 맞섰다.

회사생활을 하다 보면 쉬운 방법으로 일을 해결해나가려는 사람들이 많아진다. 나의 일, 남의 일을 나누며 귀찮은 일은 남들에게 넘기려는 사람들이 있다. 그런 습관이 신입사원부터 생기게 된다면 절대로 큰 인재가 되기 어렵다고 말하고 싶다. 나 또한 이제 4년이라는 시간의 짧은 업무에 대한 경험을 가지고 있다. 그렇기에 많은 역량을 쌓았다고 말할 수 없다. 특히나 나를 대체 불가능한 사람이라고 말할 수도 없다. 하지만, 그런 인재가 되기 위한 자질은 갖추었다고 말하고 싶다. 남들은 어렵다고 포기할 때 다른 시선으로 그 문제를 알아본다. 해병대를 경험하면서부터 나는 헝그리 정신으로 일하는 정신력이 좋다. 오히려 배가 고플 때 집중이 잘되고 간절함의 마음이 커지게 된다. 직장에서 대체 불가능한 인재는 잠재력에서 결정된다. 여러분도 그 잠재 역량을 키워 미래의 회사에서 실력을 발휘해보자.

8
취업 이후의 삶을 준비하라

20년 후에는 당신이 하지 못한 일 때문에 더 많은 후회를 하게 된다.
당장 밧줄을 던져라. 안전한 항구에서 멀리 벗어나라.
항해하라. 탐험하라. 꿈꾸라. 그리고 발견하라!
– 마크 트웨인

　내 인생에서 가장 의미 깊게 본 드라마가 있다. 웹툰으로 유명해진 원작이 〈이태원 클라쓰〉라는 드라마로 방영되었다. 〈이태원 클라쓰〉의 내용은 이렇다. 주인공 "박새로이(박서준)"이 포차 업계에서 거물들과의 승부를 통해 성장해나가는 젊은 청춘들의 복잡한 성장 이야기이다. 좌절해도 결코 쓰러지지 않는 잡초 같은 인생을 살았던 주인공이다. 여기서 주목해야 할 점은 이 '성장'이라는 키워드이다. 〈이태원 클라쓰〉의 성장 이야기는 실제 현실에서도 쉽게 겪어볼 수 있는 시행착오들을 드라마에 맞추어 각색해 공감을 이끌어냈다. 드라마를 보다가 정말 세상의 편견과 비난에 무너져가다가 그것을 이겨내는 장면이 있었다. 이 시를 읽어줌으로써 다시 일어날 힘을 받게 된다. 한번 읽어보길 바란다.

〈나는 돌덩이〉
　　　　　－광진 작가

뜨겁게 지져봐라
나는 움직이지 않는 돌덩이

거세게 때려봐라
나는 단단한 돌덩이
－ 중략 －
살아남은 나
나는 다이아

　세상을 살면서 우리는 흔들릴 때가 너무나도 많다. 나 스스로 열심히 살아왔다고 생각한다. 그러는 중간에도 시련들은 반드시 찾아온다. 세상의 모든 사람들이 나를 사랑해줄 수는 없다. 나를 사랑해주는 몇 명의 사람들만이라도 내 옆에 있다면 그것으로 행복한 것이다. 세상에는 불필요한 기준들이 많다. 그런 기준들이 우리들에게 편견을 만들어준다. 어떠한 사람들도 똑같아 질 수 없다. 우리의 소신대로 살아야 한다. 정해진 대로 따르라고 한다. 그게 현명하게 사는 거라고 말한다. 위에서 말한 시는 실제 존재하는 시가 아닌, 웹툰에서 만들어 각색한 시이다. 드라마를 보면서 이 시를 읽어주는 장면에서 나는 전율이 흘렀다. 세상의 편견을 부딪치고 이겨나가는 모습이 너무 감동적이었다. 누가 뭐라 해도 나의 길을 가는 모습, 오직 하나뿐인 나의 길을 향해 가는 모습이 너무 멋있었다.

나도 이런 모습으로 나의 인생을 살고 싶다. 세상의 기준에 살고자 한다면 지극히 평범하고 굴곡 없는 인생을 살게 될 것이다. 하지만, 오히려 세상에 부딪히며 나의 꿈과 소신을 가지고 사는 모습에서 더욱 의미 있는 삶을 살게 될 것이다.

우리에게는 취업이라는 장벽이 너무 높아 보인다. 취업의 벽만 넘게 되면 세상의 행복함은 모두 내 것이라고 생각할 것이다. 하지만 취업을 하게 되면 생각보다 힘든 일들이 너무 많다. 사회생활을 경험하기 전에 나는 느껴보지 못했다. 이 글을 읽는 독자들도 직접 경험해보지 않는 이상 피부에 와 닿는 공감을 하기 어려울 것이다. 그렇기에 직접 부딪혀보아야 한다. 나는 취업을 하였고, 4년의 시간 동안 일을 했다. 일을 하며 느낀 점이 있다. 100년 인생을 사는 이 시점에서 나는 앞으로 나의 미래는 어떻게 준비해야 할 것일지 고민이 되었다.

업무적인 목표를 잡는 것도 중요하지만, 나는 인생에 대한 목표를 한 번 말해주고 싶다. 회사에서 최고의 자리에 올라 임원이 된다는 이야기도 하나의 꿈이 될 수 있다. 누구나 꿈꾸고 누구나 갖고 있는 생각일 것이다. 하지만 나는 당연한 이야기를 하고 싶지 않다.

나는 다른 누군가의 삶에 영향력이 있는 사람이 되고 싶다. 그 주제가 꿈에 대해서든 취업에 대해서든 말이다. 내가 취업을 준비했던 경험과 노하우, 그리고 실패했던 일들로 배웠던 교훈들을 전해주고 싶다. 공감을 주는 꿈을 꾸는 법을 이야기하고, 그 꿈으로 취업까지 성공하는 비법들을 전해주고 싶다. 그 준비를 위해 이렇게 책 쓰기를 시작하게 되었고, 많은 이들이 내 책을 읽음으로써 꿈이 커졌으면 좋겠다. 정말로 나는 해병대 연평부대에서 후임해병들을 위해 꿈과 취업에 대한 강연을 하고 싶다. 그리고 내 모교인 충북대학교 개신문화관에서 강연을 하고 싶다. 반드시 그렇게 될 것이다. 내게 강연과 컨설팅이 필요하면 개인적이든, 대학교, 군부대든 자유롭게 꼭 연락주길 바란다.

나의 인생을 보면 누구나 꿈을 이룰 수 있다. 수능 언어 7등급의 낮은 성적으로 국립대학교에 입학도 할 수가 있었다. 어릴 적부터 겁이 많고 내성적인 아이였던 내가 해병대에 입대를 하고 퍼스널 트레이너라는 직업을 갖게 되기도 했다. 해병대에서 죽음의 위기를 이겨내고 전역 후에 다른 인생을 살기를 원했다. 나의 꿈에 가장 사랑하는 사람들의 반대에 부딪혔다. 그때 20년 동안 살아온 이전의 나였다면 쉽게 포기했을 것이다. 부모님의 말씀을 어기는 모습에서 불효라고 생각했다. 하지만 나는 부모님의 뜻을 설득했다. 부모님의 반대에 어긋나며 의견을 꺾으려 했다면 오히려 역효과가 있었을 것이다. 하지만 나는 내 마음속의 꿈에 대해 간절함으로 부모님을 설득했다. 부모님께서는 나의 꿈을 처음에는 못마땅해하셨지만 지금은 누구보다 응원을 많이 해주신다. 왜냐하면 내가 한 말에 책임을 지었기 때문이다. 신뢰는 이런 부분에서부터 시작이 된다. 내가 하기로 한 약속에 대해서 반드시 지키고 말 거라는 강한 의지에서 비롯된다.

전자공학과에서 식품영양학과로 전과를 하고 난 후, 공부가 아무리 힘들어도 절대 포기하지 않았다. 그리고 그 과정에서 꿈에 대해 어긋나지 않고 한 길을 바라보며 걸었다. 부모님을 감동시키는 노력들이 있었고, 조금씩 부모님의 얼어붙은 마음들이 녹아내리기 시작했다. 그렇게 원했던 보디빌딩 운동을 시작하였을 때였다. 4개월 동안 단 한 번도 서울에서 청주에 내려오지 않으면서 하루 5시간 이상 운동하고, 제한된 식단으로만 식사를 하는 아들이 많이 안쓰러우셨을 것이다. 하지만, 나는 힘들다고 외롭다고 그 꿈을 포기할 순 없었다. 단 하루도 빠짐없이 100일 동안 나의 목표를 채웠고 그렇게 스스로 감동스러울 수 있는 몸을 만들었다. 그 과정에서 면역력이 많이 떨어져서 나의 몸 상태는 말이 아니었다. 마지막에 가까워질수록 장염에 걸려 단 한 발자국도 움직일 수 없던 날이 있었다. 그렇게 나는 수액을 맞고, 보디빌딩 시합을 준비했다. 그런 모습들을 보며 우리 부모님은 울컥하셨다고 했다. 그 꿈이 무엇이길래 이렇게 건강도 안 챙기면서 해내려고 하는지 걱정이 크셨다. 나는 2013년 4월, 내가 출전한 보디빌딩 시합에 부모님께서 응원을 오셨던 날이 가장 행복했다.

새벽 일찍 청주에서 출발해서 서울까지 올라오신 부모님은 몸 좋은 수많은 사람들 속에 나를 발견하셨다. 나는 그 시간 동안 내 스스로 부끄럽지 않게 약속을 지켰다. 비록 세상에는 몸이 좋은 사람들이 너무 많아서 입상을 하지 못했고, 예선에서 탈락하게 되었다.

시합을 마치고, 부모님과 처음으로 서울에 있는 한강공원을 가게 되었다. 시원한 바람을 맞으며 함께 걸었다. 그 시간에 그 순간 사랑하는 부모님과 함께 할 수 있다는 것에 너무 행복했다. 그 동안 고생했던 내 모습이 머릿속을 반짝 스쳐지나갔다. 정말로 뿌듯했던 순간이다.

대한민국에서 취업의 성공이라는 꿈을 꾸며 사는 20대에게 말해주고 싶다. 취업이 결코 목적이 되어서는 안 된다. 내가 진정으로 좋아하고 원하는 것이 무엇인지 먼저 고민해보는 시간을 가져라. 그리고 인생의 전환점은 어느 순간 올지 아무도 모른다는 사실을 기억하라. 지금 살고 있는 이 현실에서 오늘 하루는 소중한 날이다. 취업 이후의 나의 삶이 궁금할 수 있다. 나는 이 세상의 20대에게 영향력이 있는 사람이 되고 싶다. 어려운 가정형편으로 꿈을 포기한 20대에게도, 어릴 적 상처로 인해 행복한 인생을 포기한 20대에게도, 평범한 인생으로 행복하지 않는 삶을 살고 있다고 생각하는 20대에게도……. 여러분의 인생은 그 무엇보다 빛이 난다. 우리는 처음에 모두 투박한 돌덩이였다. 그 돌덩이로 이곳저곳 부딪히며 다듬어지게 되고 드디어 결국 다이아몬드가 된다. 우리나라 20대는 모두 다이아몬드가 되기를 항상 응원한다. 그 누구보다 나를 사랑하는 사람이 되자.

여러분은 이미 잘하고 있다!

열심히 했으니 잘한 게 맞다.

삶에는 고난도 있고 시련도 있지만

그 많은 순간 버텨낸 너에겐 감동이 있다.

– 글배우

 취업을 위해 힘쓰며 도서관에서 열심히 준비하는 20대에게 정말 수고한다고 말하고 싶다. 보이지 않는 터널 속에서 항상 앞을 향해 나아가고 있는 그대들은 얼마나 힘들까? 반복되는 일상 속에서 올바른 길을 가고 있는지 걱정될 때가 많을 것이다. 나 또한 취업을 준비하면서 내가 가는 길이 맞는 길인지 확신할 수 없었다. 하지만 나에 대한 믿음으로 포기하지 않고 걸어갈 수 있었다. 내가 원하는 꿈과 목표를 위해 먼저 경험하고 나아간 사람들을 멘토로 정하는 것은 굉장히 좋다. 하지만 생각보다 나의 멘토가 되기를 요청하는 것은 쉽지 않다. 특히나 직장인들은 또 그들만의 바쁜 일상에서 시간을 내기 어려울 수 있다. 대학생의 입장에서는 앞서 나간 선배들의 소소한 말 한마디가 큰 도움이 될 텐데 그런 조언을 구하기도 참 어렵다. 그렇기에 이 책은 여러분들에게 좋은 멘토가 될 수 있다고 말하고 싶다. 책 한 권에 나의 인생 모든 것들이 담겨 있으며 취업을 준비하는 동안 고군분투했던 스토리가 들어 있다.

내가 전공한 학과 후배들을 통해서 자주 자기소개서와 면접 준비에 대한 조언을 요청받는다. 직접 후배들을 만나서 1시간가량 내가 취업 준비를 하며 느끼고 경험한 모든 것들을 조언해주었다. 그러면서 나는 더욱 많은 20대들에게 노하우를 전해주고 싶었다. 취업을 목표로 하지만 그들에게 준비하는 과정 속에서 개개인의 꿈을 찾아주고 싶었다. 꿈을 찾고 남과 다른 특별한 나라는 존재를 찾을 수 있도록 도와주고 싶었다. 그래서 2013년부터 나는 책 쓰기라는 꿈을 갖게 되었다. 나의 개인 블로그에 20대 시절의 나의 이야기를 꼼꼼히 적어나가면서 많은 이들에게 공감을 이끌 수 있었다. 불합격하고 합격한 모든 시험의 후기를 올리면서 누구나 할 수 있다는 자신감을 줄 수 있게 되었다. 대기업에 합격하는 것, 자격증을 취득하는 것 모두 누구나 할 수 있다. 아주 평범한 20대도 해낼 수 있다. 이 책을 통해서 내가 얼마나 평범한 10대를 보냈는지 알 수 있었을 것이다. 여러분들은 나보다 멋진 인생을 살았다. 하지만 스스로가 자신의 가치를 알지 못할 뿐이다. 20대 여러분들이 자신의 가치를 이해하고 사랑하게 된다면 취업 준비는 추월차선을 타고 빠르게 목적지까지 갈 수 있을 것이다.

회사에 입사를 하게 되면 일을 열심히 하지 말고, 잘해야 한다고 말한다. 온전히 실적 위주로 높은 매출을 보여야 하는 것이 회사이다. 기업에 이익이 되는 인재를 뽑는 것도 당연하다. 취업에 성공하는 법도 열심히 하기보다 잘해야 한다고들 말한다. 하지만 나는 여러분에게 취업 준비를 잘하기에 앞서 열심히 하는 힘을 기를 수 있도록 도움을 주고 싶다. 모든 행동에는 동기 부여가 필요하다. 지치지 않고 꾸준히 준비할 수 있는 힘은 마음가짐에서 비롯된다. 포기하고 싶을 때 포기하지 않고 뚝심 있게 나아가는 방법을 전해주고 싶다. 포기하고 싶을 때 10미터만 더 뛰어보아라. 사랑하는 가족들을 생각해서 조금 더 힘내길 바란다. 여러분은 열심히 했으니 잘한 게 맞다. 주위의 친구들이 하나둘씩 취업하면 내가 뒤쳐져 있다고 생각할 수 있다. 하지만 남과 비교하지 말고 자신만의 페이스로 나아가길 바란다. 어제보다 한 발 더 내딛는 나의 노력을 더욱 사랑하고 고마워하자. 한 발 내딛지 못했다 하더라도 나를 토닥여주자.

취업에 성공하기 위해 최선을 다하는 여러분은 이미 잘하고 있다. 원하는 꿈을 이루어 취업에 성공하고 앞으로의 또 다른 꿈을 키워가는 멋진 직장인이 되길 바란다. 취업 이후에도 많은 고난과 시련이 있을 것이다. 그런 장애물이 있을 때마다 더욱 성장하고 멋진 사람이 되어 있을 것이다.

『20대를 위한 취업에 성공하는 법』으로 많은 청춘들에게 나의 글을 전할 수 있어서 너무 기쁘다. 2013년부터 꿈꾸어온 나의 책 쓰기 목표를 이룰 수 있도록 도움을 주신 〈한국책쓰기1인창업코칭협회〉의 김태광 선생님(김도사 님)에게 다시 한 번 감사의 말씀을 전한다. 나의 과거를 다시 한 번 정리하면서 오랜만에 끓어오르는 열정을 느끼게 되었다. 평범한 직장인의 삶 속에서 나도 멋진 사람임을 느낄 수 있었다. 가장 중요한 것은 나를 사랑하고, 나는 할 수 있다는 긍정의 믿음이다. 이미 되었다고 생각하고, 확신으로 하루를 시작할 수 있었다. 덕분에 나는 또 다른 꿈을 꾸게 되었다. 이제는 '20대를 위한 취업 멘토'가 되는 것을 시작으로 더 많은 꿈을 꾸며 살고 싶다. 취업을 준비하며 많이 외롭고 힘들 것이다. 하지만 간절히 원하는 목표를 절대 포기하지 마라. 나의 도움이 필요하다면 편히 연락주길 바란다. 여러분은 지금도 충분히 잘하고 있다!

2020년 5월

취업을 준비하는 20대에게 희망이 되고픈 김수민 올림

취업 성공을 위한 37가지 처방

1. 진로/취업에 도움 되는 기관 및 사이트

- DART (금융감독원 전자공시시스템)

회사명만 검색하면 분기별, 반기별로 사업 내용이나 재무제표 등의 정보를 확인할 수 있다. 특히 사업의 내용을 참고하여 자기소개서와 면접 대비 시 꼭 준비해보자.

- 구직 사이트 '사람인/인크루트/잡코리아'

어플로 다운로드 해두길 추천한다. 관심 업종이나 즐겨 찾는 기업을 선정해두면 유용한 채용 정보를 받을 수 있다. 설립일, 매출액, 사원수 등의 기업정보를 모아서 보여주어 기업 조사에 도움이 된다.

- 잡플래닛

현직, 전직자들의 회사 및 부서에 대한 장, 단점을 날카롭게 적은 기업 리뷰를 볼 수 있다. 또한 지원자들의 면접 후기도 함께 볼 수 있어서 취업 어플 중 가장 현실적인 도움을 받을 수 있는 곳으로 보인다.

- 자소설닷컴

취업 달력에 공고를 날짜별로 질서 정연하게 보여주며, 자소서 항목까지 바로 확인 가능하다. 다른 사이트들은 공고만 보여주고 자소서 항목은 지원자가 직접 찾아야 하는 반면에 이 사이트에서는 바로 항목이 확인 가능하다.

– 네이버 취업카페 (스펙업/독취사/취업대학교/공취모)

매 주 여러 기업의 대외 활동, 공모전, 강연, 인턴, 채용 등의 일정을 보기 좋게 표로 정리해주는 것이 특징이다. 대외 활동, 공모전 모집 담당자와의 인터뷰, 강연 현장 스케치 등 심화된 정보를 생산하고 있다. 그리고 취업 준비생들의 고민들도 나누며 힘을 얻는 곳이다.

– 코멘토

현직자 온라인 멘토링 취업 사이트이다. 현직 선배에게 궁금한 사항을 직접 물어볼 수 있는 시스템의 사이트이다. 현직자 멘토링에는 자기소개서 피드백, 취업 상담 요청, 자기소개서 기반 면접 예상 질문 도출 등 서비스가 있다. 이용 방법은 취준생이 자기소개서와 질문을 올리면 24시간 이내에 실제 기업에 재직 중인 멘토가 멘토링을 해주는 방식이다.

– 피플앤잡

외국계 회사의 취업 정보를 집중적으로 제공한다. 주한 외국 기업에 대한 데이터와 주요 외국계 기업의 인재상 및 자격 요건에 관한 자료를 일목요연하게 정리해놓고 있다. 주한 외국기업 데이터베이스가 구축되어 있어 기업명을 입력하면 영문이력서 쓰는 법, 회원들의 경험담 등의 각종 정보를 열람할 수 있다.

– 각 대학교 취업지원센터 홈페이지

경력개발센터, 취업 진로센터, 취업지원팀 등의 학교별로 부서명은 다르나 재학생/ 졸업생의 취업을 담당하는 부서이다. 자기소개서 첨삭, 면접 대비 과정 등 많은 지원을 해주고 있으니 꼭 활용해보길 바란다.

– 회사 채용 사이트

최근 대규모 공채를 줄이고 소규모로 자주 선발하는 수시채용이 확대됨에 따라, 회사 채용사이트에서만 채용공고를 확인할 수 있는 경우가 많다. 또한 회사에 대한 분석에 가장 중요한 정보가 많다. 회사의 인재상, 직무에 대한 정보는 필수적으로 확인해야 할 사항이다. 그러한 핵심 키워드로 나만의 면접 평가서를 만들어보면 좋다.

– 알리오(공공기관 경영정보 공개 시스템)

공공기관별 주요사업 현황, 재무제표 등을 알 수 있다. 공공기관의 채용정보 또한 볼 수 있으니 꼭 참고해보길 바란다.

– ISTANS(산업통계 분석시스템)

산업통상자원부에서 운영하는 사이트로 산업 분야별 통계자료, 산업 분석정보를 얻을 수 있다. 해당 산업에 대해 다른 사람들보다 차별화된 준비를 할 수 있다.

– 취업을 희망하는 '기업 블로그'

각 기업에서의 현재 중점으로 계획하고 있는 사업들에 대해 동향을 살펴볼 수 있다. 그리고 요즘에는 대학생 기자단들도 운영하며, 실제 기업 입사자들을 인터뷰하며 취업에 도움이 되는 글들도 많다. 각 직무별 이력서와 면접 시 도움이 될 만한 키워드를 참고해도 좋다.

– 직원훈련포털(HRD-NET)

구직자/ 재직자가 국비지원을 받아 직업교육을 수강할 수 있도록 직업교육에 대한 정보를 쉽게 알아볼 수 있는 사이트. 구직자의 경우, 내일배움 카드를 발급 받으면 연 최대 200만 원의 훈련비를 지원받을 수 있다.

– 리드미

커리어 에피소드 공유 플랫폼이다. 새로운 일을 시작하기 전, 먼저 경험해본 사람들의 이야기를 들을 수 있다. 특히, 커리어 카테고리에서 취업 최종합격 꿀팁부터 실제 근무 중인 직장인들의 직무 관련 이야기까지 실질적인 정보와 조언을 확인할 수 있다.

2. 진로/취업 관련 도서 추천목록

– 옴스, 『스펙을 뛰어넘는 자소서』
– 정철상, 『대한민국 진로백서』
– 김도윤, 제갈현열, 『인사담당자 100명의 비밀녹취록』

- 정성원,『취업하려고 이력서 1,000번 써봤니?』
- 김우선,『어떻게 나를 차별화할 것인가』
- 우지은,『7일 안에 끝내는 면접 합격 시크릿』
- 김태광,『청춘아, 너만의 꿈의 지도를 그려라』
- 박대호 외 3명,『신의 직장은 아니지만 공기업은 가고 싶어』
- 김태성,『합격자소서 믿지마라』
- 김현근,『가난하다고 꿈조차 가난할 수 없다』
- 한승배 외 2명,『나의 진로 가이드북』
- 안시우,『취업 앞에서 머뭇거리는 당신에게』
- 이강주,『비즈니스 우먼 스타일북』
- 마티아스 뇔케,『결정적 순간, 나를 살리는 한마디 말』
- 김수영,『멈추지마, 다시 꿈부터 써봐』
- 권미경,『취업 멘토의 일급비밀, 취업사이트 활용가이드』
- 로버트 스티븐 캐플런,『나와 마주서는 용기』
- 윤영돈,『채용 트렌드 2020』
- 신상진, 차연희,『취업의 맥』
- 임희영,『그들의 청춘을 질투하기엔 넌 아직 젊다』
- 홍기찬,『직무별 취업비법서』
- 김석호,『역전의 취업 성공 포인트』
- 취원준, 구호석,『합격할 수밖에 없는 취업 독설특강』
- 나카타니 아키히로,『면접의 달인』
- 전지혜,『식스팩(취업 스펙 매니지먼트)』

- 박장호, 『취업의 신 자기소개서 혁명』
- 김준영, 『취업 면접 비법』
- 최진희, 윤찬진 외 1명, 『올 댓 취업』
- 박우식, 『취업타파』
- 김기환, 구정민, 『특허, 나의 취업 필살기』
- 신진희, 박현진, 『살리는 스피치 죽이는 이미지』
- 홍준기, 『그들은 어떻게 원하는 회사에 들어갔을까』
- 노훈, 『취업 준비생 부모가 꼭 알아야 할 7가지 취업이야기』
- 김난도, 『아프니까 청춘이다』
- 열린진로취업커뮤니티, 『취업99℃』
- 열린진로취업커뮤니티, 『알쓸취잡』
- 신시아 샤피로, 『회사가 당신을 채용하지 않는 44가지 이유』
- 한주형, 『대기업도 골라가는 지방대 저스펙 취준생의 비밀』

3. 포기하고 싶을 때 들으면 힘이 되는 Play List

1) Hiphop & Rap
- MC sniper, '할 수 있어'
- 에픽하이, 'Breathe'
- 페임제이, '자존심'
- 프라이머리, '독'
- 송민호, '겁'

- GRAY, '꿈이 뭐야'

- 스윙스, '내파요법'

- 버벌진트, 라이머, '꿈꾸는 자를 위한 시'

- 송승민, '엄마'

- MC Sniper, '인생'

- 더블케이, 'Home'

- 영제이, 'From Paju To Seoul'

- 에브리 싱글 데이, 'Father'

- 싸이, '좋은날이 올 거야'

- 매드크라운, '콩'

- 피노다인, 'Nightingale Film'

- 박재범, 'EVOLUTION'

- 지조, '꿈'

- 리오 케이코아, '서른 살의 넋두리'

- MC Sniper, '다시 뛰는 맥박'

- San E, '그 아버지에 그 아들'

- MC Sniper, 'Do or Die'

- 투게더 브라더스, '외길'

- 비프리, 'Anything'

- 영제이, 'No Stress No Drama'

- 화나, '내가 만일'

- 크루셜스타, '쉽지 않은 대답'

- Dok2, 'On My Way'
- 제리케이, '먼지 쌓인 기타'
- 피노다인, '벽'
- Still PM, '자격지심'
- 프리즈몰릭, 'Blue'
- Dok2, 'Love & Life'
- 크루셜스타, 'One Way'
- 키비, '고3 후기'
- MC 스나이퍼, 'Better Than Yesterday'
- MC 스나이퍼, 'Where Am I'
- 세이즈, '길'
- Mr. Room9, '할 수 있어'
- Andup, '상자 속 젊은 Pt.2'
- Andup, '그 곳'
- 일리닛, 'Set Me Free'
- 크루셜스타, '시간이 없어'
- The Quiett, '진흙 속에서 피는 꽃'
- The Quiett, 'Came From The Bottom'
- 세이즈, 'My way'
- Dok2, 'Rapstar'
- MC 스나이퍼, 'Rinpoche'
- 화나, 'Full Speed Ahead'

- CMYK, '눈을 감고서'
- 지기독, '부모님'
- San E, 'Big Boy'
- 일리닛 '조금만 가면 돼'
- CMYK, '엄마는 그래도 되는 줄 알았어'
- WIN, 'Go up'
- WIN, 'Climax'
- 제리케이, '더 땀 흘려'
- 소울커넥션, '새벽아래'
- 스나이퍼 사운드, 'Not In Stock'
- 팔로알토, 'Stay Strong'
- 피타입, '다이하드'
- 술제이, 매트루스, '그럼에도 불구하고(Okay)'
- San E, 술제이 외 3, '발딛음'
- Musmas, '귀머거리'

2) 발라드 & K-Pop

- 처진 달팽이, '말하는 대로'
- 〈이태원 클라쓰〉 OST, 가호, '시작'
- 〈이태원 클라쓰〉 OST, 하현우, '돌덩이'
- 김진호, '가족사진'
- 노라조, '형'

- 김태성, '그것만이 내 세상'
- 이적, '걱정말아요 그대'
- 김보경, '혼자라고 생각말기'
- 인순이, '거위의 꿈'
- 한희정, '내일'
- 김광석, '일어나'
- 이승열, '날아'
- 무한도전, '그래, 우리 함께'
- 곽진언, '응원'
- 더필름, '힘을 내요, 그대'
- 강산에, '넌 할 수 있어'
- 어쿠스틱 콜라보, '응원가'
- 김윤아, '길'
- 로이킴, 'Home'
- 스탠딩 에그, '안아줄게'
- 제이레빗, '내 모습 이대로'
- 어쿠루브, '내게 기대'
- THERAY, '수고'
- 에피톤 프로젝트, '조금이라도 위로가 된다면 곁에 있을게'
- 노피(NOPI), '괜찮아, 잘하고 있어'
- 윤하, 'Home'
- 밤그늘, '그냥 안아줄게'

3) CCM

- 한성, '희망'
- 제이어스, '내 모습 이대로'
- 김수지, '누군가 널 위해 기도하네'
- 한성, '옷자락'
- 유은성, '주님은 절대 포기하지 않으시죠'
- 어노인팅, '내 영혼은 안전합니다'
- 장고은, '아무렴'
- 디바소울, '그래도 가자'
- 천관웅, '내 길 더 잘 아시니'
- 레베카 황, '밤이나 낮이나'
- 텐트메이커스, '예수 나의 치료자'
- 마커스, '주 은혜임을'
- 이현우, 'Stand Up'
- 나무엔, '기억해봐'
- 김상진, '옆에 있을게'
- 히즈윌, '길'
- 소향, 'You Raise Me Up'